세상을 변화시키는 학문

세상을 변화시키는
학문

지은이 | 최용준

펴낸이 | 원성삼

책임편집 | 김지혜

본문 및 표지디자인 | 한영애

펴낸곳 | 예영커뮤니케이션

초판 1쇄 발행 | 2019년 9월 5일

등록일 | 1992년 3월 1일 제2-1349호

주소 | 04018 서울시 마포구 동교로 55 2층(망원동, 남양빌딩)

전화 | (02)766-8931

팩스 | (02)766-8934

홈페이지 | www.jeyoung.com

ISBN 979-11-89887-08-7 (93230)

값 13,000원

이 도서의 국립중앙도서관 출판예정도서목록(CIP)은 서지정보유통지원시스템 홈페이지
(http://seoji.nl.go.kr)와 국가자료공동목록시스템(http://www.nl.go.kr/kolis-
net)에서 이용하실 수 있습니다.(CIP제어번호: CIP2019033219)

모든 인간은 하나님의 형상을 닮은 존귀한 존재입니다. 사람은 인종, 민족, 피부색, 문화,
언어에 관계없이 모두 다 존귀합니다. 예영커뮤니케이션은 이러한 정신에 근거해 모든 인
간이 존귀한 삶을 사는 데 필요한 지식과 문화를 예수 그리스도의 사랑으로 보급함으로써 우리가 속
한 사회에 기여하고자 합니다.

세상을 변화시키는
학문

최용준 지음

World Transforming Scholarship

네덜란드에 유학하고 독일에서 목회한 최용준 교수는 그런 배경을 잘 이용하여 한국 교회와 한국 기독교 학계에 유익하고 흥미로운 논문을 발표했다. 먼저 네덜란드와 독일을 선진국으로 만든 산업과 교육의 발전에 기독교가 얼마나 크게 공헌했는가를 고찰한 네 장의 글도 한국의 최대 종교로 무거운 책임을 진 한국 기독교계에 좋은 정보와 자극이 될 것이다. 그리고 신학과 과학의 관계를 체계적으로 정리한 다음 최 교수가 학위논문으로 깊이 연구한 기독교 철학자 도예베르트 사상의 입점에서 평가한 것은 한국 기독교 지식인들에게 좋은 길잡이가 될 것이다. 최 교수는 학문은 세상을 관조하는 것으로 만족할 것이 아니라 세상을 조금이라도 성경적으로 변혁하는 데 앞장서야 한다는 확신을 가지고 활동하는 기독교 세계관 운동을 활발하게 펼치고 있다. 이 책은 그 운동의 일환이라 할 수 있다.

손봉호 | 서울대학교 명예 교수

진정한 교육은 가정, 교회, 학교에서 동시에 전인격적으로 이루어져야 합니다. 이웃을 사랑하는 마음과 더불어 무엇이 중요한 문제인지 발견하고 이를 해결할 수 있는 능력을 기르는 것이 세상을 변화시키는 교육의 핵심입니다. 주는 것이 받는 것보다 복됨을 깨닫고 이웃의 필요와 어려움에 끊임없이 관심을 가지는 것이 중요합니다. 이를 실천하는 인재를 양성하는 교육에 대한 고찰이 담긴 이 책을 기쁘게 추천합니다.

장순흥 | 한동대학교 총장

세상을 변화시키는 학문

오랜 신앙과 학문의 동지 최용준 목사님이 귀한 책 출간을 축하드린다. 『세상을 변화시키는 학문』은 저자가 지난 수십 년 동안 유럽 한복판에서 목회자로, 학자로 경험한 삶의 이야기를 담고 있다. 본서는 지난 오랜 세월동안 저자의 마음을 휘감고 있었던 네 가지 주제, 즉 학문, 교육, 정치, 기업의 문제를 기독교 세계관적 관점에서 풀어내고 있다. 유럽의 수많은 나라 중에서도 저자는 특히 자신의 인생의 상당 기간 동안 공부하며 목회했던 네덜란드와 독일에 초점을 맞추고 있다.

우리와 같이 작고 열악한 환경을 가진 네덜란드가 어떻게 그렇게 오랫동안 강소국가로서 세계에 위용을 드러낼 수 있었는지…. 저자는 이를 네덜란드에서 종교개혁이 교회만의 개혁이 아니라 사회의 모든 영역을 새롭게 하는 총체적 변혁으로 이어지고 구체적인 열매를 맺었는지를 통해 살펴보고 있다. 구체적으로 저자는 오늘의 네덜란드의 정치와 교육, 기업가 정신이 어떻게 칼빈주의적 전통에 잇대어 있는지, 어떻게 네덜란드가 인적 자원을 잘 양성하고 활용하여 선진국이 되었는지를 담담하게 풀어내고 있다.

또한 독일의 기독교적 교육의 기초를 놓았던 프란케에 대한 연구는 많은 사람들이 기독교적 교육을 앞세우면서 사분오열하고 있는 한국 기독교 교육계에 큰 메시지를 던지고 있다. 본서가 제시하고 있는 독일의 기독교 교육의 깊은 뿌리가 어떻게 통독의 위대한 역사로 이어지게 되었는지의 이야기는 남의 이야기라고 볼 수 없다. 특히 우리와 같이 분단의 아픔 가운데 있던 독일에서 통독의 위대한 방아쇠를 당겼던 퓌러 목사의 이야기는 오늘 남북, 남남의 극단적인 대립과 분열을 경험하고 있는 한국인에게 주는 시사점이 크다. 그동안 통독으로부터 배우자는 많은 사람의 이야기가 있었지만 본서에서 저자가 제시하는 바는 통일 독일의 치유 현장에 있어 보지 않은 사람은 할 수 없는 소중한 이야기다.

본서에서 주목하고 있는 학문, 교육, 정치, 기업의 문제는 저자의 지적 세계에서 별개의 분야로 떨어져 있지 않고 기독교 세계관이라고 하는 큰 우산 아래서 통합되어 있다. 어떤 의미에서 책의 마지막 부분에서 다룬 동성혼과 남북 통일에 대한 논의는 기독교 세계관의 실천적인 적용이라고 할 수 있다. 저자는 이런 모든 기독교 세계관적 조망을『세상을 변화시키는 학문』이라는 제목으로 풀어냈다. 일반적으로 학문이라고 한다면 실천적이라기보다는 사변적 측면이 강하다는 느낌을 갖는다. 하지만 저자에게 있어서 이론과 실천은 결코 분리되어 있을 수가 없으며, 어쩌면 이론과 실천의 결합은 저자의 한평생의 화두였던 기독교 세계관의 본질적인 특성이라고 할 수 있다.

본서는 기독교적 세계관이 어떻게 학문과 교육, 정치와 경제로 적용되는지를 유럽의 두 나라에 초점을 맞추어 풀어내고 있다. 이 두 나라의 경험으로부터 제시하는 저자의 제언은 통일 논의로 인한 소모적 갈등, 교육 위기, 세대 간 갈등, 경제적 양극화, 교회의 세속화와 기독교적 윤리의 실종, 동성애 등으로 몸살을 앓고 있는 한국 사회와 교회, 나아가 한국 국민 전체에게 전하는 선지자적 외침이라고 할 수 있다. 아무쪼록 본서를 통한 저자의 혜안이 총체적 위기를 맞고 있는 한국 사회와 교회의 난국을 극복하는 단초가 되기를 바란다.

양승훈 | 밴쿠버기독교 세계관대학원 교수

최용준 교수는 훌륭한 학자이고, 교수이며 선교 전략가이다. 그는 학자로서의 깊은 지식, 냉철한 그리고 깊은 통찰력을 가지고 있을 뿐 아니라 그리고 오랜 해외 생활 동안 세계의 여러 학자들과의 교류와 해외에서의 실제의 사역을 통해 쌓은 많은 경험을 가진 실천학자이기도 하다.

『세상을 변화시키는 학문』은 오늘 이 시대의 복음전도와 선교를 향한 그의 열정과 미래의 교회를 바라보는 그의 날카로운 예지력 그리고 오늘 이 격동의 시대를 살아가는 크리스천에게 성경적 세계관, 기독교인의 삶의 철학과 가치관 그리고 우리의 일상에서 사회를 선한 영향력으로 변화시키는 구체적인 전략 등을 역사적 배경으로 설명함으로 신선한 감동을 전해 주고 있다.

세상을 변화시키는 학문

그리스도의 지상명령을 이루고자 소망하고, 고민하고, 노력하는 모든 그리스
도인에게 이 책을 추천한다.

전동주 | TI(Tentmakers International–세계전문인선교협의회) 사무총장,
Mission International 대표

오늘날 우리는 세상이 오히려 교회를 걱정하는 시대에 살고 있다. 선교
150년, 총체적 위기에 직면한 기독교가 이 어려움을 어떻게 극복하느냐는 우
리 앞에 주어진 과제이며 해결해야 하는 미션이다. 기독교가 복음의 진리는
그대로 간직한 채 시대에 따른 옷을 갈아입으며 시대를 깨우며 가야 할 방향
으로 인도하는 등대의 역할을 해야 하고, 신학을 연구하고 학문을 연구하는
기독 학자들이 평신도들을 성경말씀으로 깨우며 기독교 세계관으로 시대를
바라보고 바른 삶의 본을 보여야 할 사명이 있다.

저자인 최용준 목사님은 조용하면서도 온유한 가운데 신앙의 내적 충만함이
흘러넘치는 제가 존경하고 주변에서 존경 받는 기독 학자이며, 겸손한 자세로
끊임없이 말씀 연구와 신앙과 학문의 통합 연구에 헌신하시는 분이다.

신실한 기독 학자들에게 '신앙과 학문, 신앙과 삶을 어떻게 통합하며, 어떻게
사회적, 정치적 참여로 세상을 변화시킬 것인가?'라는 명제를 역사적 고찰을
통하여 풀어내고 있다.

2,700여 년 전 북이스라엘이 하나님의 계명을 잊어버리고 우상숭배와 세속화
로 멸망한 사실을 본다. 주께서 우리나라를 70여 년 전 폐허 더미에서 세계 경
제 대국으로 우뚝 세워 주셨지만 모든 것이 우리가 잘나서 그렇게 된 것으로
생각하고 교만하며 주님을 버리고 물질주의, 이기주의가 만연한 죄악된 사회
로 달려가고 있다. 앗수르에 의해 북이스라엘이 멸망한 것처럼 우리나라도 언
제 망할지 모르는 극심한 위기에 봉착했음에도 모두 흥청망청 재물과 권력,
자녀가 우상이 되어 각기 자기의 소견에 옳은 대로 행동하고 있으며 전혀 위
기를 느끼지 못하고 있다.

이 가치관의 부재와 영적 빈곤이 극심한 위기의 시대에 저자는 기독 학자들의 기독교 세계관에 근거한 학문과 신앙의 통합이 정치, 경제, 교육, 사회, 문화 등 구체적인 모든 삶의 영역에서 일관성 있게 적용되기를 바라며, 세상을 변화시키는 학문과 신앙 그리고 기업가 정신, 네덜란드를 변화시킨 교육정책과 기독교 교육, 독일을 변화시킨 교육과 통일 그리고 마지막으로 한국 사회의 변혁에 대하여 고찰하고 있다.

물질적으로 풍요를 누리는 우리 사회는 오히려 내면의 고독과 영적 갈증이 위기수준으로 달려가고 있어, 칼빈주의와 경건주의의 영향을 받은 네덜란드와 독일의 사례가 교회의 회복과 우리 사회의 치유에 적합한 대안을 모색하는 데 큰 도움이 될 것이며, 독일 통일에서 교회의 역할을 보며 남북통일을 위한 교회의 역할에 대한 깊은 성찰이 필요하다고 생각된다.

따라서 최용준 목사님의 『세상을 변화시키는 학문』이 특히 우리 사회의 지성인들, 그중에서도 기독 학자들이 읽어 조금이나마 우리 사회를 깨우는 실천적 역할을 바라며, 교회 지도자들이 신뢰를 회복하고 선한 영향력을 끼치게 되어 기독교가 세상을 변화시키는 사회로 회귀되게 하기를 간절히 소망한다.

송재기 | 경북대학교 교수, 전국대학교수 선교연합회장 역임

하나님이 인간에게 허락하신 문화적 사명 가운데 학문을 할 수 있다는 것은 큰 특권이자 사명입니다. 학문을 통하여 세상을 변화시킨 실례는 동서고금을 통하여 인류 역사 가운데 지속되어 왔습니다. 최용준 교수님은 네덜란드 자유대학교와 남아공의 포체프스트롬대학교에서 수학한 후 벨기에 및 독일에서 목회활동을 통하여 기독교 신앙이 어떻게 서양 학문에 영향을 주고 사회를 변화시켰는가를 경험하게 되었습니다. 본서는 작지만 강한 나라인 네덜란드와 통독 이후에 유럽을 주도적으로 이끌어 가는 독일이 어떻게 하여 세계사를 변화시키는 국가가 되었는가를 기술하고 있습니다. 네덜란드는 한국과 마찬가

세상을 변화시키는 학문

지로 국토도 작고 부존자원도 빈약하며 주변 강대국의 끊임없는 위협에도 어떻게 세계 10위권의 강한 나라가 되었는가를 칼빈주의가 미친 네덜란드의 기업가 정신을 다룬 글과 네덜란드의 교육정책을 소개한 글에서 밝히고 있습니다.

통일 한국을 염원하는 이 시대에 한반도와 함께 분단국가였던 독일은 어떤 과정을 거쳐서 부강한 나라가 되었고 통일을 이루었는가를 프란케의 교육사상과 영향을 다룬 글과 독일 통일을 위하여 지대한 역할을 한 퓌러의 글에서 다루고 있습니다. 독일이 강대국이 되기 위하여 필요한 근면함과 일에 대한 충성심이 프란케의 기독교 세계관을 바탕으로 한 교육에 의하여 완성되었다는 점이 고무적입니다. 독일의 통일을 위하여 퓌러를 중심으로 한 독일 교회가 얼마나 중요한 역할을 했는가를 다룬 글은 통일 한국을 위해서 한국 교회가 감당해야 할 사명을 시사해 줍니다. 마지막 두 글은 한국 사회의 변혁에 기독교가 어떤 기여를 해야 하는가를 현 사회 문제인 동성혼에 대한 입장을 통하여 밝히고 있으며, 지난 세기에 기독교가 전래되어 한국 사회를 어떻게 변화시켜 왔는가를 조명하여 급변하는 21세기에 한국 기독교가 긍정적인 변혁의 새로운 패러다임을 제공할 수 있기를 염원합니다. 최 교수님의 탁월한 글을 통하여 소개되는 기독교 세계관을 기반으로 한 교육이 한국 사회 변혁의 원동력이 되었으면 하는 마음으로 이 책을 진심으로 추천하는 바입니다.

서병선 | 한동대학교 교수, 창조과학연구소장

최용준 교수님의 『세상을 변화시키는 학문』은 크리스천 교수와 학생이라면 자신의 전공과 관계없이 누구나 일독할 만한 가치가 있다. 왜냐하면 성경적 세계관으로 볼 때, 일반 학문은 한계가 있으며 아직도 풀지 못한 퍼즐이 남아 있기 때문이다. 이 퍼즐을 해결할 수 있는 답이 영성, 즉 하나님의 말씀 안에 있다. 우리는 영성이 아주 중요한 시대에 살고 있다. 따라서 크리스천 교수와 크리스천 학생들은 모두 이 책을 통해 신앙과 학문의 통합을 배우고, 자신의 변화와 함께 사회의 변혁을 가져올 수 있을 것이다.

박정윤 | 영남대학교 명예교수,
행복한부자학회 창립 회장 및 전 로고스경영학회 회장

흔히 이론과 실제의 차이를 이야기하면서 이론의 필요성을 낮추어 보는 경향이 있다. 하지만 진정한 이론은 실제를 개선하기 위해 끊임없이 시도하면서 발전하는 것이다. 이 책의 제목에서 실제는 세상이고, 이론은 학문이라고 하면, 학문이야말로 세상을 변화시키기 위한 목적을 가진다고 하는 점에서 책 제목을 보는 순간 내용에 대해 흥미를 가지게 되었다.

최용준 교수는 남아프리카 포체스트롬대학에서 기독교철학 전공으로 도예베르트의 철학 및 문화비판과 관련한 논문으로 박사학위를 받고, 독일과 벨기에에서 목회하다가 현재는 한동대학교에서 교육과 연구로 활발하게 활동을 하고 있던 중 그동안의 연구를 종합하여 이 책을 출판하게 되었다.

이 책은 개혁신학적 관점에서 여러 사회의 현실에 대한 분석과 대안을 제시하고 있다. 대상이 되는 현실에는 학문, 기업, 교육, 통일, 동성혼, 교회 등 다양한 영역에 대해 개혁신학의 관점에서 분석하고 변화를 촉구하는 주장을 펼치고 있다. 이러한 점은 21세기 초반 포스트모던 사상으로 인해 혼란스러운데, 우리나라가 직면하고 있는 중요한 사회 문제에 대한 개혁신학적인 해석과 처방을 제시하고 있다는 점에서 독자에게 큰 도움이 될 것으로 본다.

특히 본인이 관심을 가지고 있는 학문과 신학의 통합에 관하여 지난 30년간 우리나라에서는 이 둘을 무리하게 통합하려는 시도로 인해 그리스도 안에서 한 형제된 이들 사이에서 분열이 일어나고 있는 현실을 볼 때 이 책에서 소개되는 바버의 네 가지 모델과 함께, 도예베르트 모델은 충분히 음미해 볼만한 가치가 있는 것이다.

박윤배 | 경북대학교 물리교육과 교수, 대구경북교수선교회 회장 역임

최용준 교수님은 그동안 학문과 신앙을 접목하기 위해 혼신의 노력을 해 오신 분이시다. 앎을 삶으로 실천하시고, 삶을 앎으로 승화시켜 오신 분이다. 이번 책에서도 그분의 뼈를 깎는 노력이 잘 드러난다. 우리나라의 현실적 문제를 해결하기 위해 유럽 사상가들의 사상과 그 실천에 대해 시간의 씨줄과 공간의 날줄을 엮어 간명하게 풀어내신다. 멀리 떨어져 있어 언뜻 보기에 생경하게 보이지만, 네덜란드와 독일을 사례 분석의 대상으로 삼은 최 교수님의 탁월한 식견에 탄복하게 된다. 강대국들에 둘러싸였음에도 열악한 환경을 성공적으로 극복한 작은 국가인 네덜란드는 우리나라의 지정학적 위치와 처한 환경이 매우 흡사하기에 시사하는 바가 크다. 두 나라의 경제 성장에 인적 자원이 가장 중요한 요소여서, 네덜란드의 교육 정책과 기독 교육에 대한 분석은 혼돈에 빠져 있는 현재 한국 교육의 문제 해결에 좋은 해결책을 제시한다.

성공적인 독일 통일은 마지막 분단국가인 우리나라의 과제인 통일에 역시 모범 답을 제시한다. 특히 독일 통일 과정에서 교회가 수행한 결정적 역할에 대한 깊이 있는 분석은 조국 통일을 위한 계몽적 길잡이 역할을 한다. 그동안 간헐적으로 이루어진 학문적 연구와, 대북 선교 노력에도, 총체적인 접근과 연합이 부족했던 한국 교회의 미흡함을 깨닫게 함과 동시에, 현재까지 방향성을 점검하고 다시 설정할 필요성을 일깨워 주고 있다. 국내 기독교 교육자들이나 정치인들이 이 책을 일독하는 것도 의미가 있겠지만, 우리 사회를 이끌어 나갈 다음 세대들이 읽고 그 의미를 곱씹어 볼 것을 주저함 없이 권면한다.

이상식 | 계명대학교 언론영상학과 교수, 대구경북교수선교회 회장 역임

목사이면서 학자인 최용준 교수가 그동안 학문과 신앙을 연계해서 연구한 결과물을 낸 것에 진심으로 축하드립니다. 학문의 분화가 심한 오늘날 혹자는 이것을 '전문화의 야만성'이라고 하지요. 학문의 본질로부터 학문 간의 융합과 통섭 가능성을 최 교수는 이 책에서 증명해 보이고 있습니다.

특히 최 교수는 이 책에서 과학과 신학의 두 학문 영역을 역사적으로 고찰하고 있는데, 특히 네덜란드 철학자인 도예베르트의 사상을 중심으로 소개하고 있습니다. 여기서 연구자는 두 학문 영역이 처음에는 상호 대립적이지 않았음에 천착하여, 이 둘의 관계를 과거의 갈등 모델, 독립 모델을 거쳐 현재는 창조적 협력관계로의 여정을 강조하고 있는 점이 매우 인상적입니다.

이러한 관점에서 최 교수는, 네덜란드 기업가 정신과 교육정책에 칼빈주의가 미친 영향을 소개하고 있으며, 더 나아가 네덜란드를 변화시킨 교육정책을 고찰하고 있습니다.

최 교수는 네덜란드뿐 아니라 독일의 이러한 부분에도 지면을 할애합니다. 즉 독일의 경건주의자 중 한 사람인 프랑케의 교육 사상을 소개하고, 또 1990년 독일 재통일과 관련해서는 교회가 독일 통일에 미친 영향을 크리스치안 퓌러를 중심으로 분석하고 있습니다. 또한 이것을 우리 한국의 현실에 가져와 응용하여 그 대안을 모색하려고 하며, 그 외에 그는 현재 한창 거론되는 동성혼을 기독교 세계관적 시각에서 명료하게 다루고 있습니다.

이처럼 이 책은 그동안 최 교수가 목회 필드에서 경험하고 체험했던 것과 또 학자 혹은 교육자로서 연구했던 것을 통합, 정리하기를 시도하고 있고, 이러한 학문 간의 통합적, 교차적 시각은 오늘날 학문 연구에 필수적이라 할 수 있습니다. 이러한 연유로 본인은 이 책을 대중 독자에게 강력히 추천하는 바입니다.

정인모 | 부산대학교 교수, 미쏘마포럼 대표

세상을 변화시키는 학문

본서는 저자가 최근 몇 년간 기회 있을 때마다 발표했던 학술 논문을 모은 것이다. 신앙을 가진 지성인으로서 부딪히는 현실과 씨름하면서 학문과 신앙 그리고 삶을 어떻게 통합하여 이 세상을 변화시킬 수 있을 것인가 고민하면서 몇 가지 주제에 초점을 맞추었다.

1부는 네덜란드의 교육정책과 기독 교육에 관한 역사적 고찰이다. 비록 작은 나라이고 자연 환경이 매우 열악하지만 인적 자원을 어떻게 키우고 활용하여 선진국이 되었고 계속해서 그러한 수준을 어떻게 유지하고 있는지를 기독 교육의 관점에서 분석하고 한국 상황에 적용해 보았다.

2부는 학문과 신앙의 통합 그리고 기업가 정신에 관한 것이다. 1장은 과학과 신학, 학문과 신앙의 관계를 갈등, 독립, 대화 및 통합 모델로 나누어 분석한 후 통합 모델의 대표적인 네덜란드 기독교 철학자 도예베르트의 이론을 분석하여 제시한 것이다. 2장은 칼빈주의와 기업가 정신(Entrepreneurship) 간의 관계에 관한 고찰이다. 우리가 일반적으로 말하는 종교개혁(Reformation)은 사실 교회만의 개혁이 아니라 사회의 모든 영역을 새롭게 하는 총체적 변혁(total transformation)이라고 하는 것이 더 정확하다. 따라서 칼빈의 사상이 특히 네덜란드에서 어떻게 구체적인 열매를 맺었는지 살펴보고 있다.

3부는 독일의 교육과 통일에 관한 것이다. 먼저 독일 교육에 큰 영향을 끼친 프란케의 사상과 사역에 관한 것으로 그가 프란케 재단을 통한 총체적 사역으로 할레(Halle)를 어떻게 변화시켰고 프로이센의 교육제도를 확립했으며 이 프로이센이 독일을 통일하여 독일 교육제도의 기초를 놓았고 또한 전 세계로 선교사를 파송하여 하나님 나라를 확장하는 데 크게 기여했는지 살펴보고 한국에 적용하는 시도이다. 다음으로는 분단된 독일의 통일을 이끌어 낸 라이프치히 니콜라이교회 담임 크리스치안 퓌러 목사의 사상 및 사역에 관한 분석과 더불어 당시 동서독 교회의 협력과 서독 정부의 후원을 분석하여 한반도 통일을 위해 한국 크리스천은 어떻게 준비해야 할지 다루어 보았다.

4부는 한국 사회와 관련이 있다. 먼저 최근 큰 이슈가 되고 있는 동성혼에 관해 기독교 세계관으로 분석, 비판하고 대안을 제시한 것이며 다음은 한국 사회 전체를 어떻게 변화시킬 것인지 고민한 글이다.

이 책이 조금이나마 세상을 변혁하는 데 도움이 되길 기원한다.

2018년 7월, 독일 Aachen에서 저자

세상을 변화시키는 학문

목 차

1부

•

네덜란드를 변화시킨 교육정책과 기독교 교육

World Transforming Scholarship

네덜란드 교육의 재정 정책에 관한 고찰: 역사적 접근[1]

I. 들어가는 말

네덜란드는 정부가 모든 공립 및 사립학교에 대해 동등하게 재정 지원을 하고 있으며 사립학교가 공립학교보다 두 배나 더 많고 전반적인 교육 수준이 매우 높은 선진국이다. 네덜란드의 교육 제도는 교육, 문화 및 과학부(OCW: Ministerie van Onderwijs, Cultuur en Wetenschap)에서 관장하는데 크게 연령별 교육(초등, 중등 및 고등교육) 및 수준별 교육(일반교육, 직업교육 및 학문적 교육)으로 나뉜다. 만 5세부터 16세까지는 의무교육이며 중등교육 및 직업교육은 비교적 학생들이 이수하기가 상대적으로 수월하도록 설계되어 있다. 나아가 네덜란드의 학교는 공립 및 세계관적, 종교적으로 세분되는 사립학교로 나눠지며 기타 장애, 만성 질환 또는 다른 어려움으로 특별한 도움이 필요한 학생들에게 제공하는 특수 교육이 있다(nl.wikipedia. org/wiki/Onderwijs_in_Nederland). 나아가 2012년 국제 학생 평가 프로그램(PISA: Programme for International Student Assessment)에서 실시한 조사에 의하면 네덜란드는 경제 협력 개발 기구(OECD: Organization for Economic

---

1 본 장은 2016년 11월 12일 기독교학교교육연구소에서 주최한 제11회 학술대회에서 발표된 것이다.

세상을 변화시키는 학문

Cooperation and Development) 국가들 중 10위를 차지하고 있다(www.oecd. org/ pisa/keyfindings/pisa-2012-results-overview.pdf). 그렇다면 네덜란드가 어떻게 이런 제도 및 재정 정책을 실시하게 되었으며 그 세부적인 내용은 어떤지 본 장에서 역사적으로 고찰하고자 한다.

이를 위해 먼저 네덜란드 교육 제도의 근간을 이루는 헌법 23조에 대해 고찰하고 교육 제도의 기본적인 내용에 대해 설명하겠다. 그 후 이러한 제도가 정착된 역사적 배경을 네 단계로 나누어 그 흐름을 고찰하면서 특히 네덜란드의 그리스도인들이 시대정신의 흐름에 대해 어떻게 대응했는지 살펴보겠다. 네덜란드 교육을 역사적으로 볼 때 크게 네 단계로 나눌 수 있는데 첫 단계는 16-17세기에 네덜란드가 독립하면서 추구했던 교회가 중심이되어 실시했던 칼빈주의적 교육이며 두 번째로는 18-19세기에 계몽주의 영향을 받았고 나중에 프랑스가 네덜란드를 지배하면서 정교분리가 이루어져 국가의 재정 지원 하에 이루어진 공립학교 중심적 교육이다. 세 번째 단계로는 이러한 계몽주의 사상에 대항하여 19세기부터 신칼빈주의자들이 일으킨 소위 '학교 투쟁(schoolstrijd)' 및 사립 교육 시대이며 마지막으로 20세기 후반 이후에 광범위하게 영향을 미치는 다원주의적 상황이다. 이런 배경에서 현재 네덜란드의 교육 재정 정책이 어떤 방식으로 집행되는지 설명하겠다. 마지막으로 이 모든 논의가 한국 교육의 재정 정책에 주는 함의를 제시함으로 결론을 맺고자 한다.

II. 네덜란드 교육의 재정 정책

1. 네덜란드 교육의 기본 정신

네덜란드 교육의 기본 정신은 헌법 제23조에 나타난다. 이 조항은 8개 항으로 나누어지는데 그 내용은 아래와 같다.

① 교육은 정부의 지속적인 관심사이어야 한다.

② 모든 국민에게는 관할 관청의 감독권에 대한 편견 없이 교육을 제공할 자유
가 주어져야 하며 법에 정한 교육의 형태들에 관하여는 교사들의 능력 및 도
덕적 성실성을 국회법에 따라 검증할 권리가 있다.

③ 공립 교육은 국회법에 따라 규정되어야 하며 각자의 종교적 신념을 존중해야
한다.

④ 관청은 기본 교육이 각 자치단체의 공립학교에서 충분히 이루어지도록 해야
한다. 이에 대한 예외도 교육의 형태가 주어질 수 있는 기회가 있다면 국회법
에 따라 허용되어야 한다.

⑤ 학교에 요구되는 표준 규정은 공립학교가 국회법에 의해 재정지원이 이루어
지는 것처럼 종교적 또는 다른 신념에 의해 이루어지는 교육의 자유도 보장
하기 위해 사립학교에도 동일하게 지원이 이루어져야 한다.

⑥ 초등교육의 필수조건도 사립 및 공립학교들이 동일하게 정부의 재정 지원을
받는 것과 동일하게 보장된다. 특별히 사립학교에서 교재를 선택하거나 교사
를 임명할 자유를 존중해 주어야 한다.

⑦ 국회법의 조건들을 충족하는 사립 초등학교는 공립학교들과 동일한 기준으로
정부에서 재정 지원을 한다. 중등교육 및 대학 전 교육이 공적 재원으로부터
지원을 받는 조건들은 국회법에 의해 규정한다.

⑧ 정부는 교육에 관한 연례 보고서를 국회에 제출해야 한다. [2]

---

2   원문은 다음과 같다:
1. Het onderwijs is een voorwerp van de aanhoudende zorg der regering.
2. Het geven van onderwijs is vrij, behoudens het toezicht van de overheid
   en, voor wat bij de wet aangewezen vormen van onderwijs betreft, het
   onderzoek naar de bekwaamheid en de zedelijkheid van hen die onder-
   wijs geven, een en ander bij de wet te regelen.
3. Het openbaar onderwijs wordt, met eerbiediging van ieders godsdienst of
   levensovertuiging, bij de wet geregeld.

세상을 변화시키는 학문

여기서 핵심 단어는 바로 "교육의 자유"로서 학교를 설립하고 교육 내용을 결정하며 그 내용의 원리들을 결정할 자유를 의미한다(www.owinsp.nl/english/the-dutch-educational-system). 네덜란드 시민은 누구나 학교를 설립하고 자신의 종교적, 이념적 또는 교육적 신념에 기초하여 교육할 수 있는 권리가 있다. 헌법은 이러한 권리를 보장하는 동시에 사립 및 공립학교들에 대해 평등한 재정지원을 하고 있다.

공립학교는 종교 또는 신념에 상관없이 모든 학생들에게 개방되어 있으며 일반적으로 공적 법률에 따라 지방 정부 또는 이 지방 정부가 설립한 이

---

4. In elke gemeente wordt van overheidswege voldoend openbaar algemeen vormend lager onderwijs gegeven in een genoegzaam aantal openbare scholen. Volgens bij de wet te stellen regels kan afwijking van deze bepaling worden toegelaten, mits tot het ontvangen van zodanig onderwijs gelegenheid wordt gegeven, al dan niet in een openbare school.

5. De eisen van deugdelijkheid, aan het geheel of ten dele uit de openbare kas te bekostigen onderwijs te stellen, worden bij de wet geregeld, met inachtneming, voor zover het bijzonder onderwijs betreft, van de vrijheid van richting.

6. Deze eisen worden voor het algemeen vormend lager onderwijs zodanig geregeld, dat de deugdelijkheid van het geheel uit de openbare kas bekostigd bijzonder onderwijs en van het openbaar onderwijs even afdoende wordt gewaarborgd. Bij die regeling wordt met name de vrijheid van het bijzonder onderwijs betreffende de keuze der leermiddelen en de aanstelling der onderwijzers geëerbiedigd.

7. Het bijzonder algemeen vormend lager onderwijs, dat aan de bij de wet te stellen voorwaarden voldoet, wordt naar dezelfde maatstaf als het openbaar onderwijs uit de openbare kas bekostigd. De wet stelt de voorwaarden vast, waarop voor het bijzonder algemeen vormend middelbaar en voorbereidend hoger onderwijs bijdragen uit de openbare kas worden verleend.

8. De regering doet jaarlijks van de staat van het onderwijs verslag aan de Staten-Generaal(www.denederlandsegrondwet.nl/9353000/1/j9vvihlf299q0sr/vi5kn3s122s4).

사회 또는 재단과 같은 법인에 의해 운영된다. 이러한 학교는 국가를 대신하여 교육을 제공하는 것이다. 반면에 사립학교는 부모들이 그 학교의 세계관을 존중하지 않을 경우 그 자녀를 받아들이지 않을 수 있는 권리를 가진다. 이 학교는 개인에 의해 설립되었으나 국가의 재정 지원을 받는다. 사립학교는 주로 이사회나 설립한 재단에 의해 운영된다. 이 이사회나 재단은 교장 및 교사들을 임명하며 교과서의 선택 역시 헌법이 보장한다. 사립학교 교육은 그 학교의 세계관에 기초하며 여기에는 천주교, 개신교, 유대교, 이슬람, 힌두교, 인지학(anthroposophism)적 신념 및 관점들이 있다.

어떤 학교는 몬테소리(Montessori), 달톤(Dalton), 프라이넷(Freinet) 또는 예나플랜(Jenaplan) 방법 등과 같은 특별한 교육 이념들을 가지고 있다. 이들 학교는 공립도 있고 사립도 있으며 개신교 예나플랜과 같은 혼합형도 있다. 공립 및 사립학교는 법률이 정한 범위 내에서 교육의 내용 및 방법을 정할 자유가 있다. 정부, 특히 교육, 문화 및 과학부는 공립 및 사립학교에 적용되는 교육의 질에 관한 기준을 설정한다. 이러한 기준들은 교육의 주제들, 교재들 그리고 국가시험의 내용, 매년 교육 기간, 교사들의 자격 요건들, 학부모 및 학생들이 학교에 대한 의견 표현, 의무조항 계획 및 보고 등을 포함한다. 물론 정치계 및 정부 부서와 관련 협의체들 간에 자유 및 책임의 균형에 관해 계속적인 논쟁과 토론이 있다(www.owinsp.nl/english/the-dutch-educational-system).

2. 네덜란드 교육 제도 개관

그렇다면 네덜란드 교육 제도의 기본 내용은 어떠한가? 그 체계를 표현하면 다음 쪽에 나타난 도표 1과 같이 구성되어 있다고 말할 수 있다.

제일 아래쪽에 있는 과정은 4세까지의 유아교육이며 그 다음이 초등학교(Basisvorming) 과정이다. 먼저 여기서 특이한 점은 유치원과 초등학교

세상을 변화시키는 학문

가 1985년부터 통합되어 이 과정이 8년이라는 점이다. 8학년이 되면 약 85%의 학생들은 Cito시험(중앙시험개발연구소, Centraal instituut voor toetsontwikkeling: www.cito.nl)을 치르게 되는데 이 결과에 따라 어떤 학교로 진학할지 결정된다. 중등교육(Voortgezet Onderwijs)은 세 가지로 나누어지는데 VMBO(voorbereidend middelbaar beroepsonderwijs, 중등 직업교육 준비과정), HAVO(hoger algemeen voortgezet onderwijs, 고등 일반 계속교육) 또는 VWO(voorbereidend wetenschappelijk onderwijs, 학문적 교육 준비과정)이다. VMBO는 직업학교로 나중에 HAVO로 진학할 수 있고 HAVO는 5년 기간으로 나중에 HBO(hoger beroepsonderwijs, 고등 직업대학)로 진학할 수 있다. VWO는 6년 기간으로 대학(WO: wetenschappelijk onderwijs)에 들어가기 위한 준비과정이다. 여기에는 아테네움(athenaeum), 김나지움(gymnasium) 또는 리세움(lyceum)이 있다. 그 다음 단계로는 MBO(middelbaar beroepsonderwijs, 중등직업교육), HBO(고등직업교육) 그리고 WO(대학교육)이다. MBO는 중등직업교육이며 1년에서 4년까지 다양하다. HBO 및 WO에는 학사 및 석사과정이 개설되며 그 이후 박사과정 또는 취업시장으로 나아가게 된다. 마지막으로 언급할 점은 각 단계에서 다른 방향으로 옮길 수 있는 여지가 있다는 것이다. 즉 초등학교 이후에는 직업학교에서 공부하다가 다른 학교로 옮겨 대학 진학 쪽으로 변경할 수 있고 그 반대도 가능한, 융통성 있는 학제를 운영하고 있다. 기타 장애학생들을 위한 특수학교가 있으며 모든 국민들을 위한 평생교육제도 및 오픈 대학도 잘 갖추어져 있다.

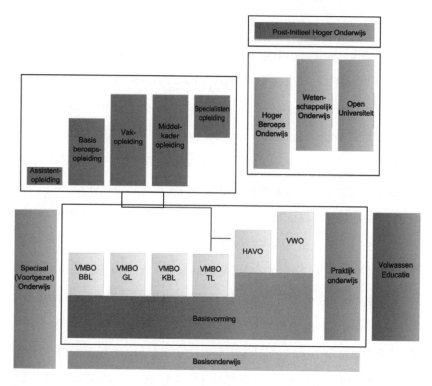

[도표 1] 네덜란드의 교육 체계(upload.wikimedia.org/wikipedia/commons/thumb/4/45/Onder-wijssysteem-in-nederland-p.svg/900px-Onderwijssysteem-in-nederland-p.svg.png)

　　네덜란드의 학교 시스템은 매우 독특한데 우선 학교를 선택하는 교육 기회에 관해서 가장 평등한 국가 중 하나이며 이에 대해 분명한 헌신을 하고 있다. 또한 어떤 종교적 또는 교육적 원리를 따르는 학교라 할지라도 1917년 이후부터는 모든 공립학교들과 동일하게 정부로부터 재정 지원을 받는다. 따라서 사립학교의 숫자가 공립학교보다 배 이상 많으며 초등학교의 경우 다섯 학교 중 한 학교는 학생들이 100명도 안 된다. 국제 학교들도 많이 있으며 20여 개 학교는 두 언어로 교육하고 있다. 초등학교의 경우 2013년 현재 965개교가 영어를 가르치며 100개교가 독일어, 불어 및 스

세상을 변화시키는 학문

페인어를 가르친다(www.expatica.com/nl/education/Education-in-the-Nether-lands_100816.html). 네덜란드에 거주하는 모든 아이들은 5세에서 18세까지 의무 교육을 받아야 하는데 그중에 5세부터 12세까지는 풀타임으로 공부해야 하며 나머지 기간은 일하면서 파트 타임으로 공부할 수 있다(www.expatica.com/nl/education/ Education-in-the-Netherlands_100816.html).

네덜란드에는 잠시 머무는 외국인 회사 자녀를 위한 국제 학교도 잘 갖추어져 있다. 외국 기업의 직원들은 그들의 재정 상황, 지역, 국적, 자녀의 나이 그리고 체류 기간 등을 고려하여 자녀의 학교를 결정한다. 많은 경우 회사가 교육비를 지원해 주기도 하며 이 부분은 소득세에서 감면되기도 한다. 사춘기에 있는 자녀들은 국제 학교가 적합할 수 있으나 더 어린 자녀들인 경우 체류 기간이 어느 정도 된다면 현지 학교에서도 잘 적응할 수 있다.

네덜란드는 부모가 자녀를 위해 어떤 교육을 할지 선택하는 것을 매우 중요시한다. 따라서 네덜란드에는 매우 다양한 종류의 학교들이 있으며 부모들은 자신들의 세계관에 맞는 학교에 자녀를 보낼 수 있다. 일단 부모들이 학교를 선택하면 가능한 속히 등록해야 한다. 공립학교의 경우 자리가 있다면 원칙적으로 입학을 거절할 수 없다. 그러나 유명한 학교는 보통 대기 리스트가 있으며 이런 경우 지방 관청은 우편번호에 따라 선택 가능한 학교를 알려 준다. 따라서 부모들은 가능한 일찍 등록하려고 한다. 또한 모든 학교는 부모들을 위한 '오픈 데이(Open Day)'가 있으므로 학교 웹사이트나 안내 책자 등을 보고 그 날에 학교를 방문할 수 있다.

거의 90%의 아이들은 이미 세 살 때 조기 교육을 받으며 대부분 만 네살 때 입학하는데 그때 부모와 함께 오리엔테이션에 초대된다. 네덜란드어가 모국어가 아닌 아이들을 위해서 학교는 네덜란드어를 배우기 위한 별도의 프로그램을 운영하기도 한다. 학교의 평가에 대해서는 www.owinsp.nl에 들어가 원하는 학교명을 입력하면 온라인으로 확인할 수 있다. 긍정적인 평가는 녹색이며 부정적 평가는 붉은 색으로 표시되어 있다. 하지만 이것은 공립학교 및 국제 학교에만 적용된다. 또한 www.scholenlijst.nl에 들어가면 네덜란드 학교의 모든 리스트를 볼 수 있다. 또한 학생의 능력에 따라 간혹 초등학교의 경우 1년을 다시 반복하는 유급(blijven zitten)도 있으며 반대로 한 학년을 뛰어넘는 월반(overspringen)의 경우도 있다.

공립학교는 정부가 운영하여 세속적인 교육을 제공하지만 몬테소리(Montessori) 또는 슈타이너(Steiner) 학교 등은 특별한 철학적 또는 교육학적 원리들도 가르친다. 이 학교는 지방 관청 또는 이에 의해 설립된 법인 또는 재단에 의해 운영된다. 반면에 사립학교는 천주교, 개신교, 이슬람, 힌두교 등에서 설립하여 특별한 세계관을 따른다. 이 학교는 설립한 이사회 또는 재단에 의해 운영되지만 재정적으로는 공립학교와 동일한 지위를 가진다. 즉 모든 교육은 무료이지만 수학여행 같은 특별 활동에 대해서는 부모가 지불해야 한다. 기타 국제 학교도 있는데 네덜란드의 국제 초등학교(DIPS : Dutch International Primary Schools) 및 중등학교(DISS : Dutch International Secondary Schools)는 정부의 지원을 받기에 적절한 학비만 내면 된다. 이 학교는 네덜란드에 일정한 기간만 머무는 외국인 자녀들과 해외에서 돌아온 네덜란드 자녀들 또는 해외로 나갈 자녀를 위한 학교이다. 사립 국제학교는 국제적으로 공인된 과정 또는 미국, 영국, 프랑스, 독일, 일본, 한국, 인도네시아, 폴란드 등 각국의 교과과정을 가르치며 필요시 각국 언어로 가르치기도 한다. 수영장이나 축구장 같은 시설은 일반 네덜란드 학교보다 우수하다. 나아가 특수학교도 있다. 2014년부터 모든 학교는 특별한 필요가 있는 아이들에게 도움이 되는 조치를 취해야 하는 법안을 통과시켰다. 나아가 특별한 도움이 필요한 국제 학생들을 위한 학교도 영어로 운영된다.

특별히 지난 2014년부터는 네덜란드의 기업가인 드 혼드(Maurice de Hond)에 의해 약 22개의 '스티브 잡스 학교(Steve Jobs schools)'가 개교하였

세상을 변화시키는 학문

다. 이 학교들도 정부의 재정지원을 받는데 특히 아이패드 및 교육 어플들을 지원받아 모든 교과서들과 칠판을 제거했다. 교사들은 단지 학생들이 스스로 배울 수 있도록 코칭을 제공한다(www.stevejobsschool.nl). 초등 및 중등학교 비용은 무료이나 부모들이 '자발적으로' 기부할 수 있으며 이는 학교별로 다르다. 수학여행, 점심시간 중 돌봐주는 것 그리고 방과 후 돌봄 등이다.

네덜란드 정부, 특히 교육, 문화 및 과학부의 교육 정책은 교육의 질에 대한 기준을 정하지만 각 학교는 자율적으로 교과과정 및 예산 배분을 시행할 수 있다. 교육 정책은 이중 언어 구사를 장려하며 교육과 직업을 연결시키며 학교의 질을 높여 교육부의 검열 기준에 부합하도록 해야 한다. 2015년 8월 1일부터 정부는 초등학교에도 과정의 15%는 영어, 독일어 또는 불어로 가르칠 수 있도록 허용했다. 학생들은 영어를 제2 언어로 배울 뿐만 아니라 생물, 역사 등의 과목을 외국어로 배운다.

3. 네덜란드 교육 제도의 역사

네덜란드가 이러한 교육 제도를 갖추게 된 것을 이해하려면 그 역사적 배경에 대해 언급할 필요가 있다. 따라서 이 부분에 대해 네 단계로 나누어 간략히 고찰해 보겠다.[3]

1) 16-17세기: 칼빈주의 시대

네덜란드의 교육은 16세기에 스페인으로부터 독립을 추구한 시기부터 살펴볼 수 있다. 네덜란드는 1568년부터 스페인에 대항하여 80년 간 끈질

---

3 이 부분은 필자가 「신앙과 학문」 2016년 21(2)에 게재한 논문 "Research on the Christian Philosophy of Education in the Netherlands: a historical approach", 231-257를 주로 참고하였다.

긴 독립 전쟁을 벌여 마침내 승리하면서 7개주 연합 네덜란드 공화국(Re-publiek der Zeven Verenigde Nederlanden: 1588-1795)을 수립하였다. 당시 가톨릭의 대표 세력이었던 필립 2세의 학정에 저항한 네덜란드인들은 종교개혁자 칼빈의 사상을 따르는 개신교세력이었는데 이들은 교육에도 깊은 관심을 보여 독립 전쟁을 지휘했던 빌름 판 오란여(Willem van Oranje)공에 의해 1575년에 네덜란드 최초의 고등교육기관인 레이든대학교(Universiteit Leiden)가 설립되었다. 이는 레이든이 스페인 군대의 포위로부터 승리한 것을 기념하면서 장차 네덜란드를 이끌고 나갈 영적, 정치적 지도자들을 양성하기 위한 백년대계였다.

당시 칼빈주의는 네덜란드의 교육제도 전반에 반영되어 학교에 대한 감독이나 가르치는 활동 그리고 교육에 대한 논의가 주로 개신교회와 목사들에 의해 이루어졌다(Röling, 1994: 67). 학교 교육은 교회의 감독 하에 지방단위로 실시되었고 교육의 기초는 도르트레흐트(Dordtrecht) 총회[4]에서 교육부분에 대하여 언급한 요점들로 향후 거의 2세기 동안 네덜란드 교육의 기초법 역할을 했다(Coetzee, 1958: 298). 도르트레흐트 총회는 "학생들이 어릴 때부터 참 종교의 기초를 배워 참된 경건으로 가득 채워져야 한다."고 강조하였고(Kruithof, 1990: 34) 학교에서는 읽기 학습을 위해 주기도문과 성경 구절들로 만들어진 학습서가 사용되었으며 교리문답교육도 실행되었다(조성국, 2009a: 26-27).

여기서 주목해야 할 점은 당시 네덜란드의 칼빈주의적 교육은 학교교육보다 가정교육을 더 강조했다는 사실이다(Kruithof, 1990: 19-51). 칼빈주

---

4   도르트레흐트 총회는 알미니우스(Arminius)가 제기한 신학적 논쟁에 대해 고마루스(Go-marus)를 중심으로 한 신학자들이 칼빈주의 교리를 확립하기 위해 도르트레흐트에서 1618-1619년에 개최된 회의이다. nl.wikipedia.org/wiki/Synode_van_Dordrecht 참조.

세상을 변화시키는 학문

의의 언약 개념은 가정의 중요성을 강조하여 가정은 하나님과 교제하고 예배하며 기도하는 첫 번째 기관으로 하나님과 신자의 관계는 부모 자녀와의 관계에 비유되어 부모는 하나님으로부터 직접 교육 명령을 받은 책임 있는 존재라는 점을 분명히 했다.[5] 경건한 칼빈주의자들은 나중에 후기 종교개혁(Nadere reformatie) 운동[6]을 주도하면서 내면적 경건과 일상생활에서의 성결 그리고 그것을 위한 교육은 작은 규모의 교회인 가정에서 이루어져야 한다고 보았다(조성국, 2009a: 27). 끄라우트호프(Bernard Kruithof)는 당시 드 스바프(Joannes de Swaef)가 경건을 하나님의 계명에 맞추는 것이라고 보면서 자녀들이 경건하게 성장하도록 부모들은 가능하면 일찍부터 자녀를 가르쳐 죄악을 피하게 하고 그들의 내면에 선을 심어야 하며 자녀가 성장하는 동안 훈계, 책망, 때로는 징계해야 한다고 주장하였음을 지적하였다(Kruithof, 1990: 42). 그러나 이 시대에는 아직 정부 차원의 재정지원이 이루어지지 않았으며 부모나 교회에서 재정을 감당했다고 볼 수 있다.

2) 18-19세기: 계몽주의 시대

네덜란드 교육에서 정부 재정지원이 본격적으로 이루어지기 시작한 것은 1800년대에 들어서면서부터이다. 그 이전인 16세기 당시 엄격한 칼빈주의에 반대하는 진보적 성향의 기독교인들도 있었는데 끄라우트호프는 당시 네덜란드 르네상스 학문의 아버지로 불리는 꼬른헤르트(D. V. Coornhert)가 에라스무스(D. Erasmus)처럼 인간의 완전한 성숙에 대한 낙관적이고 인문주

---

5 신명기 6장 4-9절, 에베소서 6장 4절 등의 성경 구절이 이에 해당한다.

6 17-18세기에 네덜란드에서 일어난 운동으로 종교개혁의 정신을 삶의 모든 영역에 구현해야 함을 강조했다. 이 운동은 영국의 청교도주의 및 독일의 경건주의와도 맥을 같이 하며 네덜란드에서 이를 주도한 대표적인 인물로 히스베르투스 포에티우스(Gisbertus Voetius, 1589-1676)가 있다.

의적 입장을 취했으며 17세기에 시인이고 법률가인 동시에 정치가였던 카츠(J. Cats)도 르네상스와 인문주의적 이상을 지지하여 아동이 가진 본성적인 호기심 등을 옹호하면서 온화함, 사랑, 질서를 기초 원칙으로 삼았다고 지적한다(Kruithof, 1990: 38).

이러한 사상은 18세기에 더욱 강해졌는데 이는 당시 네덜란드가 영국에게 해양 무역권을 빼앗기면서 경제적으로 점차 쇠퇴하였으며 프랑스와의 수차례 전쟁으로 큰 타격을 입었고 홍수로 인한 제방의 붕괴로 어려움을 겪으면서 인구도 감소하였고 나아가 왕가와 민주화를 요구한 세력 간의 내전으로 사회도 불안하여 교회의 영향력이 약화되면서 신앙과 경건의 삶이 사적 영역으로 축소되자 계몽주의[7]의 영향을 받았던 지식인들이 교육에 대한 관심을 새롭게 환기시켰기 때문이다. 77라우트호프는 당시 자연과학자요 역사가이며 교육가인 동시에 신학자였던 마르티네트(J. F. Martinet)가 그의 저서 『자연의 교리문답(Katechismus der Natuur, 1777~1779)』에서 전통적인 하이델베르크 교리문답에 빗대어 자연의 교리문답이라는 표현으로 그의 자연주의적, 목적론적 그리고 인본주의적인 사상을 설명했는데 그는 자연에 대한 교육이 종교 교육만큼이나 중요하다고 주장하면서 학생의 본성은 사랑스러운 천사에 가깝기에 참된 교육의 방법은 자연스럽고 합리적으로 이루어져야 하며 도덕적 행동을 강조하였다고 지적한다(Kruithof, 1990: 49-50). 또한 작가였던 볼프(B. Wolff)와 시인 데컨(A. Deken)도 아이들의 버릇없는 행동을 무조건 나쁘거나 악한 것으로 볼 것이 아니라 자유를 향한 생태적

---

7 계몽주의(enlightenment)는 독일의 철학자 임마누엘 칸트(I. Kant)가 인간의 이성을 절대적인 기준으로 삼으려는 사상을 의미한다. 이는 프랑스 혁명의 도화선이 되었고 결국 19세기 근대주의(modernism)를 낳게 되었는데 이 근대주의는 과학주의(scientism), 경제주의(economism) 및 기술주의(technicism)를 포함하는 세계관으로 인류의 무한한 발전과 진보를 신뢰하는 낙관주의이다.

세상을 변화시키는 학문

충동의 결과로 보아야 한다고 하면서 하나님과 더불어 자연이라는 원리를 함께 고려할 필요가 있다고 주장하였다(Kruithof, 1990: 52-55).

이처럼 계몽주의적 근대주의의 영향을 받은 기독교 교육가들은. 교육이. 쇠퇴하는 네덜란드 사회 및 국민의 회복과 구원을 위한 열쇠라고 확신했기에 도덕성 교육을 강조하면서 이는 목사, 교사, 지식인 및 작가들의 사명이라고 주장했다. 이들은 특히 국민의 도덕성 회복이 종교의 존재 이유라고 주장하면서 인간의 행복은 인간의 영적이고 합리적인 능력을 완성하는 것이며 지식과 문화는 그것을 위한 가장 중요한 도구라고 생각했다(조성국, 2009a: 29). 그래서 1784년에 재세례파의 목사였던 뉴븐하우젠(J. Niewen-huyzen)은 교육을 통해 개인과 사회를 발전시키기 위해 "공공선을 위한 협회(Maatschappij tot Nut van 't Algemeen)"라는 비영리 사회교육 단체를 결성하여 19세기 중반까지 더 나은 교재, 모델 학교 및 교사 교육을 통해 공적 교육을 향상시키는 데 큰 공헌을 하였으며 19세기 후반부터 이 단체가 세운 대부분의 학교는 공립학교로 전환되었다. 이 단체는 교회에 대해 반대하지 않았으며 교리적으로 독단적이지 않으면서 일반적인 기독교 윤리에 충실한 교육을 제공하는 것을 목표로 했으며(Wolthuis 1999: 52) '지식은 개인적 그리고 사회적으로 발전하는 길(Kennis is de weg naar persoonlijke en maatschappelijke ontwickling)'이라는 슬로건을 가지고 현재도 활동하고 있다(www.nutalgemeen.nl).

1795년 네덜란드는 나폴레옹에 의해 점령되어 1813년까지 프랑스의 지배를 받으면서 계몽주의 사상이 더욱 확산되었고 정교 분리가 법제화되어 그동안 교회가 관장하던 교육을 국가가 관장하게 되었다. 1806년에 제정된 학교법은 공립학교가 모든 기독교적, 시민적 덕성을 가르쳐야 하고, 따라서 새로운 사립학교 설립은 허용되지 않았으며 의무 교육제도도 시행되지 않았다(nl.wikipedia.org/wiki/ Schoolstrijd_(Nederland)). 교과 과정은 확립되어 네덜란드어, 읽기, 쓰기 및 수학은 필수 과목이었고 역사, 지리 및 불어, 독일어, 영어 같은 언어는 선택 과목이었다(en.wikipedia.org/wiki/Education_in_the_ Netherlands). 이 법제화 작업을 주도했던 사람들은 주로 "공적 복지를 위한 협회"에서 활동하면서 계몽주의를 따르던 진보적 성향의 기독교 지도자들이었다. 이 법은 초등학교를 공립학교(openbaar school)와 사립학교(bijzonder school)로 구분하여 국가가 관장하는 공립학교는 인정된 교육기관으로 국가로부터 재정을 지원받았지만 기존의 사립학교는 특정 단체가 지원하는 사립학교와 부모들이 지원하는 사립학교로 구분되어 정부의 재정 지원을 받지 못했다. 공립학교 재정 운영의 책임은 지방 정부에게 있었으나 이후 중앙 정부에서 교사의 자격과 학교 운영에 관한 기준을 세우고 적용해 나가면서 학교를 설립하여 운영해 나가는 주체는 중앙정부가 되었다. 나아가 이 학교법은 교육의 정책, 내용 및 감독 기능을 모두 국가에 귀속시켜 그 결과 공립학교의 수는 지속적으로 증가하였으나 목사가 교육에 참여할 수 있는 여지는 축소되었으며 교회의 감독 기능도 상실되었다. 그 대신 교사는 법적으로 독립하여 자유롭게 되어 1842년에는 교사들의 연합체가 결성되었고 교사들의 수도 급증했다(Knippenberg, 1986: 57, 68, 245-248). 당시 국가 교육은 통일된 국가주의 형성 및 행정 관리 배출을 위한 도구였으며 교리논쟁으로 분파적 갈등을 유발할 수 있다고 본 종교 교육은 학교 교육에서 배제되었고 그 자리에 애국심과 관용 정신이 대체됨으로써 결국 학교 교육은 세속화되었다(조성국, 2009a: 32).

3) 19-20세기: 신칼빈주의 시대

이러한 상황에 대해 당시 정통적인 칼빈주의 기독교인들은 상당한 위기감을 느끼면서 기독 사립 교육을 회복하기 위한 노력인 '학교 투쟁'을 시작했다. 우선 암스테르담의 시인이자 역사가였던 다 코스타(I. da Costa)는

세상을 변화시키는 학문

1823년에 출판한 『시대정신 비판(Bezwaren tegen den Geest der eeuw)』이라는 소책자를 통해 당시의 학교법을 종교적 관점에서 비판하였다. 나아가 1834년에는 네덜란드의 국가교회(Nederlandse Hervormde Kerk)가 정통적 칼빈주의를 상실한 것을 비판하면서 칼빈주의적 경건을 회복하고자 하는 분리운동(De Afscheiding)이 일어났다. 이 운동을 주도한 드 콕(H. de Cock)과 스콜터(H. P. Scholte) 목사는 기독개혁교회(Christelijke Gereformeerde Kerk)를 만들었는데 이 교단은 계몽주의적 근대주의에 반대하면서 칼빈과 도르트레흐트 총회 결정의 신학으로 복귀한 점에서 보수적이었으나 다른 한편 현실 도피적이고 체험적인 경건주의의 특성도 가졌다. 이들은 비록 숫자가 많지는 않았지만 가정에서의 엄격한 신앙교육을 다시 강조하였고 초등교육 영역에서 기독 학교를 운영하기 위한 노력을 시작했는데 교단의 회원들에게 공립학교의 가르침이 하나님의 말씀과 대치된다고 보면서 공립학교에 자녀를 보내지 말 것을 권했다(조성국, 2009a : 33).

이러한 학교 투쟁이 어느 정도 영향을 주어 1848년에 자유주의적인 정치가 토르베케(Johan R. Thorbecke)의 주도로 새로운 헌법이 제정되었고 이 헌법은 조건만 갖추면 사립학교도 설립할 수 있는 교육의 자유를 인정했다(nl.wikipedia.org/wiki/Schoolstrijd_(Nederland)). 그리하여 실제로 기독 사립학교들이 설립되었지만 재정은 여전히 정부가 지원하지 않았다.

그러자 19세기 후반부터 학교 투쟁의 제2단계가 시작되었다. 1857년 새로 제정된 교육법은 반 라파드(A. G. A. Van Rappard)에 의해 제안된 것으로 공립학교만 정부의 재정 지원을 받으며 교육은 종교적 중립을 지킨다는 내용이었다. 또한 기하학, 지리, 역사, 자연과학 및 음악은 필수 과목이 되었으나 현대 언어들과 수학은 여전히 선택 과목이었으며 나중에는 미술과 체육도 교과과정에 추가적으로 포함되었다(nl.wikipedia.org/wiki/Onderwijswet_van_1857).

1874년에는 사무엘 판 하우튼(Samuel van Houten)의 제안으로 소위 "아동법(Kinderwetje)"이 제정되어 12세 이하의 아동 노동을 금지하였고 1878년에 반 드 꼬펠로(K. van de Coppello)는 사립학교가 경비를 스스로 조달해야만 하는 새 법안을 제안하였다. 이러자 개신교 및 천주교 신자들은 자녀를 원하는 학교에 보낼 수 없게 되어 당시 국왕이었던 빌름(Willem) 3세에게 300,000명의 개신교도들과 100,000명의 가톨릭 교도들이 서명한 탄원서를 제출하였으나 결국 왕은 이 법안에 서명하여 이 법이 통과되었다(en.wikipedia.org/wiki/School_struggle_(Netherlands)). 그 후 1901년에는 6 - 12세 어린이들에 대한 의무교육법이 시행되었다.

이 와중에 전술한 분리운동과 더불어 1826~1854년에 네덜란드에는 부흥운동(Réveil)이 일어나 큰 영향력을 행사하였다. 이 운동은 계몽주의적 모더니즘 및 이에 기반을 둔 진보신학적 입장을 거부하고 전통적 칼빈주의 교리와 경건 즉, 인간의 죄와 하나님의 은혜를 강조했던 운동으로 네덜란드뿐만 아니라 유럽 전체적으로 나타났다. 그래서 부흥운동 지도자들은 예배생활 및 마음의 회복, 가정의 개혁, 조용하고 경건한 생활 및 자녀에 대한 신앙 교육을 강조하면서 계몽주의자들의 주장처럼 도덕적 개선과 삶의 회복이 아니라 회개로 이어져야 한다고 주장하였다(조성국, 2009a : 33).

이 부흥운동의 지도자들 중 헬드링(O. G. Heldring)은 "기독 신우회(Christelijke Vrienden)"라는 단체를 결성하여 노예해방, 가난한 자를 위한 돌봄, 교육의 중요성을 설교하였다. 끄라우트호프는 그가 정통적인 칼빈주의에 근거한 학교를 세우기 위해 시골지역에서 어린이들과 여성을 위한 교육기관들을 설립하여 가르치면서 인간의 타락성과 죄를 강조하였고 회개와 중생을 통해 새로운 삶이 가능하다고 역설하면서 국내 복음화 운동을 통해 네덜란드 사회의 부흥을 시도했음을 밝히고 있다(Kruithof, 1990: 143-146). 나아가 재세례파 목사였던 리프더(J. de Liefde)도 기독 학교의 주창자로서 학

세상을 변화시키는 학문

교교육의 종교적 중립성은 바람직하지 못할뿐더러 어린이들의 정신에도 유해하다고 보면서 아이들은 어릴 때부터 종교를 수용하고 그 가운데 성장해야 한다고 주장하였고 「디모데(*Timotheus*)」라고 하는 아동교육 잡지를 발간하면서 부모는 교육을 가장 중요한 과제로 인식해야 한다고 강조하였고 특히 아버지의 권위와 역할을 강조하였다(Kruithof, 1990: 153). 그는 계몽주의자들이 설립한 "공동체의 유익을 위한 협회"에 대항하여 1855년에 "국민구원을 위한 연합(De Vereeniging Tot Heil des Volks)"을 결성하였는데 이 단체는 전도, 봉사 및 예언적인 선포 등의 사역을 중심으로 현재까지도 활동하고 있다(www.totheildesvolks.nl).

하지만 정통 칼빈주의에 근거한 사회개혁가였던 흐룬 판 프린스터러(G. Groen van Prinsterer)야말로 이 시기에 가장 중요한 역할을 했던 인물이었다. 그는 네덜란드 부흥운동의 창시자였던 빌더데이크(W. Bilderdijk)의 영향을 받았으며 국회의원으로서 의정활동을 통해 사립학교로서의 기독학교의 설립 권리와 교육의 자유 개념을 확립하기 위해 노력하였다. 1857년 의회가 교육법을 제정하여 초등학교에서의 종교적 중립성을 법제화했을 때 그는 그 결정에 반대하는 학교 투쟁을 시작하였다. 그는 다 코스타 등 부흥운동지도자들과 함께 계몽주의적 모더니즘 형성에 기여하는 국가공립교육에 대항하여 기독 사립학교의 설립과 공립학교와의 법적 동등성 그리고 기독학교에 대한 국가의 재정지원을 확보하기 위해 하원의원으로서 법적, 정치적, 사회적 투쟁에 앞장섰다.[8] 그 영향으로 네덜란드 전국에서 많은 정통 칼빈주의 지도자들과 분리운동 지도자들이 이 학교 투쟁 운동에 참여하여 성경과 교리를 가르치는 기독 초등학교가 생겨났고 또 그런 학교를 지원하

---

8 이에 관한 그의 대표적인 저서는 『불신앙과 혁명(*Ongeloof en Revolutie*)』이다. 흐룬 판 프린스터러에 관한 보다 자세한 연구는 Roel Kuiper, *Tot een voorbeeld zult gij blijven. Mr. G. Groen van Prinsterer*(1801-1876), Amsterdam 2001를 참고할 것.

는 단체들도 등장하게 되었다. 그 결과 1860년 흐룬 판 프린스터러는 "전국 기독학교교육협회(CNS : De Vereeniging voor Christelijke-Nationaal Schoolond-erwijs)"를 결성하였다(www.onderwijsgeschiedenis.nl/ Tijdvakken/De-School-strijd).[9] 이 연합체의 이름에 나타나는 "기독 전국"이라는 표현이 의미하는 바는 16-17세기 네덜란드연합공화국의 종교개혁적 성격을 명시하는 표현 이었고, 기독학교를 전국적으로 하나의 연합체로 만들려는 의도를 드러내 는 표현이었다(Rosendaal, 2006: 30). 이 단체는 교육을 통한 네덜란드의 재 복음화, 기독학교의 재정지원과 유대관계 강화 및 교육문제에 대한 관심 증진과 주도권 발휘에 그 목표가 있었다(Rosendaal, 2006: 32). 그의 적극적 인 지도력과 노력으로 기독 사립학교의 설립에 대한 법적 기초가 확립되었 으며 나중에는 자신보다 더 탁월한 능력을 가졌던 후계자 카이퍼(Abraham Kuyper)를 만나 그에게 리더십을 넘겼다. 이러한 이유로 흐룬 판 프린스터 러는 네덜란드 기독 사립학교 운동의 대부로 불린다(조성국, 2009b: 14).

조성국은 흐룬 판 프린스터러의 교육철학을 한마디로 "교육의 자유"라 고 요약하면서 이 자유는 소극적으로는 절대국가의 중앙집권적인 획일적 교육 강요로부터의 자유를 의미하고 적극적으로는 기독 교육을 위한 자유 를 의미한다고 설명하면서 이를 보다 자세히 다음 여덟 가지로 잘 정리하고 있다(2009b: 24-26). 첫째로 그는 교육은 세계관을 형성하는 작업으로 프랑 스 혁명 이후 세속화된 국가가 독점 실행하려는 교육도 사실은 근대적 국가 주의 세계관을 주입하려는 시도이며 이 세계관은 종교적으로 중립적이 아

---

9 이 단체는 이후 1890년에 그 이름을 기독국민교육협회(De Vereeniging voor Christelijk Volksonderwijs)로 수정하였고 1968년에는 8개의 다른 관련 단체와 연합체를 구성한 후 2014년에는 이름을 Verus(vereeniging voor christelijk onderwijs)로 변경하였고 지난 2015년 5월에는 천주교교육센터(VKO, centrum voor katholiek onderwijs)와도 통합하여 지금은 천주교 및 기독교육협회(vereeniging voor katholiek en christelijk onderwijs)가 되었 다(www.verus.nl/ historie/oorsprong-van-verus-protestants-christelijk).

세상을 변화시키는 학문

니라 불신앙적이고 반기독교적인 것이어서 기독교인들은 받아들일 수 없고 따라서 기독교국가의 역사를 가진 네덜란드는 기독교 세계관을 형성하는 학교교육을 유지, 발전시켜 나가야 함을 강조했다. 둘째로 그는 국가의 세계관 교육은 중립적이지 않고 또 그것으로 국가를 통합할 수도 없으며 그러한 시도는 오히려 유해하다고 주장하면서 그 증거로 교육법의 강제 집행과정에서 가톨릭이 강한 벨기에가 1830년에 네덜란드에서 분리 독립했고(Van Dyke, 1989: 62) 네덜란드 내에서도 복음주의적 칼빈주의자들의 거센 저항에 직면하고 있음을 지적하였다. 셋째로 그는 교육의 자유는 종교의 자유와 같은 맥락에 있으며 따라서 종교에 따라 국민을 압제할 수 없는 것처럼 교육도 압제할 수 없다고 주장했다. 그는 양심의 자유를 논하면서 그 안에 출판, 예배, 교회조직 및 교육의 자유를 열거하였고 특히 교육의 자유를 "자녀의 관점에서 종교의 자유"라고 정의하면서(Van Dyke, 1989: 59) 국가는 종교의 자유처럼 교육의 자유도 보장해 주어야할 의무가 있다고 강조했다. 넷째로 그는 어린이들은 국가의 소유가 아니라 일차적으로 부모에게 속함을 강조하면서 부모의 교육권은 "하나님에 의해 부과된 의무"이므로 인정되어야 한다고 보았다(Van Dyke, 1989: 28, 60, 63). 다섯째로 그는 부모들이 하나님으로부터 부여받은 이 교육적 의무를 책임감 있게 감당해야 하며 이를 위한 교재로 잔(F. L. Zahn)이 저술한 『교회력에 맞춘 성경 역사(*Biblische Historien nach dem Kirchenjahre geordnet, mit Lehren und Liederversen versehen*)』를 네덜란드어로 번역, 출판하여 부모들이 적극적으로 성경과 교리 교육을 실행하도록 권고하였다(Van Dyke, 1989: 68). 여섯째로 그는 국가교육은 독점이 아니라 종교적 다양성을 존중하는 복수체계에 따라 이루어질 수 있어야 하고 각 종파는 자신들의 신앙고백에 맞게 가르칠 수 있는 학교를 세울 자유를 부여받아야 하며 이 학교들도 공립학교들과 동등한 지위를 누려야 한다고 주장하였다. 일곱째로 그는 모든 학교는 국가의 재정지원을 받아야 하는

데 만일 이런 지원이 없다면 교육의 자유는 오직 여유 있는 가정만 누릴 수 있는 특권이 되고 가난한 가정의 자유가 될 수 없으므로 진정한 의미의 교육의 자유가 아니라고 보았다(Van Dyke, 1989: 81). 마지막으로 그는 교육을 정치사회적 활동으로 간주하면서 교육의 발전과 개혁도 이런 운동을 통해 이루어진다고 믿었기에 교육 개혁은 참여적 행동이었다. 따라서 그는 법 제정에 참여하여 개혁을 시도하면서 기독교학교 설립의 정당성을 주장하다 여러 가지 현실적 한계에 직면하기도 하였지만 포기하지 않고 학교 투쟁 운동을 지속적으로 주도하였다.

카이퍼는 흐룬 판 프린스터러의 이러한 교육철학 및 학교 투쟁을 이어받아 학교법반대연맹(Anti-Schoolwet Verbond)을 결성하였는데 1879년에 이 단체는 계몽주의의 영향을 반영한 프랑스 혁명 정치사상과 근대주의적 세계관에 반대하는 네덜란드 최초의 기독교 정당인 반혁명당(ARP, Antirevolutionaire Partij)으로 발전하였다. 나아가 그는 1880년, 사회 변혁에 적극적인 태도를 가진 "신칼빈주의(Neo-Calvinism)"[10] 정신의 교육, 학문, 사회, 문화 운동을 주도할 인재를 배출하기 위해 암스테르담에 자유대학교(Vrije Universiteit)를 설립하였다. 특히 이름을 '자유'라고 한 것은 국가나 교회의 간섭으로부터 자유로워야 한다는 '영역 주권(souvereiniteit in eigen kring)' 사상에서 나온 것이다.[11] 영역 주권은 절대 주권자이신 하나님이 이 세상을 창조

---

10   신칼빈주의는 흐룬 판 프린스터러, 카이퍼, 바빙크(H. Bavinck), 도예베르트(H. Dooye-weerd) 등에 의해 발전된 사상으로 19-20세기 서구사회의 주도적인 세계관이었던 계몽주의적 근대주의에 대항하여 칼빈주의적 관점에서 삶의 모든 분야에 기독교 세계관을 적용하려고 했던 세계관이다. 이는 카이퍼의 저서 『칼빈주의 강연』에서 볼 수 있으며 주된 내용은 예수 그리스도의 주되심, 삶의 모든 영역의 구속, 문화 명령, 창조-타락-구속, 영역 주권, 이원론 배척, 구조와 방향의 구분, 보편 은총, 영적 대립, 세계관 등이 있다(en.wiki-pedia.org/wiki/Neo-Calvinism). 대표적인 포털 사이트는 allofliferedeemed.co.uk이다.

11   카이퍼의 자유대학교 개교 기념 연설 제목도 "영역 주권"이다. Kuyper, A.(1880). *Souvereiniteit in eigen kring: rede ter inwijding van de vrije Universiteit.* Amster-

세상을 변화시키는 학문

하신 원리로 국가, 교회, 가정, 학교, 기업 등은 각기 독립된 주권을 가지므로 한 기관이 다른 기관 위에서 군림해서는 안 된다는 사상이다. 또한 그는 기독교적 삶은 종교성, 애국심, 가정의 기능, 영역 주권, 양심의 자유 존중이 다섯 가지를 포함하며 따라서 획일적인 국가주의 교육은 원리적으로 잘못이므로 수정되거나 없어져야 한다고 주장하였다(Coetzee, 1958: 302).

카이퍼 또한 가정은 사회의 모든 관계가 반영되는 기초인 동시에 사회생활이 형성되는 뿌리이며 특히 부모의 자녀 교육에 대한 권리와 권위는 하나님께로부터 부여받았기에 국가가 간섭하지 말아야 한다고 강조했다. 물론 부모의 부도덕한 권위 행사에 의한 유기와 학대로부터 아동을 보호하는 일에 있어서는 국가의 개입을 동의하였으나 의무교육 제도를 통한 국가의 과도한 개입이 부모의 교육적 기능과 책임성을 약화시킬 것을 우려하면서 부모의 교육 선택 권리를 확보하는 방향으로 영향력을 적극 행사함으로써 사립 교육의 입지를 강화시켰다(조성국, 2009a: 38).

이렇게 카이퍼가 주도한 반혁명당의 기독학교 투쟁은 마침내 1917년에 헌법 23조를 제정하여 공립학교와 동등한 법적 지위 및 재정지원을 얻어내는 열매를 맺었다(nl.wikipedia.org/wiki/Schoolstrijd _(Nederland)). 그 후 1920년에 보다 구체적인 초등교육법이 제정되면서 균등한 재정지원이 집행되기 시작했다. 이처럼 카이퍼를 중심으로 한 신칼빈주의자들은 당시 인구의 불과 10-15%에 불과했지만(네덜란드어로 "kleine luyden[작은 사람들]"이라고 불린다), 사회개혁 운동에서 네덜란드의 주도적인 세력 중 하나가 되었고(Sturm, 1988: 9) 이러한 흐름에서 1900-1930년 사이에는 공립 초등학교가 전체의 31%였음에 비해 사립 초등학교는 62%로 증가했다고 끄라우트호프는 지적한다(Kruithof, 1990: 224). 이러한 점에서 네덜란드는 전 세계에

---

dam: J.H. Kruyt.

서 매우 독특한 교육 재정 체계를 갖추게 되었고 현재 전체 학교의 70%가 사립학교이며 그중 천주교와 개신교 학교가 각각 30-35%를 차지하고 있으며 기타 몬테소리 학교 등이 있다(Ritzen, Dommelen & Vijlder, 1999: 329).

4) 20세기 후반: 다원주의 시대

네덜란드는 20세기 중반까지 2차 세계대전의 충격과 파괴 및 대홍수사건 등으로 심각한 국가적 위기를 경험했으나 1950년대 이후부터는 비교적 빠른 속도로 경제 부흥을 이루어 내었다. 그러나 1960년대 유럽 사회를 휩쓸었던 사상적 격변 및 사회적 변화는 네덜란드에도 영향을 미쳐 다원적 자유주의를 확대시켰다. 무신론적 자연주의 및 실존주의의 영향으로 학생, 노동자, 히피 등이 참여한 광범위한 사회 저항 운동은 마약과 성, 동성애와 같은 이슈를 포함한 모든 가치를 관용(verdraagzaamheid)하는 방향으로 나아가게 했다. 이러한 사회 분위기 속에서 기독교인들의 숫자도 점점 줄어들어 17-30세 연령층의 경우 1958년에는 80%가 교회에 소속되어 있었으나 1991년에는 28%로 감소한(Golverdingen, 1995: 16) 반면 무슬림의 증가에 따라 1990년대 이후에는 종교 다원주의가 지배하고 있다.

따라서 20세기 후반부터 신칼빈주의 및 기독 사립학교도 점점 퇴보하기 시작했다(Golverdingen, 1995: 38). 자유대학교의 정체성 변화가 이를 단적으로 보여 주는데 1868년 기독교학교를 설립하고 공동으로 지원하기 위해 만들어졌던 "개혁교회학교연맹(GSV: Gereformeerde Schoolverband)"과 자유대학교는 서로 일치된 이념으로 교사 및 개혁 교회 공동체를 대표하는 엘리트 교육에 헌신해 왔으나 1960년대 이후 두 기관 모두 다원화된 네덜란드 사회에 깊이 동화되어(Rosendaal, 2006: 280) 자유대학교는 1971년부터 정체성의 범위를 신칼빈주의에서 에큐메니칼로 확대하였고 2005년부터는 이슬람에도 문호를 개방하여 "상호인생관적 소통(interlevensbeschowelijke

세상을 변화시키는 학문

communicatie)"으로 삼았다(Miedema, 2006: 20).

그러면서 기독교 학교 교육의 관심은 신칼빈주의에서 점차 다시 도덕성의 형성에 대한 관심으로 나아가 자유대학교 내에서도 1960년대에는 정신과학적 접근의 현상학적 방법, 1970-1980년대에는 실험적-분석적 방법, 사회비판적 방법 그리고 1980년대 이후에는 인생관적 교육에 대한 관심에서 역사적 연구 및 도덕교육에 대한 연구가 시도되어 왔다(조성국, 2009a: 42). 이와 함께 20세기 초반부터 교육학이론의 구성에 더 관심을 기울이면서 도덕성과 인성 형성을 강조하고 아동을 동료 인간으로 보도록 촉구했던 암스테르담 대학교의 콘스탐(Philip A. Kohnstamm)의 영향력이 확대되었고 1960년대 이후에는 그의 제자로서 현상학적 관점에 따라 생의 확신에 대한 선택 및 책임 있는 자기 결정의 개념을 강조했던 위트레흐트대학교의 랑어펠트(Martinus J. Langeveld)가 큰 영향을 미쳤다(조성국, 2009a: 41-42). 그 이후에는 종교성의 개념인 존재의 비밀 안에서의 헌신 개념을 강조했던 레이든대학교의 테르 호르스트(Wim ter Horst)와 델프트대학교의 판 덴 버컬(Arie van den Beukel)이 그리고 현재는 자유대학교 교수로서 종교성 개념과 상호인생관적 인성형성이라는 다원적 접근을 시도하는 미드마(Siebren Miedema)가 주목받고 있다(Praamsma, 2006). 미드마는 인생관은 종교성과 관련된 것이며 사실상 모든 교육이 가치중립적일 수 없고 인생관 형성에 해당되는 것이라고 할 때 교육은 결국 공립적인 것이 아니라 성격상 사립적인(bijzonder) 것일 수밖에 없으므로 인생관 형성의 작업은 공립학교 안에서도 적극적으로 이루어져야 한다고 주장하면서 그러한 인생관 교육은 결국 상호인생관적 대화 즉 다원주의 교육이어야 하고 학교는 이를 위해 인생관에 있어서 상대적이고 자율적인 특성을 가져야 한다고 강조한다(Miedema, 2000: 18-21, 2014).

이러한 변화는 기독학교에도 실제로 반영되어 네덜란드의 사립학교 교육은 종교적 분파주의 인생관에 따른 다원성을 인정하는 것이므로 현재까지도 특히 정통 칼빈주의 단체가 운영하는 초등학교는 큰 변함없이 개혁주의적 교리와 경건에 따른 학교 교육을 실행하고 있지만 전체적으로 볼 때 기독교학교에 대한 전반적인 열정은 많이 식었다. 개혁교회학교연맹도 1960년대 이후 사회 내에서의 입지를 강화하려는 정책에 몰두하면서 점차 사회에 동화되어 고유의 특성을 많이 상실하였고 1971년에는 기독교학교학회 및 기독교대중교육단체와 병합되면서 독립 기구로서의 역할을 사실상 마감하였다(조성국, 2009a: 43). 물론 1980년대와 1990년대에 부분적으로 기독교학교 유산에 대한 재발견과 재무장운동이 일어나기도 했고 그와 같은 노력은 지금도 계속되고 있기는 하지만 예전만 못하다(Rosendaal, 2006: 280).

네덜란드 사립학교 중에 백년이 넘는 역사를 가진 일부 기독학교는 원래 교회에 의해 운영되었고 많은 경우 '성경을 가진 학교(school met de Bijbel)'라고 불렀다. 하지만 세속화의 영향으로 이 부분에 많은 변화가 있어 아직 기독학교라고 불리기는 하지만 대부분의 학생과 부모들 그리고 교사들은 더 이상 기독 신앙을 가지고 있지 않다. 기껏해야 규정이나 문서에 기독교적 규범들이나 가치들을 발견할 수 있지만 일상생활에서 성경을 더 이상 신뢰할 수 있는 하나님의 말씀으로 받지 않으며 기독교 세계관과 함께 다른 다양한 세계관들도 인정하고 있다. 기독학교의 정체성에 대한 드 볼프(Anneke De Wolff)의 연구에 따르면 교사의 약 90% 그리고 학생의 약 70%가 개혁 교회 신자인 학교도 있으나 도시의 기독 사립학교 중에는 교사의 약 80%이상이 개혁 교회 신자이지만 학생은 무종교가 63.4%, 이슬람 22.6%, 가톨릭 8.7%, 개신교 4.4%, 힌두교 0.8%로 이루어져 있다(Wolff, 2000: 258, 326). 게다가 교사와의 인터뷰에 따르면 학교의 기존 기독교적 정체성과 상당히 다른 견해를 가진 경우도 많다. 미드마처럼 드 볼프도 이 연구를 근거

세상을 변화시키는 학문

로 인생관에 대한 학생의 자율적인 판단과 권리를 인정해야 하고 인생관 교육에 있어서 다차원적 접근이 필요하다고 주장한다(Wolff, 2000: 468). 이런 맥락에서 네덜란드의 공립학교도 다원주의를 주된 세계관으로 받아들여 교육의 공적 영역에서 나름대로의 입지를 구축했다(Ritzen, Dommelen & Vijlden, 1997: 330). 하지만 이러한 다원주의적 상황이 교육의 재정 정책을 근본적으로 변화시키지는 않았으며 1917년에 제정된 법이 지금까지 그대로 적용되고 있다.

4. 현재 네덜란드 교육의 재정 정책

네덜란드 정부는 지속적으로 교육에 높은 예산을 투자하고 있는데 2016년은 전체 예산 2,621억 유로(www.rijksoverheid.nl/onderwerpen/prinsjesdag/inhoud/miljoenennota-rijksbegroting-en-troonrede/ onderwerpen-rijksbegroting-2016-uitgelicht) 중 약 340억 유로로 잡혀 약 13%를 차지하고 있으며 그 내역은 도표 2와 같다

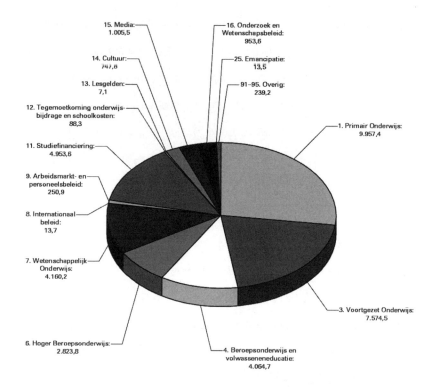

15. Media: 1.005,5
16. Onderzoek en Wetenschapsbeleid: 953,6
14. Cultuur: 747,8
25. Emancipatie: 13,5
13. Lesgelden: 7,1
91-95. Overig: 239,2
12. Tegemoetkoming onderwijs-bijdrage en schoolkosten: 88,3
1. Primair Onderwijs: 9.957,4
11. Studiefinanciering: 4.953,6
9. Arbeidsmarkt- en personeelsbeleid: 250,9
8. Internationaal beleid: 13,7
7. Wetenschappelijk Onderwijs: 4.160,2
3. Voortgezet Onderwijs: 7.574,5
6. Hoger Beroepsonderwijs: 2.823,8
4. Beroepsonderwijs en volwasseneneducatie: 4.064,7

[도표 2] 2016년 네덜란드 교육 예산 지출 분표
Geraamde uitgaven 지출(bedragen 금액 x € 1 miljoen 백만 유로)
(rijksbegroting.minfin.nl/2016/voorbereiding/begroting.kst212217.html)
(도표 설명: 1. 초등교육, 3. 중등교육, 4. 직업 및 성인 교육, 6. 고등직업 교육, 7. 학문적 교육, 8. 국제 정책, 9. 노동시장 및 인력 정책, 11. 학비 보조, 12. 기타 비용, 13. 수업료, 14. 문화, 15. 미디어, 16. 연구 및 과학 정책, 25. 사회적 불이익자를 위한 평등 정책, 91-95. 기타)

최근 몇 년간을 비교해 보면 2008-2012년 사이에 초등 및 중등 학생 한 명당 약 7% 지출이 증가되었고 고등교육에 대해서는 2008년에 2% 그리고 2012년에 4% 증가했다. 이는 OECD국가 중에 매우 높은 편인데 중등교육의 경우 2012년에 학생 한 명당 12,300달러를 지출하여 OECD 평균인 9,500달러보다 많으며 고등교육에 대해서도 학생 한 명당 2012년에 11,600달러를 지출하여 OECD 평균인 6,700달러보다 많음을 알 수 있

세상을 변화시키는 학문

다. 국민총생산(GDP: gross domestic product)에서 교육비가 차지하는 규모는 0.6% 증가하여 OECD 평균인 0.2%보다 높다. 물론 이 중 정부 예산에서 지출하는 부분이 가장 많고 기타 고등교육의 경우 사적 재원의 비율도 17% 정도 증가하고 있다(gpseducation.oecd.org/ Content/EAGCountryNotes/ EAG2015_CN_NLD.pdf).

네덜란드 정부는 초등교육, 중등교육, 직업교육 및 고등교육에 대해 재정을 지원하는데 이러한 지원에는 인건비와 기타 비용을 포함한다. 후자에는 도서, 가구 및 건물 유지비가 포함된다. 교육기관은 전체 금액에서 필요에 따라 지출 내역을 자율적으로 결정할 수 있으나 이에 대한 감사가 있다. 구체적인 지원액은 학생 숫자, 그들의 연령 및 교육 형태에 따라 다르며 한 학교 이사회 밑에 몇 개의 학교가 있는가에 따라서도 다를 수 있다. 직업학교의 경우 졸업장의 수도 중요하다. 고등교육에서는 일반 학기 중 등록하여 정상적으로 학업을 진행하고 있는 학생의 숫자 및 졸업장 숫자가 중요한 변수이다.

재정 지원은 각 학교 형태에 따라 별도 규정이 있는데 먼저 초등학교의 경우, 인건비 및 관리비를 지원한다. 이것은 기본 지원금이며 그 외에 학교 상황에 따라 추가 지원금을 받을 수 있다. 인건비는 매년 10월 1일 기준으로 이전 학년에 학생 수가 얼마였느냐에 따라 결정된다. 또한 교사의 연령에 따라 차별 지급되는데 연령이 높을수록 보수가 많으며 이를 위해 평균 연령을 상정하여 계산한다. 다음으로 관리비인데 건물 관리 및 청소 등의 비용을 지원한다. 가구 및 학습 장비, 청소비, 건물관리비 등이다. 정부는 매년 물가 상승률을 감안하여 지원비를 조정하되 매 5년마다 감사를 실시하여 필요한 조정을 한다. 학교 건물 내부 유지에 들어가는 비용은 자체적으로 감당해야 한다. 그 학교가 있는 관할 관청에서는 건물 외부 유지비용을 지불하며 학교 건물의 신축 및 확장도 지원한다. 2015년 1월 1일 이후부터 외부 유지비용은 각 학교가 지불하도록 규정이 개정되었으며 관할 관청은 신축 및 확장만 지원한다. 나아가 보다 나은 결과물을 산출한 학교들에 대해서는 추가 지원금이 주어진다(www. rijksoverheid.nl/onderwerpen/financiering-onderwijs/inhoud/financiering-primair-onderwijs).

중등교육 또한 매년 1월 1일 재정을 지원하며 이는 학생 수에 근거하여 산정되고 정부는 10월 1일에 다시 학생 수를 확인한다. 전체 예산의 약 85%는 인건비로 지출되고 나머지 15%는 관리비이다. 지출은 학교 운영위원회가 자율적으로 결정하며 인건비의 경우 고정비가 있고 학생 수 및 학교의 위치에 따라 다르다. 실습학교의 경우 교사진이 더 필요하므로 그런 부분도 감안된다. 자재비는 학교마다 기본 비용과 학생 한 명당 비용이 계산된다. 이것은 학교의 위치, 학교의 특성 및 학년에 따라 다른데 여기에는 청소비, 건물 관리비, 기타 비용(교재비, 행정비, 에너지 및 수도세 등)이 포함된다. 5년마다 감사가 이루어지며 그때 필요한 추가 지원 내지 조정이 이루어진다. 매년 '임금 및 가격 설정 및 기타 비용'에 관한 규정이 제정된다. 건물 유지는 학교 자체적으로 지불해야 하지만 신축 및 확장의 경우 해당 관청에서 지원한다. 나아가 초등교육처럼 특별한 성과가 있을 경우 추가 지원금이 주어질 수 있다. 여기에는 언어 및 수학, 과학 및 기술, 초등학교에서의 문화교육, 재능 개발, 교사 및 학교 지도자들의 전문화 교육 등이 포함된다(www.rijksoverheid.nl/onderwerpen/financiering-onderwijs/inhoud/overheids financiering-onderwijs).

중등직업교육(MBO) 및 성인교육기관도 동일하게 재정지원을 받는다. 각 기관은 그 예산을 어떻게 사용할지 자체적으로 결정하며 각자 정책과 교육을 학생 수 및 필요한 자재 등 학교 상황에 맞게 지출할 수 있다. 여기서 정부가 고려하는 점들은 학생 수, 졸업장 종류 등이며 매년 지원금을 새롭게 결정한다. 이에 관한 법률은 교육 및 직업교육실행법이다. 이런 지원

세상을 변화시키는 학문

금을 받는 학교는 지역 교육센터, 직업학교들, 농업교육센터 등이며 성과가 좋은 학교는 추가 지원금을 받는다. 그 대상은 교사 및 직원들의 전문화, 학업의 성공, 직업교육실습의 질 향상, 적정한 시기 졸업 등이다(www. rijksoverheid.nl/onderwerpen/financiering-onderwijs/inhoud/financiering-middelbaar-beroepsonderwijs-en-volwasseneneducatie).

　모든 인가된 고등교육기관들도 정부로부터 지원금을 받으며 지출은 자율적으로 결정한다. 대상은 고등직업교육(HBO), 학문적 대학교육(WO), 연구, 대학병원과의 협력 등이다. 정부는 일반 학기 중 학사 및 석사 과정에 정식으로 등록하여 지연됨이 없이 학업을 진행하고 있는 학생 수, 학사 및 석사 수여자 숫자 등의 요소들을 고려하여 지원 금액을 결정한다. 정부는 매년 지원액을 관련 법률(WHW: Wet op het hoger onderwijs en Wetenschappelijk onderzoek)에 따라 결정하며 수혜기관들은 정부 이외에도 네덜란드 학문 연구 기관(NWO: Nederlandse Organisatie voor Wetenschappelijke Onderzoek), 국제기구, 기업 또는 비영리기관으로부터 지원을 받기도 한다. 고등교육기관에 대한 인가는 벨기에의 플레미쉬 정부와 연합한 기관(NVAO: Nederlands-Vlaamse accreditatieorganisatie)이 결정한다. 인가받지 않은 기관들도 간혹 지원을 받기도 하는데 이들은 담당부서인 교육, 문화 및 과학부에 요청해야 한다. 8개의 대학병원도 지원금을 받는데 여기서 학생들은 의학 교육을 받으며 실습도 할 수 있다. 기타 성과물이 있으면 추가 지원금도 받는다(www.rijksoverheid.nl/onderwerpen/financiering-onderwijs/inhoud/financiering-hoger-onderwijs).

　이처럼 네덜란드의 초중등교육의 재원조달 및 집행은 기본적으로 중앙정부 중 교육문화과학부(the Ministry of Education, Culture, and Science)에서 담당하지만, 농업교육 재원조달은 농업, 자연, 식량부(the Ministry of Agriculture, Nature, and Food Quality)에서 담당하고 있다.

현재 네덜란드에서는 전체 학생 중 30%만이 공립학교에서 교육을 받고, 나머지 70%는 사립학교에 다니고 있다. 학교별로 나누어 살펴보면 초등학교와 중학교 모두 1917년 이래로 사립학교에 재학하는 비율이 급격하게 증가해 왔다. 이처럼 운영의 자율성을 갖춘 사립학교가 발달하고 중앙정부로부터 재정지원이 이루어지므로 지방 정부가 교육정책에서 담당하는 영역은 상당히 축소되었다. 각 지역 공립학교 운영의 일차적인 책임은 여전히 지방 정부에 있지만, 학교 운영에 소요되는 재원은 중앙정부로부터 사립학교에 적용되는 방식과 동일하게 지원받고 있다.

하지만 모든 학교에 대한 재정지원 규모가 동일한 것은 아니다. 1970년대 이래로 네덜란드에서는 사회경제적 배경이 열악한 지역의 학교에 대해서 기회의 균등을 보장하는 차원에서 재정지원 규모를 상대적으로 확대하고 있다. 차등적 재정지원에는 두 가지 방식이 있다. 첫째로는 사회경제적 배경이 열악한 가정의 자녀가 더 많이 재학한 초등학교에 대해 가중치를 두어 재정지원 규모를 늘리고 있다. 따라서 사회경제적 배경이 열악한 가정의 학생들에 대해서는 일반 학생들보다 1.9배 많은 학생당 재정지원금을 학교에 지급하고 있다(Ritzen, Dommelen & Vijlden, 1997: 330).

둘째로는 사회경제적 배경이 열악한 지역에 소재한 학교에 추가적인 보조금을 지급하고 있다. 이 방식에 따르면 사회경제적 배경이 열악한 거주민이 많은 지역의 학교에 대해서는 그렇지 않은 학교보다 학생당 기준지원금이 1.25배 더 크다. 사립학교는 일정한 기준을 충족하면 누구나 자율적으로 설립할 수 있고, 정부로부터 재학생 수에 따른 재정지원을 받을 수 있다. 이 경우 정부의 중요한 과제는 학교의 질을 정해진 수준 이상으로 유지할 수 있도록 규제를 가하고 및 감독을 실행하는 데에 있다. 따라서 정부는 학교에 대한 투자수준 및 교육과정과 절차에 대한 다양한 기준을 세우고, 사립학교의 실행 여부에 대하여 감독하고 있다(Ritzen, Dommelen & Vijlden,

세상을 변화시키는 학문

1997: 330). 한편 사립학교는 주로 종교재단에 의하여 설립되고 있다. 따라서 20세기 후반을 거치며 사립학교는 소득계층이나 계급에 따라 학생들이 분리되는 공간이 아니라 각 종교를 믿는 다양한 소득수준과 배경의 가정 출신 학생들이 혼재되어 함께 교육을 받는 곳으로 발전하였다. 하지만 최근 탈종교화와 더불어 사립학교가 사회적 계층에 따른 학생의 분리를 촉진하는 방향으로 변하고 있다.

교원 채용 예산은 전체 초등교육 인건비의 85% 정도이며 이는 전체 초등교육 재정의 75% 수준이며 설비비의 경우에는 1997년부터 재원조달 책임이 중앙정부에서 지방 정부로 바뀌었다. 2006년 8월 1일 이후로 초등학교 및 중등과정 특수학교에 대한 인건비와 운영비의 지급 방식이 포괄적 보조금의 형태로 전환되었다. 따라서 각 학교는 중앙정부로부터 지급받은 포괄적 보조금을 자유롭게 인건비와 운영비로 나누어 활용할 수 있게 되었다. 중등교육기관의 경우에는 1992년에 처음 도입되었던 교원 채용 예산 지급제도가 초등학교보다 이른 1996년에 포괄적 보조금의 형태로 전환되었다. 따라서 네덜란드의 중등교육기관 역시 재정 집행에 있어 상당한 자유를 누리고 있다. 포괄적 보조금의 규모는 학교당 기본 금액에 재학생 수 기준 금액을 더하여 결정된다. 한편 중등교육기관의 설비비는 초등학교와 같이 1997년 이후부터 지방 정부가 지방기금으로 재원을 조달하고 있다.

많은 사립학교는 학부모들이나 기업 및 후원 단체로부터 별도의 재정지원을 받고 있다. 공식적으로 사립학교는 재학생의 학부모에게 수업료 및 후원금을 부과할 수 없고, 후원금이나 수업료를 납부하지 않는다는 이유로 학생의 입학을 거절할 수 없다. 하지만 후원금 형태로 일정 금액을 납부하는 행위는 많은 사립학교에서 일반화되어 있는 실정이다(www.rijksoverheid.nl/onderwerpen/financiering-onderwijs /inhoud/private- bijdragen-in-het-onderwijs).

1997년 이후로 지방 정부를 통한 교육재원 조달이 확대되고 있다. 하지만 아직까지 대부분의 재원 조달은 중앙정부에 의하여 이루어지고 있다. 초등학교의 경우 현재 90%의 재원이 중앙정부에 의하여 조달되고 있으며, 나머지 10%를 지방 정부 및 다른 재원에 의존하고 있다(Ladd and Fiske, 2011). 따라서 각 지방 정부는 가용한 자원을 활용하여 지역 학교에 대한 투자규모를 확대할 수 있다. 하지만 이러한 경우에도 동일 지역에 위치한 공립학교와 사립학교에 대해 동등하게 지원 수준을 유지해야 한다는 원칙은 계속 지켜 나가고 있다. 물론 사회적 불평등을 해소하기 위한 경우 등 특수한 상황에서는 차등적인 지원도 이루어질 수 있다(고선, 2011: 94).

이와 같이 공립 및 사립학교에 모두 동등한 재정 지원을 하는 네덜란드의 교육제도는 소위 "구획화(verzuiling)"라고 불린다. 이러한 제도의 가장 중요한 특징은 중앙 정부는 다원화된 네덜란드 사회의 상황을 고려하여 공립 및 사립학교에 대해 재정 지원만 하고 부모들은 자신들의 세계관에 따라 학교를 정할 수 있도록 하는 것이다. 하지만 이러한 제도를 시행하기 위해서는 매우 상세한 법률 및 규정들이 필요하며 이는 결과적으로 지방 자치 정부의 역할을 상대적으로 축소시켰다. 1917년 이후부터 네덜란드 부모들에게는 자녀를 위해 학교를 선택할 수 있는 자유가 주어졌으므로 대부분의 부모들은 자신들의 세계관에 따라 자녀의 학교를 결정했는데 이것이 사회통합에 도움을 준 면도 있었다. 왜냐하면 가톨릭 부모의 경우 상류층이나 하류층 자녀 모두 동일한 학교에서 균등한 교육을 받을 수 있었기 때문이다. 하지만 가장 중요한 것은 학생의 숫자가 크든 작든 상관없이 모든 학교들이 동일한 교육의 질적 수준을 유지하는 것이었다(Ritzen, Dommelen & Vijlder, 1999: 331). 그러나 어떤 사립학교는 여전히 부모들에게 기부금을 기대하고 간접적으로 요청하는 경우들이 있어 이것이 또 하나의 불평등을 야기하고 있다는 비판도 있다. 나아가 부모들이 학교를 선택할 자유를 남용하

세상을 변화시키는 학문

여 어떤 학교를 인종적인 편견과 잘못된 선입관을 가지는 경우들도 적지 않다. 이에 대해 네덜란드 정부는 부모들에게 어떠한 기부금도 반드시 내어야 한다는 의무가 없음을 홍보하고 재정적인 이유로 입학을 거부하는 학교는 없음을 알리고 있다.

이런 상황 속에서 새롭게 나타난 문제점도 있는데 대표적인 세 가지는 다음과 같다. 첫째 소외된 계층의 자녀를 위한 학교에 중앙 정부가 좀 더 많은 지원금을 주자 이 학교는 이 추가적인 지원금을 가지고 원래의 목적인 학생들에게 더 필요한 교육을 위해 사용하기보다는 주로 학급 규모를 줄이는데 사용하고 있다는 것이다. 그리고 둘째로는 지방 정부의 권한이 제한되어 있기 때문에 이 지방 정부야말로 지역 사회 및 학교들의 문제점을 가장 잘 알고 해결책도 가지고 있음에도 할 수 있는 일이 상당히 제한되어 있다는 것이다(Ritzen, Dommelen & Vijlden, 1997: 331). 이처럼 중앙 정부와 지방 정부 간의 경쟁을 어떤 방법으로 조화롭게 이루어 나갈 것인가 하는 점이 매우 중요한 과제로 보인다. 따라서 현재 네덜란드 정부는 평등의 원칙이라는 범위 내에서 지방 정부의 권한을 조금씩 확대하여 사회적 불이익(social disadvantage)을 감소하는 정책을 펼치고 있다(Ritzen, Dommelen & Vijlden, 1997: 331). 마지막으로 어떤 부모들은 자기 자녀의 교육을 위해 좀 더 투자하기를 원한다. 이에 대해 네덜란드 정부는 일관성 있게 여러 가지 면에서 불리한 입장에 있는 학생들이 많은 학교에 더 많은 지원을 함으로써 사회적 평등을 추구하고 있다. 여기서 발생할 수 있는 다양한 갈등에 대해서는 지방 정부의 역할이 더욱 강조된다(Ritzen, Dommelen & Vijlder, 1999: 333).

III. 나가는 말

지금까지 네덜란드의 교육 재정 정책을 역사적 관점에서 살펴보았다. 먼저 네덜란드 교육 제도의 근간을 이루는 헌법 23조에 대해 고찰하고 교육 제도의 기본적인 내용을 살펴본 후 이러한 제도가 정착되게 된 역사적 배경을 네 단계로 나누어 그 흐름을 분석하였다. 전체적으로 볼 때 칼빈주의적 사립교육으로 대표되는 16-17세기에 이어 계몽주의적 모더니즘이 지배한 18-19세기의 공교육 및 이에 대한 정부의 재정 지원, 이에 대해 학교 투쟁을 통해 기독 사립학교 교육의 자유 및 정부의 재정 지원을 이끌어내면서 교육의 의미를 보다 확장한 19-20세기의 신칼빈주의 그리고 현대 네덜란드의 다원주의 사회에서 교육 재정 정책을 분석해 보았다. 이처럼 네덜란드의 역사적 배경 및 흐름은 한국과 다르다. 하지만 네덜란드 교육 재정 정책은 한국 교육 현장에 주는 함의가 적지 않은데 결론적으로 그 함의가 무엇인지 정리해 보겠다.

무엇보다 먼저 네덜란드는 공립과 사립 모두 정부가 재정지원을 함으로써 모든 국민에게 교육에 관한 한 재정적인 부담이 없도록 정책을 수립했다는 점을 기억해야 한다. 심지어 초등학교 아이들은 학교에 갈 때 책가방도 없이 가는 경우가 많다. 교과서 및 기본 필기도구도 학교에서 지급하고 학생들은 학습에 필요한 물품을 학교에 두고 다닐 수 있기 때문이다. 이러한 물질적인 부분뿐만 아니라 내용적인 면에서도 학교 교육이 충실하기 때문에 사교육이 거의 필요 없으며 따라서 학원이 없고 있다면 음악 학교(Muziekschool) 정도이다. 이 부분은 한국의 교육 현실과 기본적인 차이점을 이룬다. 한국의 교육 정책 또한 적어도 기본 의무 교육 과정에서는 다른 사교육이 필요 없는, 따라서 부모에게 교육비에 대한 부담이 없도록 해야 할 것이다. 2016년 한국의 교육부 예산은 전체 예산액 386조 7,000억의 약 14%인 53조 2,000억 원으로 네덜란드(약 44조)보다 총액은 많지만 한국은 인구가 더 많기 때문에 한 명당 투자액은 네덜란드보다 낮다. 반면 한국의 연간 사교육비도 거의 예산에 맞먹는 연간 40조에 달한다고 한다(www.

세상을 변화시키는 학문

nocutnews.co.kr/news/4623837). 이러한 재원을 정부가 보다 효과적인 세수를 통해 교육에 올바르게 투자한다면 학원이 존재할 필요도 없고 공교육도 정상화될 것이다.

둘째로는 유치원교육이 초등교육과 통합되어 의무교육이며 모든 재정을 정부가 부담한다는 점은 한국 교육의 재정 정책에 큰 도전이 된다. 한국의 경우 유치원 교육이 기본 학제에서 누락되어 있어 공교육의 일부로서 정당한 대우와 지원을 받고 있지 못하는 실정이다. 네덜란드처럼 유치원과 초등학교 학제를 반드시 통합하지 않는다 하더라도 만 4세부터 모든 어린이가 재정적인 부담 없이 평등한 교육을 받을 수 있는 방향으로 나아가야 할 것이다.

셋째로 네덜란드 교육에서는 학교·학년제가 유동적이어서 학생 개인의 능력 차이를 인정하여 유급 또는 월반이 가능하다. 물론 이것은 주로 초등학교에서 이루어지지만 그만큼 학제에 융통성이 있으나 한국 교육의 학제는 고정되어 있어서 학생의 능력별 개인차를 충분히 고려하고 있지 못하며, 학제 안에서 학생의 횡적인 이동이 제약되어 있다. 나아가 초등학교 졸업 후에도 직업학교에서 대학을 준비하는 과정으로의 이동이 가능한 시스템을 잘 갖추고 있으나 한국의 교육은 그렇지 못하다. 이러한 부분은 재정적인 면과 직접 연관되지 않는다고 말할 수 있으나 전체적으로 보다 효율적인 제도를 운용할 경우 그만큼 재정 집행도 더욱 효율적이 될 것이다.

넷째로 네덜란드 교육에는 초등학교 이후 대학을 준비하는 학생들과 직업학교로 가는 학생들 간에 신분적인 차이나 우월감/열등감이 거의 없다. 자신의 재능을 살려 그 방향으로 자신의 미래를 준비할 수 있도록 학교 교육을 재정적으로 지원하고 학생들은 자신의 진로에 대해 자긍심을 가지고 최선을 다할 수 있도록 학습 환경을 만들어 주며 직업학교를 졸업하여도 자신의 분야에서 전문가가 되면 사회에서 그에 해당하는 대우를 받으며 자신감 있게 살아갈 수 있도록 하는 정책이 지금의 선진국 네덜란드를 만들었다. 한국의 교육 정책도 소위 '금수저, 은수저, 흑수저'라는 말이 나오지 않도록 평등화를 추구하면서 암기를 위주로 한 대학 입시 중심적인 주입식 교육을 지양하고 학생 자신의 관심과 특기를 살려 주는 다양화되고 창조적이며 열린 교육을 지향해 나가도록 정부도 재정 지원을 아끼지 말아야 할 것이다. 나아가 이러한 부분이 노동 시장에서도 충분히 인정되어 학벌이 신분을 결정하지 않는 평등한 민주 교육이 되도록 노력해야 할 것이다.

다섯째로, 네덜란드 교육의 역사는 정부가 주도하는 학교교육에서 부모의 교육권이 박탈되어서는 안 된다는 점을 보여 주었다. 특히 부모의 교육권은 부모 스스로 지지하는 인생관에 따라 자신의 자녀를 교육할 수 있는 자유를 의미했다는 점이 중요하다. 국가가 국민을 획일적으로 통합하는 도구로 삼았던 근대 공립학교교육에서 네덜란드 기독교인들이 가정교육을 강조하는 동시에 교육의 자유를 주요 가치로 내세워 사립학교의 정당성을 얻어낸 것은 우리에게도 기독 부모의 교육적 의무에 대한 인식을 제고하기 위해 노력이 필요함을 일깨워 준다. 한국의 경우 교육에 관한 모든 것을 학교에 맡기려는 경향이 많다. 하지만 네덜란드의 경건한 칼빈주의자들은 처음부터 가정, 교회 및 학교의 삼위일체적 교육이 중요함을 강조하며 1917년 헌법이 제정되기 전까지는 자녀 교육을 위해 필요하다면 재정적 부담도 감수해 왔으며 지금도 여전히 자녀 교육에 관한 부모의 책임의식이 매우 강함을 볼 수 있다. 한국의 교육 환경에도 부모와 가정의 역할을 더욱 강조해야 할 것이며 특히 기독 사립학교의 경우에는 학교와 교회 그리고 가정이 상호 긴밀히 협력해야 하겠다. 물론 대부분의 한국 부모들도 자녀 교육을 위해 모든 것을 희생하는 것으로 널리 알려져 있다. 하지만 가정교육에 대한 부모의 책임의식은 다소 약한 것이 사실이며 이 부분에 대한 반성과 회복이 필요하다고 말할 수 있다. 물론 이 부분이 재정 정책에 직접 관련되지는 않

세상을 변화시키는 학문

지만 부모가 지불하는 사교육비보다 가정에서 자녀들에 대한 인성 및 영성 교육에 더 노력하는 것이 필요하다고 본다.

여섯째로 네덜란드 교육은 어떤 교육도 중립적일 수 없으며 계몽주의적 모더니즘에 근거한 근대의 공립학교교육도 사실 인본주의적이고 국가주의적인 세계관을 형성하는 교육이라는 점을 잘 지적하였다. 따라서 한국에도 그러한 세계관이 학생들에게 미칠 부정적 영향을 심각하게 고려하면서 자녀를 보호하고 성경적 세계관을 형성할 수 있는 기독교 교육이 필요하며 그런 의미에서 초등학교 때부터 기독교 세계관 교육이 필요하다. 한국의 공립교육도 결코 중립적이 아니라는 점을 강조할 필요가 있으며 '교육의 자유' 및 국가의 균등한 재정 지원을 이끌어낼 수 있는, 흐룬 판 프린스터러나 카이퍼 같은 영적, 정치적 지도자도 나와야 할 것이다.

일곱째로 네덜란드 교육 정책은 성숙하고 책임의식이 강한 글로벌 시민을 양성하는 데 초점을 둔다는 것이다. 사실 네덜란드는 약간의 천연 가스를 제외하면 부존자원이 거의 없는 나라이다. 자연 환경을 보면 여러 가지 면에서 매우 열악한 상황이며 유일한 경쟁력은 인적 자원이다. 따라서 네덜란드는 기본적인 교육에 충실할 뿐만 아니라 다양한 외국어 교육 및 문화 교류 그리고 여행 등을 통해 어릴 때부터 세계적인 감각을 익혀 17세기에 전 세계의 무역을 제패하며 모든 분야에서 세계 최고의 황금기를 누린 이후 지금까지도 국제 무역 등을 통해 작지만 매우 강하고 큰 나라가 되어 있다(최용준, 2014). 인구는 1,600만 밖에 되지 않지만 한 사람 한 사람이 자신의 삶과 분야에서 매우 성숙하고 책임의식이 강한 국민들이다. 마약, 동성애, 매춘 등을 허용하여 매우 자유분방한 것 같지만 사실 범죄율은 매우 낮은 건강한 나라여서 교도소를 최근에는 다른 나라 범죄자들을 송치하는 데 빌려 주고 심지어 난민 수용소로 개조하고 있다. 한국의 교육은 이러한 부분을 더욱 벤치마킹하여 글로벌한 지도자들과 함께 자신의 일상생활에 충실한 건강한 시민들을 키워 내도록 노력해야 할 것이다.

마지막으로 네덜란드 교육의 역사는 교육을 위한 크리스천의 사회적, 정책적 참여의 중요성을 보여 준다. 네덜란드에서 기독학교의 자유와 권리는 기독교 사회 운동과 정치 참여를 통해 획득된 반면 한국의 기독학교 역사에서 기독교인들은 이러한 목적을 위한 사회, 정치적 참여에 소극적이었고 이를 위한 연합을 이루지 못했다. 이런 점에서 한국 기독교 교육자들, 기독 정치인들은 기독학교교육의 법적, 제도적 지위를 확립시키는 일에 관심을 가지고 협력해야 하며 기독 시민들도 적극 협조하여 함께 노력해 나가야 할 것이다.

세상을 변화시키는 학문

참고문헌

고선(2013). "유럽의 교육재정제도 연구", 한국지방세연구원.

조성국(2009a). "네덜란드 기독교학교운동의 역사가 한국 기독교학교의 과제에 주는 함의" 『기독교 교육논총』. 20(1), 21-52.

_____(2009b). "흐룬 판 프린스터러(G. Groen van Prinsterer)의 기독교 교육 사상", 『복음과 교육』. 5, 9-31.

최용준(2014). "칼빈주의와 네덜란드의 기업가 정신" 「신앙과 학문」, 19(1), 153-181.

_____(2016). "Research on the Christian Philosophy of Education in the Netherlands: a historical approach", 「신앙과 학문」, 21(2), 231-257.

Coetzee, J. C.(1958). *Inleiding tot die historiese opvoedkunde*. Johannesburg: Voorwaarts.

De Vijlder, Frans J.(2000), "Dutch Education: a closed or an open system?" A presentation of the Dutch Ministry of Education, Culture, and Science, the Netherlands on behalf of the OECD.

Golverdingen, M.(1995). *Mens in beeld: antropologische schets ten dienste van de bezinning op onderwijs, opvoeding en pedagogische theorievorming in reformatorische kring*. Leiden: Uitgeverij J. J. Groen en Zoon.

Groen van Prinsterer, G(1847). Ongeloof en revolutie. S. en J. Luchtmans.

Knippenberg, H.(1986). *Deelname aan het lager onderwijs in Nederland gedurende de negentiende eeuw. doctor proefschrift*. Universiteit van Amsterdam.

Kruithof, B.(1990). *Zonde en deugd in domineesland: Nederlandse protestanten en problemen van opvoeding zeventiende tot twintigste eeuw*. Universiteit van Amsterdam.

Kuiper, R.(2001). *Tot een voorbeeld zult gij blijven. Mr. G. Groen van Prinsterer*(1801-1876), Amsterdam: Buijten en Schipperheijn.

Kuyper, A.(1880). *Souvereiniteit in eigen kring: rede ter inwijding van de vrije Universiteit*. Amsterdam: J.H. Kruyt.

Ladd, H. F., and Fiske, E. B(2011). "Weighted Student Funding in the Netherlands: A

Model for the U.S.?" *Journal of Policy Analysis and Management*, Vol. 30, No. 3, 470-498.

Miedema, S.(2000). *De comeback van God in de pedagogiek. Waterink Lezing 2000*. Amsterdam: Vrije Universiteit.

_____(2006). "Naar de Vrije Universiteit Amsterdam als een daadwerkelijk interlevens-beshouwijke universiteit". Voorsluis, B(ed.). *Beweegredenen: VU-wetenschappers en levensbeschouwing*. Amsterdam: VU Podium & Vereniging VU-Windesheim. 18-25.

Praamsma, J. M.(2006). "Verkenning in het landschap van de christelijke pedagogiek". DeGraaf, R(ed.). *Bijzonder onderwijs: Christelijke geloof in de dagelijkse praktijk van basis- en voortgezet onderwijs*. Zoetermeer: Uitgeverij Boekencentrum.

Ritzen, J. M. M., Van Dommelen, J. and de Vijlder, F. J(1997). "School Finance and School Choice in the Netherlands," Economics of Education Review, Vol. 16, No. 3, 329-335.

Rosendaal, A. C.(2006). Naar een school voor de gereformeerde gezindte: het christelijke onderwijsconcept van het Gereformeerd Schoolverband(1868-1971). Verloren.

Röling, H. Q.(1994). "Onderwijs in Netherland" in Kruithof, B., Noordman, J. & DeRooy, P(eds)(1994). *Geschiedenis van opvoeding en onderwijs: inleiding bronnen onderzoek*(vijfde druk). Nijmegen: Sun.

Sturm, J. C.(1988). *Een goede gereformeerde opvoeding over neo-calvinistische moraalpedagogiek*(1880-1950), *met speciale aandacht voor de nieuw-gereformeerde jeugdorganisaties*. Kampen: J. H. Kok.

Van Dyke, H.(1989). *Groen van Prinsterer's lectures on unbelief and revolution*. Jordan Station, Ontario: Wedge Publishing Foundation.

Wolff, A. De(2000). *Typisch christelijk?: een onderzoek naar de identiteit van een christelijke school en haar vormgeving*. Kampen: Uitgeverij Kok.

Wolthuis, J.(1999). *Lower Technical Education in the Netherlands*, 1798-1993: *The Rise and Fall of a Subsystem*. Garant Uitgevers N. V. en.wikipedia.org/wiki/ Education_in_the_Netherlands

en.wikipedia.org/wiki/Ministry_of_Education,_Culture_and_Science_(Netherlands) en.wikipedia.org/wiki/Neo-Calvinism) gpseducation.oecd.org/Content/EAG-

세상을 변화시키는 학문

CountryNotes/EAG2015_CN_NLD.pdf

nl.wikipedia.org/wiki/Onderwijs_in_Nederland

nl.wikipedia.org/wiki/Onderwijswet_van_1857

nl.wikipedia.org/wiki/Schoolstrijd_(Nederland)

nl.wikipedia.org/wiki/Synode_van_Dordrecht rijksbegroting.minfin.nl/2016/
voorbereiding/begroting,kst212217.html

www.allofliferedeemed.co.uk

www.budget.go.kr/info/2016/budget2016_overview.html

www.cito.nl

www.denederlandsegrondwet.nl/9353000/1/j9vvihlf299q0sr/vi5kn3s122s4

www.expatica.com/nl/education/Education-in-the-Netherlands_100816.html

www.katinkahesselink.net/ond/onderwijs-nederland.png

www.nocutnews.co.kr/news/4623837

www.nutalgemeen.nl

www.oecd.org/pisa/keyfindings/pisa-2012-results-overview.pdf

www.onderwijsgeschiedenis.nl/Tijdvakken/De-Schoolstrijd

www.owinsp.nl/english/the-dutch-educational-system

www.rijksoverheid.nl/onderwerpen/financiering-onderwijs/inhoud/financier-
ing-primair-onderwijs

www.rijksoverheid.nl/onderwerpen/financiering-onderwijs/inhoud/financier-
ing-middelbaar-broepsonderwijs-en-volwasseneneducatie

www.rijksoverheid.nl/onderwerpen/financiering-onderwijs/inhoud/financier-
ing-hoger-onderwijs

www.rijksoverheid.nl/onderwerpen/financiering-onderwijs/inhoud/overheids-
financiering-onderwijs

www.rijksoverheid.nl/onderwerpen/financiering-onderwijs/inhoud/private-bij-
dragen-in-het-onderwijs

https://www.rijksoverheid.nl/onderwerpen/prinsjesdag/inhoud/miljoenenno-
ta-rijksbegroting-en-troonrede/onderwerpen-rijksbegroting-2016-uitgelicht

www.totheildesvolks.nl

www.verus.nl/historie/oorsprong-van-verus-protestants-c hristelijk

Research on the Philosophy of Christian Education in the Netherlands:

Research on the Christian Philosophy of Education in the Netherlands: a historical approach[1]

I. Introduction

Christian philosophy of education is a science reflecting on the sphere of education from the Christian perspective. Therefore, Christian philosophy of education as the foundation of Christian education which directs the principle of direction of education is based on Christian worldview and philosophy. One country where this Christian worldview and philosophy have been developed is the Netherlands which has produced various scholars and had many old Christian schools. Korea has also its own history and tradition of Christian education but many Christian schools have been secularized. At this point, it is necessary for us to research the Christian philosophy of education in order to establish the identity and philosophy of Christian education in Korea.

Many Korean scholars have already done quite a lot of research-

---

1 본 장은 「신앙과 학문」 2016년 제 21권 2호, 231-257에 실렸던 것이다.

es in this area. First of all, S.G. Cho has published many articles among which on the history of Christian school movement in the Netherlands(2009: 21-52) and on the idea of Christian education of Guillaume Groen van Prinsterer(2009: 9-31), on the philosophy of education of Herman Bavinck who, following Abraham Kuyper, taught systematic theology and Christian education at the Free University in Amsterdam(2015), on the philosophy of education of Jan Waterink who taught Christian education for the first time as the professor on this area(2013: 55-82) and furthermore on the thought of Cornelius Jaarsma who taught Christian education at Calvin College in Michigan, U.S.A from the Dutch reformed tradition(1993: 18-35) and on the method of research on general education theory in Dutch Christian philosophy of education(2008: 220-255). Furthermore, G.C. Ryu has made a research on the foundation of Kuyper's thought on Christian education(2009: 32-54) and S.J. Han did on the human education philosophy of Herman Dooyeweerd who had followed Kuyper to develop Christian philosophy(2009: 55-76).

But in this article, I am going to make a research on the stream of the Christian philosophy of education not by focusing on thinkers but from the historical perspective, dividing into four different stages. The reason why this approach is necessary is because I believe that by looking at how the Dutch Christians have responded to this stream of Zeitgeist, Korean Christian educators might have some insights. Therefore, the first stage of this article deals with the Calvinistic philosophy of education in the 16-17th century when the

Netherlands tried to be independent. Secondly, I will discuss the modern enlightenment ideal when France ruled the Netherlands in the beginning of the 18th century by the public school system led by the government. Thirdly, I will deal with neo-Calvinism which was taken by Kuyper and his followers from the 19th century over against modern enlightenment idea with the so-called 'school struggle' and the movement of Christian private school education. This part is the most central contents of this article. After that, I will talk about pluralism which has been so popular since the second half of the 20th century. After that, the Christian philosophy of 'vrijgemaakte(liberated)' church of the Netherlands will be mentioned because it has tried to preserve the Christian identity in spite of this trend. Then a conclusion will be drawn on what kind of implications can Korean Christian education might have.

II. The Christian Philosophy of Education in the Netherlands

1. The 16-17th Century: Calvinism

The Christian education in the Netherlands can be traced back from the 16th century when the Dutch tried to achieve independence from Spain. Starting from 1568, the Netherlands opposed to Spain and fought 80 years until they formed the Republic of the Seven United Netherlands(Republiek der Zeven Verenigde Nederlanden: 1588-1795). The Protestants, following the teachings of John Calvin, were the leaders of this independence movement over against the tyranny

세상을 변화시키는 학문

of Philip II who represented the Catholic power at that time. They had also a deep interest in education so established Leiden University under the leadership of William of Orange(Willem van Oranje) in 1575 as the first institution of higher education. The purpose of founding this university was to train the future leaders, both spiritual and political, as well as to commemorate the victory over against Spanish army in Leiden. A. Kuyper, mentioning this historical fact in his Stone Lectures on Calvinism at Princeton University in 1898, argued that it is the evidence that Calvinism had fostered the love and passion for science and education(Kuyper, 1983: 110-112).

At that time, Calvinism was reflected on the whole education system in the Netherlands so the supervision and teaching activity in school and any discussion on education were done by the protestant church and pastors(Röling, 1994: 67). School education was done in each local unit under the supervision of church and the foundation of education was mentioned at the synod of Dordtrecht, which became the foundation of the Dutch education for almost two centuries(Coetzee, 1958: 298). The synod emphasized that the believers had the task of bringing their inner beliefs consistently to the practical outworking to the sanctification of life in the world(Kruithof, 1990: 34). In school, the Lord's Prayer and other materials containing many Bible verses were used for reading and Catechism education was given as well(Cho, 2009a: 26-27).

It is remarkable to see that the Dutch Calvinistic education put more emphasis on family education rather than school education(Kruithof, 1990: 19-51). The concept of covenant of Calvinism stresses the importance of family as the first institution where man can meet, worship and pray to God. The relationship between God and believers is compared to that of parents and children in order to emphasize the God-given responsibility of parents to educate their children. Later, pious Calvinists led the movement of the so called 'Nadere reformatie(Further reformation)' and stressed that the education for inner piety and daily holy lives should be practiced in family as a small church(Cho, 2009a: 27). For instance, Bernard Kruithof pointed out that at that time Joannes de Swaef regarded piety as obeying the commandments of God and argued that parents should teach, rebuke, correct, train and if necessary, discipline their children so that they might avoid sins(Kruithof, 1990: 42). Furthermore, he points out that Jacob Koelman also emphasized that we have to give a pious education to our children so that they might have religious experience, self-denial, obedience, self-control and discern good and evil from childhood because they are sinners they need salvation as well(Kruithof, 1990: 44-46).

This emphasis on family education by the Dutch Calvinists must be bench marked by Christian education in Korea. Up to now, most Korean education has been school-centered and so the responsibility of parents in family has been rather neglected. However, recently some Christian alternative schools in Korea put extra emphasis on the role and participation of parents along with teachers. This is very positive trend and should be encouraged furthermore.

세상을 변화시키는 학문

2. The 18th Century: Enlightenment

At the 16th century, there were some progressive Christians in the Netherlands who were against strict Calvinism. As some examples, Kruithof mentions that D. V. Coornhert was called the father of Renaissance in the Netherlands at that time because he, like D. Erasmus, took quite an optimistic attitude toward human maturity and that J. Cats, who was a poet, lawyer and politician at the same time in the 17th century, argued for the innate curiosity of children according to the humanistic ideal (Kruithof, 1990: 38).

This idea became stronger in the 18th century because some thinkers who were influenced by the Enlightenment propagated it as the life of faith and piety was reduced to private sphere because the Netherlands became very weak by the defeat against England and France and by the civil war. Kruithof mentions that J. F. Martinet, a natural scientist, historian, educator and theologian at the same time, argued his naturalistic, teleological and humanistic ideal in his book, Katechismus der Natuur by saying that natural education is as important as religious education and that since the nature of pupils are almost like lovely angels, the true method of education should be natural, rational and moral (Kruithof, 1990: 49-50). In addition, both B. Wolff, a writer and A. Deken, a poet also argued that we have to understand children's bad behavior not as bad or evil but rather as the result of innate impulse for freedom (Kruithof, 1990: 52-55).

These people were convinced that education was the key for restoration and salvation for the Dutch society and so argued that to promote public education was the responsibility for pastors, teachers, writers and other intellectual leaders. They regarded the restoration of people's morality as the reason for religion and thought that human happiness is to fulfil human spiritual and rational ability and the most important instrument for that is knowledge and culture(Cho, 2009a: 29). Therefore, for example, in 1784, one pastor of anabaptist church called J. Niewenhuyzen established "Society for Public Welfare(Maatschappij tot Nut van 't Algemeen)" in order to develop individuals and society through education. He made a great contribution to improve public education until the middle of the 19th century through better textbooks, model school and teacher education. But most schools he had founded became public schools after the end of the 19th century. This society was neither against church nor dogmatic in their doctrines but had the goal to provide an education which is faithful to general Christian ethics(Wolthuis 1999: 52). With the slogan, 'Knowledge is the way to personal and social development(Kennis is de weg naar persoonlijke en maatschappelijke ontwickling)', this society is still very active(www.nutalgemeen.nl).

The idea of enlightenment was increased in the Netherlands as it was occupied by Napoleon in 1795 and ruled by France until 1813. The separation between the state and the church was legalized so the influence of the church to the state was considerably decreased. The school law(schoolwet) enacted in 1806 required that public school should teach all kinds of Christian and civil virtues and it did not allow to found any Christian private school(nl.wikipedia.org/wiki/

세상을 변화시키는 학문

Schoolstrijd_(Nederland)). Those who actively involved in this legalization process were progressive Christian leaders working at the Society for Public Welfare. This law divided the elementary school between public school(openbaar school) and private school(bijzonder school). Public schools controlled by the state could receive financial support from the government but private schools were divided into two groups: one was supported by a certain organization and the other, by parents without having any financial support from the state. Furthermore, this school law has relegated the policy, contents and supervision of education to the government so the number of public schools increased continuously whereas the chance for the pastors to be involved in education was considerably decreased and the supervisory function of the church was lost, too. Instead, teachers became independent legally so they formed an association in 1842 and the number of teachers radically increased as well(Knippenberg, 1986: 57, 68, 245-248). At that time, state education was the instrument to form a unified nationalism and the religious education was excluded in fear of causing any kind of denominational conflicts due to doctrinal disputes and was replaced by patriotism and the spirit of tolerance, which resulted in the secularization of school education(Cho, 2009a: 32).

This kind of humanistic philosophy of education based on enlightenment modernism has made a great impact on to the modern education in Korea as well. Even some Christian schools founded by missionaries became secular due to this influence and the education system of Korea is still strongly dominated by the government policy. Consequently, it is very important to know how the Dutch Christian philosophers of education have responded to this challenge.

3. The 19-20 Centuries: Neo-Calvinism

In this situation, orthodox Calvinistic Christians at that time felt a deep sense of crisis and began to restore Christian private education. First of all, I. da Costa, a poet and historian in Amsterdam, published a small booklet called "Critique against the spirit of the century(Bezwaren tegen den Geest der eeuw)" in 1823 to criticize this school law from the religious point of view. Furthermore in 1834, a movement called the Secession(De Afscheiding) took place criticizing that the Dutch Reformed Church(Nederlandse Hervormde Kerk) has lost orthodox Calvinism. Pastor H. de Cock and H. P. Scholte who led this movement have created Christian Reformed Church(Christelijke Gereformeerde Kerk). This denomination opposed the spirit of Enlightenment and tried to restore Calvinism and the decision of the synod of Dort but one the other hand, it had It had the characteristic of escapism and experiential pietism as well. They were not so many in numbers but emphasized the strict family education again and tried to start a Christian school at the elementary school level. For instance, they viewed that the teaching of public schools was against the Word of God and so advised their members not to send their children to public schools(Cho, 2009a: 33). As the so called 'school struggle(schoolstrijd)' began to establish Christian private schools, Jo-

세상을 변화시키는 학문

han R. Thorbecke, a liberal politician, took the initiative to enact the constitution in 1848 which guaranteed the freedom of education. He preferred publish schools but at the same time opened the possibility to found private schools, too (nl.wikipedia.org/wiki/Schoolstrijd_(Nederland)).

But still private schools could not receive financial support from the government so the 2nd phase of school struggle began from the 2nd half of the 19th century. For example, the law of education enacted in 1857 by A. G. A. Van Rappard made it clear that public schools alone can receive financial support from the government and the education should be kept neutral in terms of religion (nl. wikipedia.org/wiki/ Onderwijswet_van_1857). After that, in 1878, K. van de Coppello suggested a new law that private schools should provide the financial needs by themselves. But protestant and catholic Christians could not send their children to the schools they wanted so submitted a petition with the signature of 300,000 protestant Christians and 100,000 catholic Christians to the king Willem III but the king signed this bill (en.wikipedia.org/wiki/ School_struggle_(Netherlands)).

In the meantime, there was a great revival (Réveil) took place in 1826-1854 in the Netherlands. It made such a big impact to the Dutch society, rejecting the spirit of Enlightenment and progressive theology based on it and emphasized the sin of man and the grace of God according to the traditional doctrine of Calvinism. The leaders of the revival movement put stress on the restoration of worship, reformation of family, pious life and religious education to the children. They argued that we should repent instead of moral improvement. S.G. Cho points out properly that the Secession had a radical tension with real society whereas the revival had the character of re-evangelization and Calvinistic social reform movement(Cho, 2009a: 33).

For instance, O. G. Heldring, one of the leadres of the revival movement founded "Christian Friends(Christelijke Vrienden)" and preached liberation of slaves, care for the poor and the importance of education. Kruithof points out that he, Heldring, established schools based on orthodox Calvinism and stressed the sinful nature of man and the possibility of new life through repentance and re-generation(Kruithof, 1990: 143-146). Furthermore, the Anabaptist pastor J. de Liefde also promoted Christian schools by arguing that the religious neutrality of school education was not desirable at all and even dangerous for the mind of children. By publishing a megazine called "Timothy(Timotheus)", he stressed that parents should recognize education as the most important assignment(Kruithof, 1990: 153). Over against the "Society for Public Welfare", he organized in 1855 "The Association to the salvation of people(De Vereeniging Tot Heil des Volks)" to do the work of evangelism, service and prophetic proclamation, etc and it still exists up to present(www.totheildesvolks.nl).

Groen van Prinsterer, however, played the most important role as the social reformer based on orthodox Calvinism. Being influenced by W. Bilderdijk, the founder of the Dutch revival movement, he tried to establish the right to found Christian private schools and to

세상을 변화시키는 학문

guarantee the freedom of education as a member of parliament. In 1857, when the parliament enacted the law of education and legalized the religious neutrality in primary schools, he began the school struggle over against that decision. He, together with Da Costa and other leaders of the revival, resisted the public education system based on the modernism of Enlightenment and promoted the founding of Christian private schools and the equality between the public and private schools and the government support to the Christian schools. As its result, many other Calvinist leaders joined this school struggle and established Christian primary schools to teach the Bible and Christian doctrines. Some other organizations began to support his movement as well. In 1860, Groen van Prinsterer further founded "The Association for Christin National School Education(CNS: De Vereeniging voor Christelijke-Nationaal Schoolonderwijs)"(www.onderwijsgeschiedenis.nl/Tijdvakken/De-Schoolstrijd). The name "Christian National" meant the reformed character in the 16-17th century Dutch Republic and expressed the intention to unite all Christian schools into one organization(Rosendaal, 2006: 30). This organization had the goal of re-evangelization of the Netherlands through education, financial support to Christian schools, strengthening the solidarity and taking the initiative/leadership(Rosendaal, 2006: 32). Through his committed effort and leadership, the legal foundation for Christian private schools was established. Later he was succeeded by Kuyper who developed this movement furthermore. For this reason, Groen van Prinsterer is called "the father of Christian private school movement in the Netherlands"(Cho, 2009b: 14).

Summarizing the Christian philosophy of Groen van Prinsterer as "the freedom of education", Cho explains further that this freedom means in a narrow sense that from centralized education policy from absolute state and in a broad sense that for Christian Education. He sums up this point with eight factors(2009b: 24-26). First of all, Groen van Prinsterer argued that education is the process of worldview formation and so the education monopolized by the secular government after the French revolution is nothing but the attempt to form modern state-centered worldview and this worldview is religiously never neutral but based on unbelief and anti-Christian mind. Therefore, Dutch Christians cannot accept this education and the Netherlands which has a long tradition of Christianity should develop school education which forms Christian worldview.

Secondly, he stressed that the worldview education of the state is not neutral and it cannot integrate the people. Rather this attempt can be very harmful because, for instance, Belgium became independent during the process of the enforcing the education law(Van Dyke, 1989: 62) and even in the Netherlands it has faced with the strong resistance of the evangelical Calvinists.

Thirdly, he thought that the freedom of education lies in the same context as that of religion so we cannot oppress the people because of their education just like we cannot do the same because of their religion. Discussing about the freedom of conscience, he also mentioned that of press, worship, church organization and education.

세상을 변화시키는 학문

Defining the freedom of education as "the freedom of religion in terms of children"(Van Dyke, 1989: 59), he argued that the state has the responsibility to guarantee the freedom of education just like that of religion.

Fourthly, he stressed that children do not belong to the state but primarily to parents so their right of education is given by God(Van Dyke, 1989: 28, 60, 63). The state, therefore, should admit this right.

Fifthly, he advised parents that they should do this educational duty given by God faithfully. In order to do this, he recommended as a textbook Biblische Historien nach dem Kirchenjahre geordnet, mit Lehren und Liederversen versehen written by F. L. Zahn. Groen has translated this book into Dutch and published so that parents might execute the Bible and catechism education more actively(Van Dyke, 1989: 68).

Sixthly, he argued that the state education should not monopolize but respect religious diversity and each religious group should have the freedom to establish its own school where each confession might be taught to the pupils and these private schools should have the same status as public schools.

Seventhly, all schools should receive the financial support from the government and if there were no such support, the freedom of education would be granted to the rich families alone and the poor people cannot have it(Van Dyke, 1989: 81).

Lastly, Groen regarded education as a politico-social activity and believed that the development and reformation of education could be achieved by this kind of movement so for him the reformation of education was a participatory activity. Therefore, he was deeply involved in the legislation process to attempt the reformation and to achieve the justification of establishing Christian school. Facing some limits in reality, he did not give up but continued to pursue this school struggle.

Succeeding Groen van Prinsterer's Christian philosophy of education and his school struggle, A. Kuyper has organized an Anti-School Law Association(Anti-Schoolwet Verbond) in 1879. This association was developed into Anti-Revolutionary Party(ARP, Antirevolutionaire Partij) which was the first Christian party in the Netherlands opposing to the political thought of the French revolution influenced by the enlightenment and modern worldview. Furthermore, in 1880, he founded Free University(Vrije Universiteit) in Amsterdam to train Christian leaders who could lead the educational, scientific, social and cultural movement based on Neo-Calvinism which has a strongly socially transformational character. Here, the reason why he put the name 'free' was to emphasize the idea that university should be free from the intervention of the state and the church. He called this idea "sphere-sovereignty(souvereiniteit in eigen kring)." It means the creation principle by which sovereign God has made this world and that the state, the church, family, school and company have respective sovereignty. Therefore, any institution can never claim supremacy over other institutions. So any kind of central state oriented education is wrong in principle and should be corrected or removed(Coetzee, 1958;

세상을 변화시키는 학문

302).

Kuyper emphasized that family is the foundation of social relations and the root of social life and that parents' right of education is given by God so the state should not interfere. Of course the intervention of the government is necessary when parents exercise immoral authority such as abandonment and abuse, he said, but excessive interference of the state could weaken the educational function and responsibility of parents, he feared. Therefore, he tried to guarantee the right of parents to choose what kind of education their children might receive. In this way, he fostered private education(Cho, 2009a : 38).

Finally, his struggle resulted in the enactment of the article 23 of the constitution in 1917 which guaranteed Christian schools the equal legal status and financial support as public ones(nl.wikipedia. org/wiki/Schoolstrijd_(Nederland)). The neo-Calvinistic people in the Netherlands were merely 10-15%(in Dutch "kleine luyden(small people)" of the whole population, they became the leading power in social reform movement in the Netherlands(Sturm, 1988: 9). Kruithof points out that in this stream, public primary schools were 31% during 1900-1930 whereas private primary schools increased into 62%(Kruithof, 1990: 224).

Succeeding Kuyper, H. Bavinck expressed his deep concern to Christin education and stated his philosophy of education in his book Paedagogische beginselen(Pedagogic principles, 1904). In this book, he first mentioned that human being needs the help of the adult people at the time of birth and early growth period. And it is the will of God to grow as an independent being in community and that is why he/she needs education (Bavinck, 1904: 9). Furthermore, he distinguished the concept of education in broad sense 'voeding (nourishment)' and 'opvoeding (upbringing)'. The former means physical whereas the latter, spiritual education and both are interdependent (Bavinck, 1904: 12-14). In a narrow sense, Greek teknogonia, Latin educare, German ziehen and aufziehen and Dutch opvoeden have all common meaning, that is, education means "to take or lead children upward" (Bavinck, 1904: 14).

Furthermore, he distinguished family education (opvoeding) from school teaching (onderwijs). At home, parents should take care of children's physical growth and health and good habits on the basis of instinct, biological and psychological solidarity and love and teach them to be good and able adults through conscious, personal and ethical education. At school education, teachers should instruct pupils what parents cannot give sufficiently with more plan and with other kind of relationship and love than parents. Especially school education focuses on forming intellectual capability and attempts to teach knowledge and develop the intellectual ability to observe, understand and think logically. Both home and school education are teaching (opvoeding) in terms of scope even though they should be distinguished in function (Bavinck, 1904: 16).

In addition, Bavinck was of the opinion that education is human activity since ancient time and the discussion about that has been a

세상을 변화시키는 학문

very important scientific concern and pedagogy is rooted in philosophy and its contents are borrowed from religion, ethics, theology and philosophy on the one hand but on the other hand from physiology, psychology and sociology(Bavinck, 1904: 21). As a reformed theologian, he furthermore said that the Christian worldview is the most important constitutional and leading principle in the constitution and practice of Christian pedagogy. On the one hand, he continued, the Christian community cannot have a sure answer to the origin, being and purpose of human being outside of the Bible and on the other hand, to understand nature and world, human being and humanity, parents and children and family and society, the light of the Bible gives a much better light than the philosophy of Kant, Hegel, Rousseau who did not consider the Bible properly(Bavinck, 1904: 22-23). Therefore, he viewed that the Christian pedagogy and humanistic pedagogy are fundamentally different because they came from totally different religious conviction and metaphysical presupposition.

Cho has aptly summarized the contribution of Bavinck to the Christian philosophy of education with the four points(Cho, 2015: 123-126). First of all, Bavinck tried to integrate faith and learning. He did not give up any one of the two, as many other Christian scholars often did at that time(Praamsma, 2006: 27). For instance, Leiden University gave up faith whereas Kampen seminary did science but he worked at both institutions to make a good balance between the two. For him pedagogy was neither limited to theology nor cut from other sciences. Rather, his conviction, succeeding the spirit of the Reformers, was that the Bible was the light of science as the truth that can transcend human reason and lead the fallen reason.

Secondly, he understood pedagogy as a separate science, independent of theology. At that time many scholars regarded science of education as a practical discipline, subordinate to theology, having only application issues. Some even tried to remove it from theological and church activities. But he attempted to explain pedagogy from the essence of human being and education, arguing the justification of teaching activity and pedagogy and pedagogy as an independent science having its own identity and assignment.

Thirdly, he discussed Christian education not as a part of church education but in the context of family and school education. At that time, general pedagogy has greatly weakened the function of family education and the evangelical Christian education has overlooked the educational function of school. But he viewed that education is one important function of family and it should be expanded and deepened toward a more planned and systematic school education. So he investigated pedagogy in family and school as a theoretical investigation of education and more practically he became the leader of the Christian school movement in the Netherlands in order to establish the legal legitimacy of Christian school.

Finally, he tried to discuss the essential character of education and pedagogy in order to reveal worldviews in different streams of educational thoughts(Meijer, 2000: 14-15). Arguing that the Christian

세상을 변화시키는 학문

pedagogy should not give up academic effort by focusing on practice alone, he asserted that it is an academic attempt on the basis of Christian worldview and gave the Christian teachers conviction that the Christian pedagogy has difference as well as theoretical excellence in comparison with other theories of general education. By discussing its background of theoretical diversity as worldview having comprehensive context, he made possible the Christian justification of education and pedagogy, independently of theology. This kind of discussion on the Christian worldview has greatly contributed to establish the recognition of Christian reforming assignment on education and science and the educational institution of the Christian community. Furthermore, it developed the research of the philosophy of education on the basis of the Christian philosophy. His thought can be evaluated as the proper alternative overcoming both the Christian liberal position and the evangelical Christian one toward education and pedagogy.

Following Bavinck, Waterlink became the first official professor of the neo-Calvinistic pedagogy at the Free University. In his book Basics concepts in Christian pedagogy, he asserted that in comparison with humanistic education, the Christian education is totally different in its foundation and direction because the Christian worldview is fundamentally different from modern humanistic worldview(Waterink, 1980: 10, 113). He argued that the religious and moral value and norms are the major part of the purpose and contents of education, influencing the education system(Waterink, 1980: 14). Therefore, he viewed that pedagogy is based on normative disciplines such as philosophy, dogmatic, ethics, logic and aesthetics, especially on dogmatic(Mulder, 1989: 218). Nevertheless, he thought that pedagogy deals with both theory and practice as an independent discipline different from other normative disciplines mentioned before(Waterink, 1980: 16-17).

Furthermore, he thought that pedagogy deals both a concrete individual and a group and in this sense it is connected with psychology and sociology as an empirical science to created world. Acknowledging these two disciplines as assistant to pedagogy, he established the so-called psychotechnical laboratory(Psychotechnisch Laboratorium) at the Free University and performed many psychological tests in order to give various advices to the people involved in education area(Cho, 2013: 61). Like Kuyper, he accentuated that the law of development is a law of creation made by God so the result of academic research according to common grace is not contradictory to the truth of God if it is not distorted by human sinful nature. For example, both psychology and sociology can provide many useful resources for education as empirical sciences but they cannot impose us to choose specific data in pedagogy. Rather, pedagogy is assisted by these disciplines if necessary(Waterink, 1980: 19). But pedagogy has an independent character in the sense that it researches the forming process of human being according to norms and uses both philosophical-deductive and empirical-inductive methods(Mulder, 1989: 216-217). Based on this understanding of academic system, he

세상을 변화시키는 학문

also made a research on the normative character of the Christian education through biblical exegesis and reformed historical and philosophical investigation on the one hand and psychology on the other in order to understand the psychological features of children and youth and to treat pupils with learning problems and handicaps and to develop more effective pedagogical methods. He was convinced that these two dimensions are indispensable in pedagogy and so has left various works.

The Christian philosophy of Waterlink has been well summarized by Cho with the following five points(Cho, 2013: 67-70). First of all, he saw human being essentially as a religious being created in the image of God. Therefore, for him, what makes human being as human being is the religion, namely the relationship with God(Waterink, 1958: 60). Furthermore, he understood human being as fallen and in need of redemption.

Secondly, the heart as the core of human being and self, I-ness(Ik) or ego are essentially religious because at the center we have the relationship with God and His image(Waterink, 1980: 22-23). It means that human being is created to serve God. In other words, if we do not serve God properly, we cannot but serve something else, namely, other creatures or self, own glory and this is the so-called fall into sin. Therefore, redemption means that we are totally transformed by regeneration and renewal of our mind so that we might serve God by the guidance of the Holy Spirit(Waterink, 1980: 23-24). In this sense, it seems that Waterlink was also influenced by H. Dooyeweerd's thought.

Thirdly, he viewed human being as multi-faceted being and criticized idealistic philosophers who regarded human being merely as rational and ethical being(Waterink, 1958: 60). He asserted that the rational and ethical characters of human being are not two independent areas but united organically each other being led by religious aspect. Consequently, he included not merely rational and ethical dimensions but also cultural, aesthetical, social and physical aspects into the human educational character(Waterink, 1958: 623-626). This argument implies that he was again influenced by Dooyeweerd's theory of modal aspects.

Fourthly, he explained human being as personality, as a whole personal being. It means that human being is a whole person, centered on selfhood, an integrated one of various psychological traits as a whole and controlled harmoniously. Among these psychological traits, there are talents, natural tendency, ambition, emotion, passion, consciousness, etc and these qualities are united to form a harmonious hierarchical depending on the function of self-control. Selfhood reveals a specific personality through religious attitude, norms and influence of relationship and various experience and he called it character(Waterink, 1980: 76-77). Thus he argued that an individual is a person with special character and teachers should treat this whole character of pupils(Waterink, 1980: 91).

Finally, he expressed human life as three dimensions reflecting Christ's office. As a religious being, man serves God as a prophet

through his/her intellectual work on God, His creation and His prov-
idence, as a priest through his/her submission and commitment to
God and ministry in His created world and as a king through his/her
exercise rule or dominion over the created world(Waterink, 1958: 61).

Based on this educational view of man, Waterlink attempted to
offer a general purpose of the Christian education including human
being, education and society as a whole not just limited to family,
church or other specific area. Critically reviewing Bavinck's remark
that on the basis of 2 Timothy 3:17, the goal of education is to equip
the man of God thoroughly for every good work, Waterlink asserted
that it is from the Bible and so good but it does not consider ped-
agogical terms and the dimension of education and social life as a
whole. Thus he maintained that we need to reformulate it like this: "to
form human being as an independent person serving God voluntari-
ly with all his/her talents for the glory of God and for the welfare of
neighbor creatures according to His word in all areas of our life that
God has given"(Waterink, 1980: 37-41). Furthermore, following Kuyper
and Bavinck, he agreed that home is the most important place for
children's growth and school as the next significant institution for
personality formation.

Cho has again aptly summed up the contribution of Waterlink's
Christian philosophy of education with the following two points to
which I fully agree(Cho, 2013: 77-78). To begin with, he tried to build
the academic identity and systematic constitution of Christian educa-
tion based on neo-Calvinistic worldview and actively used modern

empirical researches for the sake of making some practical ways to enhance the efficiency of education. In this way, he widened the horizon of research of Christian education.

Secondly, also by stressing the absolute necessity of home education and the responsibilities of parents for their children's' education at Christian private schools, he rightly set the relationship between home and Christian school education. Therefore, his argument fully reveals what is necessary in today's Christian community. The philosophy of education of these neo-Calvinists has developed that of Calvinists, emphasizing both home and school education at the same time in order to provide good human resources who can make a good impact to the whole society through this education. In other words, pupils should be equipped to be the men of God, being able to do good works in order to realize the ideal of Christian education, namely, integrating true piety and science and the formation of Christian culture(Kruithof, 1990: 228, Golverdingen, 1995: 77).

4. The Second half of the 20th Century: Pluralism

The Netherlands experienced national crisis during the first half of the 20th century due to the Second World War and great flood but after that recovered the economy quite fast. Nevertheless, the ideological and social change in 1960s in Europe has made such a big impact to the Dutch society that pluralistic liberalism was spread out. For instance, atheistic naturalism and existentialism resulted in social resistance movement joined by students, workers and hippies

세상을 변화시키는 학문

and the spirit of tolerance(verdraagzaamheid) toward such issues as drugs, sex, homosexuality, etc made the entire value system relative. In this situation, the numbers of Christians gradually decreased. For example, in 1958, 80% of the age group of 17-30 years belonged to the church but in 1991 it was decreased into 28%(Golverdingen, 1995: 16) whereas Muslims began to increase, which resulted in religious pluralism(verzuiling) after 1990s.

Therefore, after the second half of the 20th century, neo-Calvinism and the Christian schools began to diminish(Golverdingen, 1995: 38). For instance, the identity of the Free University has been changed. The "association of reformed schools(GSV: Gereformeerde Schoolverband)", founded in 1868 in order to found and support Christian schools, has committed to elite education representing teachers and reformed community together with the Free University but after 1960s both institutions began to assimilate to the pluralized Dutch society(Rosendaal, 2006: 280) so the Free University has expanded the scope of its identity since 1971 from neo-Calvinism to ecumenism and since 2005 it has opened its door even to Islam and made its slogan as "inter-life-view communication(interlevensbeschowelijke communicatie)"(Miedema, 2006: 20).

As the scientific influence of Waterink was decreased and the concern of the Christian school education shifted from neo-Calvinism to the formation of morality, there were new trends at the Free University, such as the phenomenological method with psychoanalytic approach in 1960s, the experimental-analytical and socio-critical method in 1970–1980s and after 1980s, more attention was paid to the historical research and moral education than life-view educa-tion(Cho, 2009a: 42). At the same time, from the beginning of the 20th century, the influence of Philip A. Kohnstamm who, as a professor of the Amsterdam University, paid more attention to the construction of pedagogy theory and emphasized the formation of morality and personal character, viewing pupils as fellow human beings. After 1960s, his disciple, Martinus J. Langeveld of Utrecht University made an enormous impact by emphasizing the choice of the life-convic-tion and responsible self-decision according to the phenomenolog-ical perspective(Cho, 2009a: 41-42). After that, attentions are paid to Wim ter Horst of Leiden University and Arie van den Beukel of Delft University who both stressed the concept of commitment in the se-cret of being and Siebren Miedema of the Free University who tries to make a multiple approach of the religious concept and inter-life-view formation of personality(Praamsma, 2006). Miedema argued that life-view is related with religiosity and in fact all educations can nev-er be value-neutral but affects to the formation of life-view so educa-tion is ultimately not public but private(bijzonder). So, he continued, the formation process of life-view should be made at public school as well and such an education is after all inter-life-view dialogue, namely, pluralistic education and schools should have relatively au-tonomous character in order to do this(Miedema, 2000: 18-21, 2014).

This change has been reflected in Christian schools. Until now many reformed primary schools have kept their Christian identity but as a whole the passion is a little bit decreased. The association of reformed schools has been assimilated to the society after 1960s and in 1971 it was merged with other organizations, losing its own role as an independent institution(Cho, 2009a: 43). Of course in 1980s and 1990s, there have been some movements rediscovering the heritage of Christian schools but they are not as influential as before(Rosendaal, 2006: 280).

Many Christian private schools in the Netherlands and Belgium were called 'school with the Bible(school met de Bijbel).' However, due to the influence of secularization, many changes have been made in this sphere so that many students, parents and even teachers do not have the Christian faith any more. We can still find the Christian norms and values in regulations and documents but in daily lives the Bible is not accepted as the faithful word of God and other worldviews are admitted together with the Christian worldview. For instance, according to the research on the identity of the Christian schools made by Anneke De Wolff, about 90% of teachers and 70% of students still belong to reformed churches but in urban area, more than 80% of teachers in Christian private schools are reformed Christians but as for students, 63.4% has no religion, 22.6% are Muslims, 8.7% are Catholics, 4.4% are protestants and 0.8% are Hindus(Wolff, 2000: 258, 326). In addition, according to the interview with teachers, many of them have different opinions from the existing Christian identity of their schools. Like Miedema, De Wolff also argues on the basis of her research that the autonomous judgment and right of the students on their life-view should be admitted and more multi-dimensional approach is desired in the education of life-view(Wolff, 2000: 468).

This trend is not new to Korean society, either. Post-modern pluralism is exercising more influence so many existing Christian schools have lost the Christian identity. To overcome this situation, some other Christian alternative schools have been established but on the other hand some Christian private schools struggle to preserve their own Christian identity. We can also find this effort in the Netherlands, for instance, the philosophy of education of Huib van Leeuwen who belongs to the 'liberated(vrijgemaakte)' church.

Reformed schools have been founded by the parents since 1952 after the 'vrijgemaakte' church has been established in the Netherlands in order for the parents to educate their children with the reformed worldview(Van der Steeg, 2011: 13). All the teachers belonged to this denomination and most pupils and parents did the same. These reformed schools were established nationwide and managed by the denomination members. But since 1990s, some felt that they should not be too much isolated and so began to acknowledge that other Christians also serve the Lord in education and life as the same children of God. It did not lead to the unification with other denominations but at a local level, cooperation with other churches began to increase and parents of other denominations began to send their children to reformed schools. It has caused the scope of the school be wider enough to receive various parents and teachers of other

세상을 변화시키는 학문

churches(reformedjr.com/xe/board05_02/8731).

Therefore, the membership of the church is still a condition to be a teacher at the reformed school but more important is that the candidate should be a Christian. It is still important for each teacher and staff to have a reformed identity but education is about pupils and they need Christian teachers so to realize this identity at Christian schools is the most important. As a result, these schools have formed "The national association of reformed schools(LVGS: Het Landelijk Verband van Gereformeerde Schoolverenigingen)" in order to develop the reformed identity and it clearly shows to parents, pupils, staffs, teachers and government what they can expect from this school. The schools of this denomination find it very important to apply what is 'reformed to real life context. It might be not that difficult for the school board to get support by submitting necessary documents but it is rather more complex to put that identity into practice and it is simply mistake to think that everything will be ok if right people work in school. This school where Van Leeuwen serves has a devotion time in order to preserve its Christian identity. At this time, teachers share their faith with pupils. Sometimes they confess that they have some doubts. Praying together for various needs of the world and asking for new strength for the day, they all together meet as students at Christ's school to form their lives(Spoelstra, 2014: 39).

Furthermore, Van Leeuwen says that there are three elements in Christian worldview education at Christian schools, namely, socialization, character-formation and quality improvement(reformedjr.com/

xe/board05_02/ 8731). The first two elements mean the education environment of the school. They let pupils think what do other people mean to them and as Christians how they as Christians can engage in society as good citizens. The starting point is to regard pupils, parents and all the teachers/staffs as God's children and as meaningful beings. It is very important to remember that we all live by grace because it helps to treat our mistakes. As for quality improvement, Christian faith can make an impact because pupils acquire knowledge and insight through education. They learn facts, the relationship among them and their integration. Through this knowledge, they can get deeper knowledge by asking more questions about meaning and purpose. The Christian worldview which says that God has created the world so creation has purpose and creation goes toward consummation provides deeper meaning to knowledge and interpretive framework.

Furthermore, he continues, one important goal of reformed education is to try to show God's greatness. For instance, we can teach God's creation by showing beautiful nature and explaining how new life can begin. The beauty of things can be found even in mathematics and languages. Important is that we learn God's world and know things and teachers should express God's greatness as often as possible. Therefore, teachers learn one another how to create and make use of this opportunity through this encounter.

In addition, van Leeuwen emphasizes that in Christian education, family, school and church should work together. As a child grows,

세상을 변화시키는 학문

family-school-church should grow together in a good balance like a triangle. This is one of the strong points of this denomination but nowadays this coherence is a little bit weakened says Pieter Vos(Vos, 2011: 76-81).

The decisive point at school is that they pursue the same goal and they can work together with other reformed schools. That is why van Leeuwen formed "Association of Reformed Schools Randstad(GSR: Gereformeerde Scholengemeenschap Randstad) 'by the Christians and for the Christians.' Here each teacher expects to promote their faith, actively involve at the reformed church and integrate their lives with faith. This kind of cooperation is very useful in the sense that they can invite other pastors or guests for a special lecture and teachers can share their know-how and experience with other youth group leaders of the churches.

The most important point in education is to lead pupils to more independent, according to van Leeuwen. In order to do that, educators should inform about the world and help pupils to raise questions and find solutions by themselves. In this process, they learn through various trials and errors. In the higher education, the insight of the students is very important. Furthermore, when they enter into university, they will face various secularized situation so they have to keep their faith by themselves. Reformed schools need to help pupils to be equipped to face these challenges. GRIP has developed some pedagogical method. For instance, the course 'care(zorg)' can raise various questions about healthy life/sexuality and material and environment. In this way, pupils are trained to integrate 'how to live' and 'what to believe' from the Christian perspective. Another example is the course 'enjoy(genieten)' for higher class pupils. Here such questions as how to enjoy sex and drinking with the sense of responsibility. For others who want to go to university, some Christian scholars are invited to reflect upon various questions such as 'can science and faith be integrated?', 'what is the relationship between creation and evolution?', 'is it proper for Christians to do science? and if so how?' etc.

In addition, there are various cultures and religions in Rotterdam. So van Leeuwen visits mosque together with pupils in order to know Islam and meet Muslim people. By doing this, pupils are encouraged to have a balanced view to other cultures. Anyway, pupils will graduate schools and they have to know how to live in this world so schools should not be a greenhouse for them. Of course, they need to be protected and guided but ultimately pupils should grow and be independent and responsible for them. This point seems to be very significant to Korea where the impact of Islam in gradually increasing.

III. Conclusion

We have seen how the Christian philosophy of education has been developed in the Netherlands throughout the history. The 16–17th centuries were characterized by Calvinism whereas the 18th century was Enlightenment modernism. Neo-Calvinism was the most important philosophy during the 19-20th centuries because it could achieve the freedom and government support to the Christian private schools through school struggle. Nowadays, pluralism dominates but we have seen that still there are some Christian schools which try to maintain the Christian identity. In this way, the historical background of the Netherlands is different from that of Korea. Nevertheless, the Dutch Christian philosophy of education has a lot of implications to Korean educational sphere. Therefore, in conclusion, I will try to summarize those implications.

First of all, we need to remember that the Dutch Christians emphasized home education. In Korea, the tendency is very strong to entrust everything about education to school. However, the pious Dutch Calvinists stressed from the beginning the balanced education among home, school and the church like a triangle. This is one of the most impressive point in the Dutch Christian education and it should be remembered by Korean Christian schools, parents and churches so that they might work together.

Secondly, the Dutch Christian philosophy of education made it clear that no education can be neutral and so the public school education based on enlightenment modernism is in fact promoting humanistic and state-oriented worldview. Thus, we have to consider that this kind of worldview might give somewhat negative influence to pupils and so we should promote the Christian education to protect children and form the biblical worldview. In this sense, we do need the Christian worldview education from the primary school.

Thirdly, the Christian education is not merely having Christians and chapels but rather it should include all of life spheres as neo-Calvinists emphasize. In other words, the goal setting of education, the formation of curriculum, the relationship among students and all the other activities should be integrated with the Christian worldview. I believe that this point is the most important one which Korean Christian educators should learn from the Dutch Christian educators.

Fourthly, the Dutch Christian educators have shown us that the rights of the parents in education should not be deprived by the government at public education. It means that parents have the freedom to educate their children according to their worldviews. During the period when the state tried to monopolize the public education as an instrument to integrate the people, the Dutch Christians claimed this freedom to guarantee the Christian private education. It reminds us the necessity of the parents' duty for education in Christian communities.

Fifthly, the Dutch Christian philosophy of education stresses the importance of engaging in social and political policy making process for education. The Dutch Christians have achieved the freedom and right of the Christian education through their social and political engagement whereas Korean Christians have not been so active in this engagement. The Christian socio-political movement in the Netherlands went hand in hand with the Christian school movement. Likewise, Korean Christians should work together more closely with the Christian teachers and politicians in order to establish the legal status of the Christian education and schools.

Lastly, the Dutch Christian education has become somewhat weaker due to the strong stream of secularization after 1960s. It has compromised to this stream and as a result, some Christian schools could not but accept some pupils who have other worldviews. So it has become quite difficult for some Christian schools to maintain their Christian identity. Therefore, the maintenance and development of Christian school movement should be interconnected with evangelistic movement. As the Korean society becomes more secular and pluralistic, effective evangelism ministry should go hand in hand with the Christian school movement. It means that we need to establish more Christian alternative schools as Christian educational community and at the same time we have to make the established Christian private schools more effective. In order to do this, the Dutch protestant Christians have even united with the Catholic private schools and formed VERUS to work together. All the Christian schools and related organizations should cooperate, forming another umbrella organization like this.

참고문헌

Cho, S.K.(조성국)(1993). "개혁주의적 관점에서 본 코르넬리우스 야스마의 아동발달이론(The Theory of Children's Development according to Cornelius Jaarsma from the Reformed Perspective)", 『파이데이아(*Paideia*)』 7, 18-35.

_____(2003). 『기독교 세계관과 기독교학교교육(*Christian Worldview & Christian Education*)』. Busan: 고신대학교 부설 기독교교육연구소(Institute for Christian Education at Koshin University).

_____(2007). "기독교 세계관과 교육철학(Christian Worldview & the Philosophy of Education)", Ed. by Kang, Y.W.(강용원 편).(2007). 『기독교교육학개론(*Introduction to Christian Pedagogy*)』. Seoul:생명의 양식(Bread of Life). 47-67.

_____(2008). "네덜란드계 기독교교육철학에서 일반교육이론을 연구하는 방법(How to research the general theory of education in the Dutch Christian Philosophy of Education)", 『복음과 교육(*Gospel & Education*)』. 4, 220-255.

_____(2009a). "네덜란드 기독교학교운동의 역사가 한국 기독교학교의 과제에 주는 함의(The Implications of the History of the Dutch Christian School Movement to Korean Christian Schools)"『기독교 교육논총(*Journal of Christian Education*)』. 20(1), 21-52.

_____(2009b). "흐룬 흐룬 판 프린스터러의 기독교교육사상(The Christian Philosophy of Education of G. Groen van Prinsterer)", 『복음과 교육(*Gospel & Education*)』. 5, 9-31.

_____(2012). "개혁주의 기독교교육학의 이론적 과제: 과거와 현재 그리고 미래(The Theoretical Task of the Reformed Christian Pedagogy: Past, Present and the Future)", 『개혁주의 기독교 교육학 연구(*Studies on the Reformed Christian Pedagogy*)』. 2, 179-206.

_____(2013). "얀 바터링크의 기독교교육사상(The Christian Philosophy of Education of Jan Waterink)", 『성경과 신학(*Bible & Theology*)』. 68, 55-82.

_____(2014). "기독교 세계관에 기초한 기독교학교의 미래과제(The Future Task of Christian Schools based on the Christian Worldview)", 『기독교 교육논총(*Journal of Christian Education*)』. 38, 1-26.

_____(2015). "헤르만 바빙크의 생애와 그의 교육 및 교육학에 대한 기초적 논의(The Life of Herman Bavinck and a Foundational Discussion on his Pedagogy)", 『기독교 교육논총

(Journal of Christian Education)』. 42, 101-131.

Choi, Y.J.(최용준)(2005). "헤르만 도예베르트: 변혁적 철학으로서의 기독교 철학의 성격을 확립한 철학자(Herman Dooyeweerd: a Philosopher who has established the Christian Philosophy as a Transformational Philosophy)", Son, B.H. et al.(손봉호 외), 『하나님을 사랑한 철학자 9인(*9 Philosophers who loved God*)』. Seoul: IVP, 37-66.

Han, S.J.(한상진)(2009). "도예베르트의 인간교육철학(Dooyeweerd's Philosophy of Human Education)", 『복음과 교육(*Gospel & Education*)』. 5, 55-76.

Kim, Y.S.(김용섭)(1996). 『기독교 교육철학(*The Christian Philosophy of Education*)』. Seoul: 개혁주의신행협회(The Korea Society for Reformed Faith and Action).

Ryu, K.C.(류기철)(2009). "아브라함 카이퍼의 기독교교육사상의 기초(The Foundation of Abraham Kuyper's Philosophy of Christian Education)", 『복음과 교육(*Gospel & Education*)』. 5, 32-54.

Bavinck, H.(1904). *Paedagogische beginselen*. Kampen: J. H. Kok.

Coetzee, J. C.(1958). *Inleiding tot die historiese opvoedkunde*. Johannesburg: Voorwaarts.

Golverdingen, M.(1995). *Mens in beeld: antropologische schets ten dienste van de bezinning op onderwijs, opvoeding en pedagogische theorievorming in reformatorische kring*. Leiden: Uitgeverij J. J. Groen en Zoon.

Groen van Prinsterer, G.(1847). Ongeloof en revolutie. S. en J. Luchtmans. Harinck, G. & Schutte, G.(eds.)(2006). *De school met de bijbel: christelijk onderwijs in de negentiende eeuw*. Zoetermeer: Meinema.

Jaarsma, C.(1983). *The educational philosophy of Herman Bavinck*. 『헤르만 바빙크의 기독교 교육철학』 정정숙 역. 서울: 총신대학교출판부.

Knippenberg, H.(1986). *Deelname aan het lager onderwijs in Nederland gedurende de negentiende eeuw. doctor proefschrift*. Universiteit van Amsterdam.

Kruithof, B.(1990). *Zonde en deugd in domineesland: Nederlandse protestanten en problemen van opvoeding zeventiende tot twintigste eeuw*. Universiteit van Amsterdam.

Kuiper, R.(2001). *Tot een voorbeeld zult gij blijven. Mr. G. Groen van Prinsterer*(1801-1876), Amsterdam: Buijten en Schipperheijn.

Kuyper, A.(1880). *Souvereiniteit in eigen kring: rede ter inwijding van de vrije Universiteit*. Amsterdam: J.H. Kruyt.

_____(1983). *Lectures on Calvinism*. Grand Rapids: Eerdmans.

Meijer, W. A. J.(2000). *Stromingen in de pedagogiek*. Baarn: HB Uitgeverij.

Miedema, S.(2000). *De comeback van God in de pedagogiek*. Waterink Lezing 2000. Amsterdam: Vrije Universiteit.

_____(2006). "Naar de Vrije Universiteit Amsterdam als een daadwerkelijk interlevens-beshouwijke universiteit". Voorsluis, B.(ed.). *Beweegredenen: VU-wetenschappers en levensbeschouwing*. Amsterdam: VU Podium & Vereniging VU-Windesheim. 18-25.

_____(2014). "Learning to Live with Religious Plurality in Personhood Formation", *Philosophy Study*, 4(1), 28-35.

Mulder, E.(1989). *Beginsel en beroep: pedagogiek aan de universiteit in Netherland 1900-1940*. Amsterdam: Historisch Seminarium van de Universiteit van Amsterdam.

Praamsma, J. M.(2006). "Verkenning in het landschap van de christelijke pedagogiek". DeGraaf, R.(ed.). *Bijzonder onderwijs: Christelijke geloof in de dagelijkse praktijk van basis- en voortgezet onderwijs*. Zoetermeer: Uitgeverij Boekencentrum.

Rosendaal, A. C.(2006). *Naar een school voor de gereformeerde gezindte: het christelijke onderwijsconcept van het Gereformeerd Schoolverband*(1868-1971). Verloren.

Röling, H. Q.(1994). "Onderwijs in Netherland" in Kruithof, B., Noordman, J. & DeRooy, P.(eds)(1994). *Geschiedenis van opvoeding en onderwijs: inleiding bronnen onderzoek*(vijfde druk). Nijmegen: Sun.

Spoelstra, T.(2014). "Van vernieuwing naar bezieling" in Weigand-Timmer, J & Jan Spijker, G(red.)(2014). *De School van de burger: Onderwijsvrijheid in en participatiesamenleving*. Amsterdam: Buijten & Schipperheijn. 30-39.

Sturm, J. C.(1988). *Een goede gereformeerde opvoeding over neo-calvinistische moraalpedagogiek(1880-1950), net speciale aandacht voor de nieuw-gereformeerde jeugdorganisaties*. Kampen: J. H. Kok.

Van der Steeg, J.(2011). "Het ontstaan van het gereformeerd onderwijs(vrijgemaakt)" in Maris, J.W. & Van der Steeg, J.(red.) *Motivatie en identiteit: Over fundament en beweeglijkheid van het gereformeerd onderwijs. Opstellen, aangeboden aan Ton van Leijen, bij zijn afscheid als beleidsmedewerker van het LVGS*. Woerden: LVGS. 12-31.

세상을 변화시키는 학문

Van Dyke, H.(1989). *Groen van Prinsterer's lectures on unbelief and revolution.* *Jordan Station*, Ontario: Wedge Publishing Foundation.

Vos, P.(2011). "Gereformeerd onderwijs na de triangel" in Maris, J.W. & Van der Steeg, J(red.) *Motivatie en identiteit.* Woerden: LVGS. 68-81.

Waterink, J.(1958). *Theorie der opvoeding.* Kampen: J. H. Kok.

_____(1980). *Basic concepts in Christian pedagogy.* St. Catharines, Paideia Press.

Wolff, A. De.(2000). *Typisch christelijk?: een onderzoek naar de identiteit van een christelijke school en haar vormgeving.* Kampen: Uitgeverij Kok.

Wolthuis, J.(1999). *Lower Technical Education in the Netherlands, 1798-1993: The Rise and Fall of a Subsystem.* Garant Uitgevers N. V. en.wikipedia.org/wiki/ Neo-Calvinism)

en.wikipedia.org/wiki/Reformed_Churches_in_the_Netherlands_(Liberated)

en.wikipedia.org/wiki/School_struggle_(Netherlands)

nl.wikipedia.org/wiki/Onderwijswet_van_1857

nl.wikipedia.org/wiki/Schoolstrijd_(Nederland)

nl.wikipedia.org/wiki/Synode_van_Dordrecht

www.allofliferedeemed.co.uk

www.grip-g4.nl

www.gsr.nl

www.lvgs.nl

www.lvgs.nl/wp-content/uploads/downloads/2013/Identiteit/gereformeerd_onderwijs_hoe_blijft_het_bijzonder_door_huib_van_leeuwen.pdf

www.nutalgemeen.nl

www.onderwijsgeschiedenis.nl/Tijdvakken/De-Schoolstrijd

www.reformedjr.com

www.totheildesvolks.nl

www.verus.nl/historie/oorsprong-van-verus-protestants-christelij

2부

•

학문과 신앙
그리고
기업가 정신

World Transforming Scholarship

과학과 신학의 관계: 네 가지 유형 및 도예베르트의 대안적 고찰[1]

I. 서론

학문과 신앙, 과학과 종교 또는 과학과 신학 간의 관계, 이것은 그리스도인이면서 공부하는 학생이거나 가르치는 교수라면 누구나 한번쯤 고민하는 주제일 것이다. 물론 신앙이 없는 사람들에게도 중요한 이슈가 될 수 있다. 하지만 이 주제는 다루기가 쉽지 않아 많은 경우 더 이상 생각하지 않거나 더 깊은 연구를 포기하기도 한다. 그럼에도 이것은 여전히 많은 학자에게 심각한 관심사다. 특히 그리스도인으로서 학업과 연구에 종사하는 사람들에게는 가장 기본적이며 중심되는 이슈이기 때문이다. 특히 20세기 후반부터 바버(Barbour, 1971), 피콕(Peacocke, 1981), 데이비스(Davies, 1984), 엘리스(Ellis, 2004) 그리고 폴킹혼(Polkinghorne, 1994, 1998, 2007) 등 여러 학자들에 의해 과학과 신학의 관계를 규명하는 것이 중요한 학문적 관심사로 부상하고 있다.[2]

사실 과학과 신학이 처음에는 상호 대립적이지 않았다. 자연과학의 본격적인 발전기를 중세 이후로 볼 때, 당시 과학은 신이 창조한 세계를 연구하

---

1 본 장은 「신앙과 학문」 2014년 제 19권 3호, 185-212에 실렸던 것이다.
2 나아가 미국의 템플턴상이 과학과 종교 간의 관계를 연구한 학자들에게 많이 수상되면서 이 분야의 연구를 더욱 촉진시켰다고 말할 수 있다.

는 것으로 보았고 따라서 신학자가 과학에도 정통한 경우가 많았다. 하지만 중세 이후부터 과학과 신학은 상호 갈등을 빚기도 하였고 반대로 서로 조화를 이루는 것으로 주장되기도 하였다. 그러면 양자의 관계를 어떻게 이해해야 할 것인가?

역사적으로 볼 때 과학과 신학의 관계는 크게 네 가지로 분류할 수 있다 (Barbour, 2000 ; 이철우 역, 2002).[3] 첫째, 두 학문은 서로 대립적이며 배척하여 갈등을 일으킨다고 보는 입장이다. 이것은 이전의 프톨레미적 세계관, 즉 지구 중심적 세계관에 대해 코페르니쿠스(Nicolaus Copernicus: 1473-1543)가 처음 주창한 지동설을 나중에 다시 갈릴레이(Galileo Galilei: 1564-1642)가 과학적 증거를 들어 주장하면서 시작되었다. 이렇게 그때까지는 신학의 한 분과로 연구되어 왔던 과학이 점점 신학의 권위를 위협하자 기존 교회

---

3   영국의 과학자인 동시에 신학자였던 피콕(Arthur Peacocke: 1924-2006)은 그가 편집한 책 *The Sciences and Theology in the Twentieth Century*(1981: xiii-xv, xviii)에서 이러한 관계를 보다 세분화하여 여덟 가지로 분류했다. 첫째로 과학과 신학은 두 다른 영역을 다루는 별개의 학문이라는 것이다. 양자는 각기 자연/초자연, 시공간/영원, 자연 세계/신앙 세계, 물리적/역사적, 생물적/정신 및 영적의 영역을 다룬다고 본다. 둘째로 양자는 같은 실재에 대해 상호작용하는 접근이라고 본다. 셋째로 과학과 신학은 같은 실재에 대해 상호작용하지 않는 두 접근이라는 것이다. 신학은 왜라는 질문에 대해 답한다면 과학은 어떻게 라는 질문에 답하므로 양자는 별개의 언어 시스템이라는 것이다. 넷째로 양자는 별개의 '언어게임'으로 그 논리적 전제들은 비트겐슈타인(Ludwig Wittgenstein)의 말처럼 상호 관련이 없다고 본다. 다섯째로 과학과 신학은 각 학자들의 상호 다른 태도에 의해 생겨난 학문이라는 것이다. 전자는 객관성과 논리적 중립성의 태도라면 후자는 개인적인 참여와 헌신의 자세라는 것이다. 여섯째로 과학과 신학은 각각의 연구 대상에 의해 한정된다고 본다. 양자는 각각 자연 또는 하나님에 관한 학문으로 양자 모두 고백적이며 합리적 요소를 포함한다고 본다. 일곱 번째로 양자는 통합될 수 있다고 보는 입장이다. 마지막으로 과학은 신학이 정립될 수 있는 형이상학적 근거를 제시한다고 본다. 화이트헤드(Alfred Whitehead)의 형이상학은 과정 신학의 기초를 형성한다는 것이다(en.wikipedia.org/wiki/Arthur_Peacocke 참조). 하지만 이러한 분류는 너무 복잡한 면이 있어 본 장에서는 바버의 분류를 택한다. 풀러(Michael Fuller) 또한 이와 같은 입장을 취하고 있다(www.thinkingfaith.org/articles/20101029_1.htm 참조).

는 과학에 대해 종교 재판이라는 명목으로 경고하였고 그 이후부터 과학은 수시로 신학과 갈등관계를 보여 왔다고 보는 관점이다. 이 이론은 미국의 과학자 드레이퍼(John W. Draper: 1811- 1882) 및 화이트(Andrew D. White: 1832-1918) 등이 체계화하여 주창하였다.

둘째로 위의 견해에 반대하여 과학과 신학은 각각 독립된 학문으로 연구 영역이 다르므로 갈등할 필요가 없다고 보는 관점이다. 이것은 독일의 철학자 칸트(Immanuel Kant: 1724-1804) 등에 의해 주창되었다. 그는 과학은 경험 가능한 사실(facts)의 영역을 다루는 학문이며 신학은 가치와 도덕 및 신앙(faith)의 영역을 다룬다고 하면서 대상뿐만 아니라 방법론도 다르므로 양자를 분명히 구분했다. 따라서 두 학문은 서로 갈등이나 모순된 관계가 아니라 각기 별개의 분야라는 것이다. 즉 과학은 '어떻게(how)'에 관한 학문이라면 신학은 '왜(why)'에 관한 탐구이므로 양자는 대립하거나 갈등할 필요가 없다는 것이다. 그 후 바르트(Karl Barth: 1886-1968)로 대표되는 신정통주의 신학자들과 비트겐슈타인(Ludwig Wittgenstein: 1889-1951)과 같은 논리실증주의 철학자들 그리고 미국의 자연주의 과학자인 굴드(Stephen J. Gould: 1941-2002) 등의 학자들이 이러한 입장을 취하였다.

하지만 양자는 서로 이해관계가 중복됨으로 대화할 수 있다고 보는 세 번째 모델이 있다. 이것은 영국의 과학자이며 신학자인 폴킹혼(John C. Polk-inghorne: 1930-) 등이 강조하는 입장으로 과학과 신학은 창조적 협력을 통해 함께 발전할 수 있다는 것이다. 신학적 진리를 계속해서 새로운 과학적 발견에 비추어 보면서 재고하는 동시에 과학 이론도 그 전제가 되는 철학적, 신학적인 요소(가치 등)를 고려해야 한다는 것이다. 따라서 신학자들도 과학적인 이론과 경험적인 실험에 개방적이어야 하며 과학자들도 신학자들의 연구에 귀 기울일 때 이러한 상호작용을 통해 양자는 서로 공헌할 수 있다고 본다. 최근 이러한 입장을 취하는 학자들이 증가하고 있는 추세이다.

세상을 변화시키는 학문

마지막으로 두 학문은 궁극적으로 통합될 수 있다고 보는 이론이 있다. 이것은 바버(Ian G. Barbour) 등이 주장했다(Barbour, 2000). 그 예로 그는 신의 존재를 자연의 설계적 증거에 의해 증명하고자 하는 자연 신학 및 과학과 종교가 모두 포괄적인 형이상학(inclusive metaphysics)에 공헌하는 과정 철학과 같은 체계적 종합을 들고 있다.

본 장에서 필자는 이 네 가지 입장[4]을 각각 소개하고 비판적으로 평가한 후 네덜란드의 기독교 철학자 헤르만 도예베르트(Herman Dooyeweerd: 1894-1977)의 소위 '이론적 사고의 선험적 비판(transcendental critique of theoretical thought)' 이론을 통해(Dooyeweerd, 1984) 이 네 가지 이론을 아우르는 대안을 제시하고자 한다. 즉 과학의 연구 영역과 신학의 연구 대상은 엄연히 구별해야 하지만 양자 모두 하나의 학문이라는 공통점이 있으며 그 학문의 주체는 결국 인간이므로 상호 보완될 수 있다고 보는 것이다. 하지만 이러한 통합에도 그 인간의 중심이 궁극적인 기원에 대해 어떤 입장을 취하느냐에 따라 그 성격이 달라질 수 있다. 결국 과학과 신학은 갈등적 요소도 있고 독립적 요소도 있지만 대화가 가능하고 나아가 상호보완 내지 통합관계가 될 수 있음을 논증한 후에 기독 학자의 자세에 대해 언급함으로 결론을 맺겠다.

---

4   미국의 가톨릭 신학자인 존 호트(John F. Haught)는 이 네 가지 입장을 모두 영문자 C로 시작하는 분류법을 제시하기도 했다. 즉 갈등(Conflict), 대조(Contrast), 접촉(Contact) 및 긍정 확인(Confirmation) 이론이다(Haught, 1995; 구자현 역, 2003). 하지만 그 내용은 바버와 거의 동일하다고 볼 수 있다.

II. 과학과 신학의 관계

1. 갈등 모델

과학과 신학이 상호 갈등 또는 대립적 관계라고 보는 관점의 기원은 초대교회 시대로 거슬러 올라간다. 이러한 입장을 취한 가장 대표적인 교부는 터툴리안(Quintus 3, 과학과 신학의 관계: 네 가지 유형 및 도예베르트의 대안적 고찰 189 Septimius Florens Tertullianus: ca. 160 - 220)이라고 할 수 있다. 그의 유명한 말 "아테네와 예루살렘이 무슨 상관이 있느냐?"는 우선 이방 철학과 복음의 관계를 언급한 것으로 학문, 특히 그리스 철학과 기독교 신앙은 아무 관계가 없다고 주장했지만 이를 좀 더 폭넓게 해석한다면 인간의 이성이 중심이 된 인본주의 철학과 신적 계시가 중심이 된 신학은 서로 화해할 수 없는 영적 대립 관계에 있다는 의미로 볼 수 있다.

중세에는 과학이 신학의 시녀로 간주되었지만 근대 계몽주의(Enlightenment) 시대에는 양자 간에 갈등이 분명해지게 되는데 이는 무엇보다 과학이 신학으로부터 독립하면서 눈부시게 발전하였기 때문이다. 그러면서 과학자들은 점차 계시에 기초한 신학적 진리를 의심하기 시작했다. 나아가 과학은 점점 더 절대화되어 가장 신뢰할 만한 지식과 진리를 얻게 되는 유일한 방법으로 믿는 '과학주의(scientism)' 및 프랑스의 사회학자 콩트(Auguste Comte: 1798-1857)를 중심으로 한 '실증주의(positivism)'를 낳게 되었다. 이러한 입장은 과학으로 알 수 없는 것은 실체가 아니므로 결국 신학이 전제하는 신적 존재까지도 의심하게 되었고 과거의 모든 전통들이나 미신 또는 신학적 주장들도 이성에 의해 재검토해야 한다고 주장했다. 영국의 러셀(Bertrand A. W. Russell: 1872-1970)은 심지어 과학과 신학의 갈등은 단지 학문 간의 차이가 아니라 사회적이고 정치적 차원이 있음을 주장한다(Russell, 1997; 김이선 역, 2011).

세상을 변화시키는 학문

나아가 이러한 이성 주도적 과학 및 기술의 눈부신 발전은 인본주의적이며 낙관주의적 역사관을 낳아 인류의 모든 문제를 인간의 과학과 기술의 힘으로 해결하여 유토피아를 건설할 수 있다고 하는 무한한 진보신앙을 가지게 되었다. 이렇게 코페르니쿠스의 지동설로부터 다윈(Charles R. Darwin: 1809-1882)의 진화론에 이르기까지 과학이 달성한 수많은 업적은 세계관 및 인간관까지도 근본적으로 바꾸어 버렸다. 이제 더 이상 지구는 우주의 중심이 아니며 인간도 하나님의 형상이 아니라 하나의 단세포 생물에서 자연도태 및 적자생존의 과정을 거쳐 진화되어 왔다고 보게 된 것이다. 또한 이러한 과학주의의 영향으로 성경에 나타난 초자연적 기적이 자연법칙에 어긋나므로 부정되었다. 따라서 동정녀 탄생, 부활 등은 모두 거부되었으며 더 이상 초월적 창조주나 신적 섭리를 믿을 수 없게 되었다. 이러한 과학관은 결국 기계적이며 결정론적이고 물질 중심적 세계관인 자연주의(naturalism)을 낳게 되었다(Sire, 2009; 김헌수 역, 2007: 75-105). 즉 이 세상은 하나의 거대하고 정교한 기계에 불과하며 정해진 법칙을 따라 움직일 뿐 별다른 의미는 없고 따라서 더 이상 인간의 자유나 가치도 논할 수 없게 되었다. 이런 생각은 결국 마르크스(Karl Marx: 1818-1883)의 유물론적 역사관과 공산주의 이론을 낳게 된 것이다. 그리고 이러한 과학과 기술의 눈부신 발전에도 인류는 무시무시한 1, 2차 세계 대전의 비극을 경험하면서 이전까지 가지고 있던 고지식한 낙관론을 포기하지 않을 수 없었고 결국 과학주의라고 하는 우상을 버리게 되었다.

이런 과학의 거대한 도전 앞에 신학은 과학적 증거들을 반박할 대안을 찾지 못한 채 큰 충격을 받아 처음에는 속수무책처럼 보였다. 그럼에도 일부 신학자는 성경의 우월성을 주장했는데 영국의 성공회 주교였던 윌버포스(Samuel Wilberforce: 1805-1873)는 당시 과학자로서 다윈의 진화론을 옹호하던 헉슬리(Thomas Huxley: 1825-1895)의 이론을 비판하였고 미국의 장로교 신학자였던 핫지(Charles Hodge : 1797-1878)도 다윈의 사상을 무신론으로 몰아붙였다.

또한 이 갈등 이론은 전술한 바와 같이 드레이퍼 및 화이트 등에 의해 주창되었는데 1870년대 초에 드레이퍼는 종교와 과학 간의 갈등의 역사에 관해 책을 출판하였다. 여기서 그는 과학의 역사가 단지 독립된 발견의 기록이 아니라 두 세력들, 즉 한편으로는 인간 지성의 확장력과 다른 한편으로는 전통적 신앙과 인간적인 이해로부터 기인하는 억압 간의 갈등 이야기라고 주장했다. 특히 가톨릭교회의 교황 무오성 교리 및 반지성주의에 대해 강하게 비판한 반면 이슬람과 개신교는 과학과 큰 갈등이 없다고 보았다(Draper, 1874).

화이트도 같은 입장에서 이렇게 말했다.

> 모든 근대사에서 종교적 이해로 인한 과학에 대한 간섭은 그것이 아무리 양심적이라 할지라도 결국 종교와 과학에 불가피한 해악을 끼쳤다. 그리고 다른 한편 모든 거침없는 과학적 탐구는 그것이 아무리 종교에 위협이 되더라도 그 단계 중 어떤 것은 당분간 종교나 과학에 도움이 되는 것이었다(White, 1888: 8).

나아가 그는 1896년에 『기독교 내에서 과학과 신학의 전쟁사(A History of the Warfare of Science and Theology in Christendom)』라는 책을 출판했는데 이것은 그가 이 주제에 대해 30년 동안 연구한 결과물로 여기서 그는 과학에 대한 기독교의 제한적이며 독단적인 행태에 대해 비판하고 있다(White, 2004).

그래서 이러한 갈등 모델을 소위 "드레이퍼-화이트 논제(the Draper-White Thesis)", "전쟁 논제(the Warfare Thesis)" 또는 "전쟁 모델(the Warfare Model)"이라고 부른다. 즉 이러한 관점은 과학과 신학은 지구가 평평하다고

세상을 변화시키는 학문

주장하던 신화나 갈릴레오 사건과 같이 신학과 과학은 지금까지도 그랬고 앞으로도 계속해서 서로 적대적이 될 것이라고 본다. 사실 이러한 입장은 지금까지 지속되어 오고 있으며 아직도 많은 지지층을 확보하고 있다. 코인(Jerry Coyne) 및 타이슨(Neil Tyson)등 미국의 일부 과학자들도 양자는 병립할 수 없다고 주장했는데, 타이슨은 뉴턴(Isaac Newton: 1642-1727)이 해결되지 않은 과학적 이슈에 대해 종교적인 해답을 받아 들이지 않았다면 훨씬 더 많은 업적을 쌓을 수 있었을 것이라고 보았다(en.wikipedia.org/wiki/Conflict_thesis).

바버도 이 모델에 대해 설명하면서 과학적 물질주의(scientific materialism)와 성경적 문자주의(biblical literalism)를 그 예로 들고 있다(Barbour, 2000: 10-17). 전자는 앞서 설명한 바와 같이 과학적 방법만이 지식에 이르는 가장 신뢰할 만한 길이며 물질 및 에너지야말로 우주에서 가장 근본적인 실재라는 전제에서 출발한다고 분석하면서, 이러한 입장을 지지하는 사람들로 미국의 천문학자였던 세이건(Carl Sagan: 1934-1996)과 종교도 진화의 산물로 보는 과학적 물질주의로 대체될 것으로 주장한 사회생물학자인 윌슨(Edward O. Wilson)을 그 예로 들고 있다(Wilson, 1978). 반면에 후자는 갈릴레오 재판(1633)과 같이 성경을 문자적으로만 해석하는 입장을 말한다.

그렇다면 이 갈등 모델은 아무 문제가 없는가? 바버는 과학적 물질주의와 성경적 문자주의 모두 과학적 주장과 종교적 주장 간의 차이점을 올바로 인식하지 못했다고 지적한다(Barbour, 2000: 36). 전자, 즉 과학적 물질주의자들은 특정한 철학적 헌신을 과학적 결론으로 착각했으며 후자, 즉 성경적 문자주의자들도 전과학적(prescientific) 우주론이 마치 신앙의 본질적인 부분이라고 보았다는 것이다. 결국 전자는 무신론으로 귀결되었다. 이에 대해 근본주의적 신학자들은 이 모든 과학적 주장을 거부하고 성경의 무오성을 축자적으로 주장하면서, 참된 과학은 성경과 모순되지 않는다고 보았고 특히 진화론은 성경의 창조적 세계관과 어긋나기 때문에 받아들일 수 없었다. 이런 입장에서 보면 신학과 과학은 서로 대립할 수밖에 없고 화해할 수 없는 갈등관계이다.

그러나 더 깊이 살펴보면 사실 근대 과학이 낳은 이 무신론적 자연주의라는 세계관 자체는 이미 과학이 아니라 과학을 초월하는 또 하나의 전제이다. 반면에 신학 또한 근대 과학의 다양한 도전 앞에서 근본적인 반성을 통해 지금까지의 권위주의적 태도에서 벗어나 과학의 열매를 긍정적으로 해석하는 동시에 지나친 과학지상주의를 경계하는 입장이 나타나게 되었다. 그런 점에서 이 갈등 이론은 새로운 국면을 맞이하게 되었다고 볼 수 있다.

2. 독립 모델

이러한 갈등 모델의 문제점을 극복하기 위한 대안으로 제시된 이론이 독립 모델이다. 즉 과학과 신학은 별개의 영역을 다루는 상호 독립된 학문으로 전자는 자연 현상을 다루며 후자는 초자연적이고 초경험적 현상 및 가치와 삶의 궁극적 의미를 다룬다고 본다. 즉 전자는 사실 영역을 후자는 신앙 영역을 연구하는 학문으로 각기 방법이 다르고 사용하는 언어도 다르기 때문에 양자 간에는 전혀 연결점이 없고 따라서 갈등이 일어날 필요도 없다고 주장한다. 바버는 이런 입장에 서 있는 대표적인 신학자로 바르트를 들고 있으며 철학자로는 비트겐슈타인을 예로 들고 있다(Barbour, 2000 : 17-22).

하지만 독일의 철학자 칸트가 이미 이러한 입장의 선구자라고 할 수 있는데 그는 대륙의 합리론과 영국의 경험론의 약점들을 보완하면서 그의 인식론을 발전시켜 실재를 현상계(Phaenomenen/Erscheinung)와 초현상계(Noumenon) 또는 물자체(Ding an sich)로 나누어 전자는 과학의 영역으로, 후자는 초자연적 영역으로 이원화했다. 현상계는 우리가 감각할 수 있는 자연계를 의미하며 초현상계는 궁극적인 원인들 및 사물의 진정한 성질을 다

세상을 변화시키는 학문

루는데, 확실한 지식은 오직 현상계에서만 가능하였고 초자연적이거나 도덕법에 해당하는 내용들은 신앙의 영역으로 분리하여 이원론적 입장을 유지함으로써, 신학의 속박과 간섭으로부터 과학을 온전히 해방시킬 수 있다고 믿었다.[5] 하지만 그 결과 과학은 물질의 영역으로 제한되어 결국 포이어바흐(Ludwig A. von Feuerbach: 1804-1872)와 같은 무신론적 물질주의(materialism)를 낳았으며 그의 사상은 나중에 마르크스에게 영향을 주게 되었다.

이와 동일한 맥락에서 굴드는 '양립 이론(NOMA: non-overlapping magisteria)'을 주장한다. 즉 과학과 신학은 근본적으로 인간 경험의 다른 면을 다루기 때문에 각자 중복되지 않는 영역이 있으므로 공존할 수 있다는 것이다 (Gould, 1999). 영국의 철학자 스테이스(Walter T. Stace: 1886-1967)도 종교철학적 관점에서 이와 같은 입장을 취한다. 즉 과학과 신학은 각자의 영역에서 나름대로 일관성이 있고 완전하여 경험을 해석함에 있어 과학은 서술적이지만 신학은 규범적이며 과학이 사실의 세계를 다룬다면 신학은 당위의 세계를 다루고 과학은 방법(how)을, 신학은 이유(why)를 다룬다는 것이다 (Stace, 1952). 따라서 양자가 자기 영역을 지키지 못할 때 혼란이 생기는데 그 대표적 사건이 갈릴레오 재판이다. 또한 영국의 성공회 대주교였던 합굿 (John Habgood)도 양자를 구분하여 전자는 '기술적(descriptive)'이지만 후자는 '규범적(prescriptive)'임을 지적하면서 만약 과학과 수학이 당위적인 면을 다룬다면 매우 이상한 결과를 낳게 될 것이며, 반대로 윤리와 신학이 서술적인 면에만 머문다면 이 세상을 올바르게 이해할 수 없을 것이라고 주장했다(Habgood, 1964: 11, 14-16, 48-55, 68-69, 90-91, 87).

신학자 중에는 바르트에 이어 브룬너(Emil Brunner: 1889-1966), 불트만

---

5 중세 시대의 토마스 아퀴나스도 이성 및 과학의 영역인 자연과 신앙 및 계시의 영역인 은혜를 이원론적으로 구별하였으나 그에게 있어서는 과학이 신학에 종속되었다는 점에서 칸트와 다르다고 말할 수 있다.

(Rudolf Bultmann: 1884- 1976) 및 니버(H. Richard Niebuhr: 1894-1962)가 이러한 입장을 취했다고 볼 수 있다. 이들의 신정통주의적이고 실존주의적 신학은 칸트와 키에르케고르(Soeren Kierkegaard: 1813-1855)의 영향을 받아 이 세상을 사실, 법칙 및 결정론의 영역과 가치, 의미, 목적 및 자유의 영역으로 구분하면서 신학은 하나님과의 도덕적이고 종교적 경험을 해석하는 학문으로 간주하였다. 따라서 과학은 신학과 모순되지도 않고 신학을 지원하지도 않으며 신학도 과학의 발견에 대해 질문을 던질 수 없다. 하지만 이 경우 신학도 더 이상 성경을 문자적으로 받아들이지 않는다. 성경 그 자체가 객관적으로 하나님의 말씀이기보다는 그 말씀이 나에게 실존적으로 살아 역사할 때 하나님의 말씀이 된다고 본다. 나아가 성경은 과학적인 책이 아니며 창세기는 단지 도덕적이고 종교적인 진리를 담고 있는 신화로 보고 창조도 하나의 긴 진화과정으로 보려 한다. 나아가 동정녀 탄생이나 예수의 부활 등 성경에 나타난 많은 기적도 과학과 모순되기 때문에 부인한다.

여기서 중요한 것은 과학이 세상에 대해 무엇이라고 말하든 신앙에 별로 중요하지 않다고 생각하는 점이다. 19세기와 20세기 초에 지배적인 과학이론은 물질주의적이며 기계적이었다. 따라서 과학의 대상인 자연에는 더 이상 자유와 의미 그리고 가치의 영역이 없어졌다. 하지만 20세기 과학은 상대성 이론, 양자 역학, 불확정성 등이 지배하면서 더 이상 하나의 세계관을 믿지 않는다. 신학도 더 이상 과학을 그 기초로 보지 않고 과학에 의해 위협받지도 않는다. 따라서 신학은 어떤 과학이론에도 무관심하며 다만 의미와 목적을 추구하는 헌신적 결단 및 도덕적 의미만 탐구한다. 결국 양자는 서로 해치거나 지원할 수 없고 상호 독립적이라는 것이다. 스코틀랜드의 토렌스(Thomas F. Torrance: 1913-2007)는 신정통주의적 신학을 더욱 발전시켜 신학은 그 중심 주제가 하나님이라는 점에서 독특하며 독단적 또는 실증적이면서 독립적인 학문으로 그 자체적인 법칙에 의해 발전되는 반면, 과학에

세상을 변화시키는 학문

서는 이성과 실험을 통해 이 세상의 구조를 드러낼 수 있다고 주장하고 아인슈타인의 양자물리학적 해석을 지지하며 과학과 신학 모두에서 실재론적 인식론을 변호한다(Torrance, 1969: 281).

이러한 독립 이론은 여러 면에서 매력적이지만 비판도 받고 있다. 왜냐하면 과학은 매우 추상적이고 철학적이기도 한 수학과 밀접한 관련이 있는 반면 신학 또한 일상적인 삶과도 연결되어 있기 때문이다. 미국의 과학철학자였던 쿤(Thomas S. Kuhn: 1922-1996)도 과학은 문화적 전통에서 나타나는 패러다임에 의해 구성된다고 주장하는데 이것은 신학과 무관하다고 할 수 없다(Kuhn, 1962). 또한 헝가리 출신의 수학자였던 폴라니(Michael Polanyi: 1891-1976)도 과학적 지식은 보편성에 대한 헌신에 불과하고 많은 과학적 방법에 대한 개념에서 발견되듯이 객관적 중립과는 거리가 멀다고 보았다(Polanyi, 1958). 나아가 그는 모든 지식은 개인적이며 따라서 과학자가 학문하는 행위조차도 매우 개인적인 작업을 수행하는 것으로 신학에서 말하는 도덕적 헌신을 요구한다고 주장한다(Polanyi, 1946, 1958). 바버 또한 신정통주의적 신학을 한편 긍정적으로 보면서도 그리스도의 구속은 창조를 무시하지 않으며 우리의 개인적이고 사회적인 삶이 피조계 전체와 분리되지 않고 종교적 전통은 단지 추상적인 이념이 아니라 구체적인 삶의 양식임을 강조한다(Barbour, 2000: 36-37).

영국의 물리학자인 쿨슨(Charles A. Coulson: 1910-1974)과 미국의 물리학자 쉴링(Harold K. Schilling: 1899-1979)도 과학과 신학의 방법들은 서로 공통점이 많다고 주장했다. 쿨슨은 과학이 단지 사실만 모으는 것이 아니라 창조적 상상에 의해 진보하며 신학은 과학이 다루지 못하는 경험의 영역에 대해 연구하는 것이라고 했고, 쉴링은 두 학문 모두 경험, 이론적 해석 및 실제적 적용이라는 삼중 구조를 가지고 있다고 분석한다(Barbour, 1968: 3-29). 영국의 무신론자이며 진화론자인 도킨스(Richard Dawkins)도 전술한 굴드의 입장을 비판하면서 종교는 과학이나 물질계와 분리되지 않으며 분리될 수도 없다고 주장하는데 신학도 물질계에서 일어나는 기적 및 다양한 일상생활과 관련이 있다는 것이다(Dawkins, 1998). 또한 호주 출신의 작가이며 철학자인 블랙포드(Russell Blackford)도 역사적으로 볼 때, 종교와 신학은 신앙에 대한 백과사전적 체계였기 때문에 사실만을 다루는 과학과도 충돌이 불가피했음을 지적한다.

이러한 갈등을 피하기 위해 양자는 분리되어 보다 추상적이고 오류를 지적하기 어려운 입장을 취할 수도 있으나 모든 면에서 양자가 독립되어 있다고 말할 수는 없다는 것이다(metamagician3000.blogspot.com/2011/01/very-short-introduction-to-non.htm). 미국의 무신론자 자코비(Susan Jacoby)도 과학자들이나 신학자들이 갈등을 피하기 위해 깊은 성찰 없이 양자를 분리시키려 하지만 줄기 세포 논쟁에서 보는 바와 같이 이들이 같은 분야에서 연구할 때 6일된 수정란을 인간으로 볼 것인가에 대해 이견이 있어 양자 간의 충돌은 불가피하며, 과학자들도 연구를 시작하는 순간부터 도덕적 판단을 피할 수 없다고 주장한다(en.wikipedia.org/wiki/Non-overlapping_magisteria#cite_note-10).

미국의 유전공학자로 무신론자였다가 게놈 프로젝트를 연구하면서 그리스도인이 된 콜린스(Francis Collins)도 양자는 분리될 수 없음을 주장하며 굴드의 입장을 비판했다(Collins, 2007: 95, 165). 나아가 이 모델은 양자의 상호관계를 무시하여 건설적인 교류가 불가능하다. 그러나 역사적으로 보면 신학도 과학의 영향을 받았고 과학 또한 특정한 신학적 분위기에서 탄생했음을 볼 수 있으며 나아가 이러한 신학적 분위기는 계속해서 과학과의 대화를 통해 변화되었다. 따라서 이제 대화 모델에 대해 살펴보겠다.

세상을 변화시키는 학문

3. 대화 모델

많은 신학자들이 최근 과학의 연구 결과도 참고해야 한다고 생각하고 과학자들도 그들의 이론들을 신학적 문맥에서 보는 것이 필요하다는 사실을 인정한다. 그러면서 특정한 종교를 믿지 않는 과학자들도 신학과의 대화에 관심을 가진다. '왜 우주는 질서 정연하게 존재하며 우리가 이해할 수 있는가?' 등의 질문은 과학이 답변할 수 없으므로 신학의 도움이 필요하다는 것이다. 따라서 양자는 상호 대화와 협력을 통해 함께 발전해 나갈 수 있다고 생각하게 되었다. 따라서 신학자들은 새로운 과학적 이론이나 발견에 대해 좀 더 개방적이어야 하며 이러한 과정은 신학 연구의 지속적인 발전에 여러 가지 면에서 유익할 것이고 과학자들 또한 그들의 가정들이 신학에 기초해 있음을 생각할 때, 이러한 자세는 그들이 연구한 데이터를 해석하는 데 영향을 줄 것으로 본다. 나아가 신학적 가정들이 바뀌는 경우 새로운 과학적 진보를 낳을 수도 있다. 따라서 양자는 상호 연구를 자극하고 격려하는 동시에 자체적인 영역을 훼손하거나 침범하지 않고 존중해야 한다는 것이 이 대화 모델의 기본 입장이다.

물론 이런 대화의 과정에서 특정한 주제에 관해서는 갈등이 발생할 수도 있으나 전체적으로는 건강한 상호 협력을 낳게 될 것이라고 본다. 즉 과학은 신학이 가질 수 있는 오류나 미신을 제거할 것이며 신학은 과학이 무의식적으로 절대화하는 전제들을 지적할 수 있으므로 양자는 상호 견제하면서 발전할 수 있다는 것이다. 이런 의미에서 이 대화 모델은 과학과 신학을 이원적으로 분리하는 대신 한 사건에 대해 보다 다양한 관점에서 볼 수 있도록 해 준다. 실재는 매우 다양한 차원을 가지고 있으므로 실재의 한 면을 떼어 내어 그 면을 집중적으로 보는 과학적 방법으로는 모든 것을 알 수 없다. 그러나 신학은 실재 전체에 관해 관심을 가지기 때문에 과학이 보지 못하는 부분에 대해 말할 수 있다는 것이다.

이 모델의 대표적인 학자들로 바버는 미국의 가톨릭 신학자인 트레이시(David Tracy)와 과학철학자 쿤(Thomas Kuhn), 철학자 롤스톤(Holmes Rolston) 그리고 영국에서 자연과학과 신학을 동시에 연구한 폴킹혼(John C. Polkinghorne)과 과학철학자 툴민(Stephen Toulmin)을 든다(Babour, 2000: 24-27). 그 외에 미국의 물리학자이면서 성공회 신부였던 폴라드(William G. Pollard: 1911–1989)와 앞서 언급한 호트[6], 여성 과학자이면서 젊은 지구 창조론이나 지적 설계 이론을 반대하는 유진 스캇(Eugenie Scott) 그리고 대표적인 기독교 철학자 중 한 명인 플란팅가(Alvin Plantinga)와 변증학자 크레이그(William Lane Craig) 등을 들 수 있고 독일에는 신학자 몰트만(Juergen Moltmann: 1926-)과 판넨베르그(W. Pannenberg: 1928-) 등이 이러한 입장을 취했으며 영국에는 자연과학과 신학을 동시에 공부한 풀러(Michael Fuller)와 맥그라스(Alister E. McGrath) 등이 대표적 학자라고 말할 수 있다.

폴라드는 인간의 과학적 지식이 객관적이고 공적인 반면 신학적 지식은 주관적이며 개인적이라는 생각은 매우 잘못된 편견임을 지적했고(Pollard, 1961: 11-13, 61-62) 호트도 양자 간의 대화를 통해 상호 유익을 얻을 수 있다고 보았다(Haught, 1995; 구자현 역, 2003). 이러한 입장을 보다 체계적으로 정립한 학자는 바버인데 그는 양자를 완전히 독립적으로 본다면 갈등을 피할 수는 있을지 모르나 건설적 대화를 통한 상호 발전의 기회를 잃어버리게 될 것이라고 하면서, 하나님의 주권은 단지 신학과 종교 뿐만 아니라 과학의 모든 영역에도 미침을 강조한다(Barbour, 2000; 이철우 역, 2002: 51-52). 스캇도 이러한 입장에 찬성하면서 양자 간의 대화는 과학의 대중적 이해에 도움

---

6 호트의 입장은 대화 및 통합을 아우른다고 보는 것이 더 정확할 것이다. 호트의 책에 대한 조현철의 서평, "자연과학과 종교의 바람직한 관계", 「신학과 철학」 2009, 제15호 가을 참조. hompi.sogang.ac.kr/theoinst/ journal/journal_15/15-6.pdf 2014년 7월 9일 검색. 바버의 입장도 대화와 통합을 동시에 주장한다고 말할 수 있다.

세상을 변화시키는 학문

이 될 것으로 보고 따라서 '기독교적 학문' 운동 자체가 과학에 문제가 된다고 보지는 않지만 방법론적 자연주의(methodological naturalism)를 포기하는 '유신론적 과학'은 과학의 성질을 이해하는 데 많은 문제를 일으킨다고 주장한다(Scott, 1998). 반면에 플란팅가도 양자 간에는 피상적인 갈등이 있는 것처럼 보이지만 실제로는 깊은 공감대가 있으며 실제로 갈등이 있는 것은 과학과 종교가 아니라 과학과 물질주의라고 지적한다(Plantinga, 2007, 2010, 2011). 크레이그도 과학과 종교는 다음 여섯 가지 점에서 상호 보완함을 지적한다. 먼저 종교는 과학이 발전할 수 있는 개념적 틀을 제공하며 둘째로 과학은 종교적 주장을 부정 또는 확증할 수 있다. 셋째로 과학이 마주치는 형이상학적 문제를 종교가 해결해 줄 수 있으며 넷째, 종교는 과학적 이론들 간을 조정할 수 있다는 것이다. 나아가 종교는 과학이 가진 힘을 보완해 줄 수 있고 마지막으로 과학은 종교적 의미를 담은 결론에 대한 주장에 대한 전제를 확증할 수 있다. 결국 그는 양자가 상호적 또는 무관한 관계가 아니라 서로 협력할 수 있는 동역관계로 본다(www.reasonablefaith.org/what-is-the-relation-between-science-and-religion). 롤스톤도 양자 간의 대화와 협력을 강조하고 있다(Rolston III, 1987: vi, ix).[7]

독일의 신학자인 몰트만 역시 세계에 대한 신학적 인식이 자연과학에 중요하며 과학적 인식도 신학을 풍요롭게 한다고 주장한다(Moltmann, 2002; 김균진 역, 2009). 판넨베르그도 신학은 엄격한 학문으로 철학, 역사 그리고 자연과학과 비판적으로 상호 대화할 수 있는 것으로 보면서, 미국의 수학 및 물리학자인 프랭크 티플러(Frank J. Tipler)가 프랑스의 철학자인 동시에 지질학자로서 예수회 신부였던 떼이야르 드 샤르댕(Pierre Teilhard de Char-

---

7 엄격히 말해 과학과 종교와의 관계를 과학과 신학과의 관계와 다르다고 말할 수도 있으나 많은 학자들이 유사한 관계로 언급하고 있으므로 본 장에서는 후자의 입장을 취한다.

din : 1881~1955)이 주장한 '오메가 포인트(Omega Point)'[8]를 우주론적 신학으로 발전시킨 것을 변호하기도 했다(Tipler, 1989 : 255-71, 1994, 2007, Albright & Haugen ed., 1999).

영국의 폴킹혼은 과학과 신학의 대화를 시도한 가장 대표적 학자이다. 그는 과학과 신학은 마치 쌍안경으로 실재를 보는 것과 같이 다른 면에서 상호 보완한다고 강조한다. 즉 과학은 실재의 물질적인 면을 다룬다면 신학은 동일한 실재의 정신적인 면을 본다는 것이다(Polkinghorne, 1994 : 21). 양자물리학과 신학 간의 관계를 다루면서 그는 둘 다 진리를 찾기 위해 협력하는 한 가족임을 강조한다(Polkinghorne, 2008 : 현우식 역, 2009). 그는 자신의 이러한 이론을 '공명론(consonance)'이라고 부른다. 여기서 공명은 "세계에 대한 과학적 설명과 신학적 이해가 지속적으로 서로를 심화시키고 상대방으로 인해 자신이 새롭게 조명되는 관계"를 의미한다(Polkinghorne, 1994 : 67-68).[9] 그는 과학과 신학 모두 하나의 신과 우주를 전제하며 과학이 탐구한 실재와 신이 창조한 우주는 서로 일치한다고 본다. 그러므로 신학과 과학은 함께 하는 것이 실재에 대해 더 적합한 이해를 제공할 수 있다는 것이다(Polkinghorne, 1996 : 이정배 역, 2003 : 39). 풀러도 이와 유사한 공명론을 주장하며(www.thinkingfaith.org/articles/ 20101105_1.htm), 맥그라스 또한 양자 간의 인터페이스와 상호 대화의 필요성을 강조한다(McGrath, 2001).

그는 과학의 역사에서 세 가지 전환점을 코페르니쿠스 및 갈릴레오 논

---

8 떼이야르 드 샤르댕에게 있어 '오메가 포인트'는 '우주가 개현되는 방향으로 나아가는 의식의 복잡성이 최고조의 수준에 도달한 상태'를 말하지만 티플러는 '물리적 법칙에 의해 요구되는 적절한 미래의 시간에 있는 우주론적 상태'를 말한다. en.wikipedia.org/wiki/ Pierre_Teilhard_de_Chardin 및 en.wikipedia.org/wiki/ Frank_J._Tipler 참조.

9 피터스(Ted Peters)도 동일한 용어를 사용한다. Peters, Ted. ed. *Science and Theology: The New Consonance*, 김흡영, 배국원, 윤원철, 윤철호, 신재식, 김윤성 역, 『과학과 종교: 새로운 공명』(서울: 동연, 2002) 참고.

세상을 변화시키는 학문

쟁, 뉴턴의 기계적 우주 그리고 다윈의 진화론으로 지적하면서 이 세 가지 사건들이 과학과 종교가 아군인지 적군인지에 관한 질문을 제기하여 지난 200년간 자유주의, 근대주의, 신정통주의 및 복음주의에 다양한 영향을 주면서 양자 간에 대립적 및 비대립적 모델을 발전시켜 왔다고 분석하고 있다 (McGrath, 2009). 한국에서는 김흡영이 그 대표적인 학자라고 볼 수 있다(김흡영, 2006).

최근 이 모델은 많은 관심을 끄는 영역이 되어 "종교와 과학 공동체(religion and science community)"(Hefner, 2006: 562-576, 2008), "신학 및 자연과학 센터(Center for Theology and the Natural Sciences)", "과학 시대의 종교 연구소(Institute on Religion in an Age of Science)", "이안 렘지 센터(Ian Ramsey Centre)", "패러데이 연구소(Faraday Institute)" 그리고 "과학과 종교 국제 학회(International Society for Science and Religion)" 등의 학술 단체들이 설립되었으며 「신학과 과학(*Theology and Science*)」 및 「자이곤(*Zygon: Journal of Religion & Science*)」 같은 정기 학술지도 간행되고 있다. 이 모델은 과학과 신학의 장단점을 상호 보완한다는 면에서 바람직하게 보이나 어떤 경우 상호 타협하여 유신론적 진화론 등 성경의 진리를 일부 양보하려는 경향도 있다. 이러한 약점을 극복하기 위해 양자를 통합하는 모델을 제시하는 학자들도 있는데 이제 이 마지막 모델을 살펴보겠다.

4. 통합 모델

통합 모델을 설명하면서 바버는 자연신학(natural theology), 자연의 신학 (theology of nature) 그리고 체계적 종합(systematic synthesis)을 예로 들고 있다(Babour, 2000:27-38). 전통적인 자연신학에서는 과학으로 알 수 있는 우주와 자연의 설계에서 신의 존재를 추론해 가는 것인 반면 현대적인 자연의 신학에서는 신학의 주된 기원은 과학 바깥에 있으나 과학적 이론은 창조나 인간에 관한 신학적 교리를 재구성하는 데 강한 영향을 줄 수 있다고 본다. 전자를 대표하는 학자로 바버는 영국 옥스퍼드의 종교철학자 스윈번(Richard Swinburne)을 후자를 대표하는 학자로는 앞서 언급한 피콕을 예로 들고 있다. 나아가 체계적 종합은 과학과 종교가 체계적이고 유기적으로 종합된 세계관을 형성하여 보다 포괄적인 형이상학을 낳게 되는 것을 의미하는데 대표적인 학자로는 고대 그리스의 아리스토텔레스 철학과 어거스틴을 대표로 하는 신학을 통합한 중세 시대의 토마스 아퀴나스(Thomas Aquinas: 1225-1274)를, 근대에 와서는 과정철학(process philosophy)을 확립한 미국의 화이트헤드(Alfred N. Whitehead: 1861-1947)를 언급하고 있다. 화이트헤드는 과학이 실재의 한 차원을 말한다면 철학은 과학이 추상화하는 실재 전체를 다루며 신학은 이러한 전체 실체의 도덕적이고 종교적 차원, 즉 신과 세상 및 인간과의 관계를 다룬다고 본다. 따라서 과학과 신학이 다루는 대상, 주제 및 방법도 다르다고 보면서 양자 모두 그 영역 안에서 진리이며 상호 모순되지 않고 대화를 통해 서로 이해의 폭을 넓혀갈 수 있다고 주장한다. 종교는 인간의 근본적인 경험의 표현이며 종교적 사상은 그러한 표현이 점진적으로 정확성을 더해 가는 과정이고 따라서 종교와 과학과의 상호작용은 이러한 발전에 매우 중요한 기여를 한다고 보았다(www.theatlantic.com/magazine/archive/1925/08/religion-and-science/304220/2/).

그 외에 이 모델을 주장하는 학자들로 앞서 언급한 프랑스의 떼이야르 드 샤르댕을 들 수 있고, 영국에서는 에든버러의 조직신학자 퍼거슨(David Fergusson), 역사가이며 생물학자인 바울러(Peter J. Bowler)와 호주 출신으로 옥스퍼드에서 활동하는 역사가 해리슨(Peter Harrison) 그리고 옥스퍼드 대학의 역사가이며 신학자였던 브루크(John H. Brooke)가 있으며 미국에는 역사가이며 종교학자인 클라렌(Eugene M. Klaaren) 및 정통파 유대인으로서 MIT 출신의 과학자 슈뢰더(Gerald L. Schroeder)와 베일러대학교의 사회학

세상을 변화시키는 학문

자 슈타크(Rodney Stark), 역사학자 제이콥(James R. Jacob) 및 넘버즈(Ronald L. Numbers)가 있고 네덜란드에는 과학사가인 코헨(H. Floris Cohen)과 역사학자인 호이까스(Reijer Hooykaas: 1906-1994)를 들 수 있으며 한국에서는 조덕영과 박찬호를 언급할 수 있다.

먼저 떼이야르 드 샤르댕은 순전히 물질적인 관점에서 관찰하는 당시 과학의 흐름과는 대조적으로 물질과 정신이 상반되는 것이 아니라 실체의 '외면'과 '내면'이라고 주장하면서 우주는 단순한 출발점(알파 포인트)에서 시작하여 점점 복잡한 체계를 이룬 후 정신세계로 확산되어 완성점인 '오메가 포인트(Omega Point)'로 나아간다는 것이다. 여기서 중심은 알파와 오메가이신 그리스도다(Teilhard de Chardin, 1959: 250-75). 따라서 과학과 신학도 궁극적으로 이 오메가 포인트에서 만나 통합될 것이므로 함께 대화하면서 협력해야 한다고 주장한다.

퍼거슨은 빅뱅이론과 진화론을 창조적으로 결합시켜 창조의 신학(theology of creation)을 발전시켰고(Fergusson, 1998: 39-45, 56-61), 바울러는 19세기 말부터 제2차 세계대전까지 영국에서 일어난 과학과 종교 간의 상호관계에 대해 종합적으로 연구하였다. 그는 1920년대 미국에서 일어난 진화론 반대 운동과는 달리 영국에서는 양자를 화해하려는 노력이 있었음을 지적하면서 과학과 신학은 상호 갈등보다 화해를 추구해야 하며, 지적으로 보수적인 과학자들과 자유주의적 신학자들 간에도 협력 및 통합이 필요함을 강조했다(Bowler, 2001). 해리슨은 개신교적 성경 해석이 자연의 해석 및 자연과학의 발전에도 영향을 주었다고 주장하며(Harrison, 1998) 창세기의 창조 및 타락 이야기가 17세기 영국의 자연 과학 발달에도 영향을 주었다고 본다. 즉 당시 과학은 인간이 타락으로 말미암아 상실했던 자연에 대한 지배를 회복하는 수단이라고 과학과 생각했다는 것이다(Harrison, 2007). 브루크도 자연 철학자들이 자연법에 대해 언급할 때, 그 법칙은 지적인 신에 의

한 입법으로 이해했으며 따라서 데카르트(René Descartes: 1596~1650)도 하나님이 자연에 심으신 법칙을 발견한다고 주장했고 나중에 뉴턴도 태양계의 법칙은 지혜롭고 전능하신 신의 섭리와 지배를 전제한다고 선언했다는 것이다(Brooke, 1991: 19). 따라서 그는 과학과 종교 간의 관계는 매우 복잡하며 특정한 역사적 상황에 따라 변할 수 있다고 본다. 미국에서는 바버가 1966년 종교와 과학 간의 대화에 관한 책을 출판한 이후부터 "종교와 과학" 그리고 "신학과 과학"에 관한 학술지가 발간되기 시작했고 미국 물리학 저널(*American Journal of Physics*) 및 미국 과학 저널(*American Journal of Science*) 등과 같은 주요 학술지에도 이와 관련한 논문이 실리기도 했다. 클라렌도 창조 신앙이야말로 17세기 영국에서 과학이 출현하는 데 중심적인 역할을 했다고 보며(Klaaren, 1977) 나아가 슈뢰더는 과학도 신앙에 긍정적 근거를 제공한다고까지 주장하면서 양자를 통합하려 했는데(Schroeder, 2001), 창세기에 나오는 6일 창조를 관찰자의 관점에 따라 달리 해석할 수 있다고 보면서 아인슈타인의 일반상대성 원리에 기초하여 공간과 시간을 확장함으로 과학적으로 설명하려고 시도했다(Schroeder, 2010). 또한 슈타크도 기독교 신학은 과학의 출현에 매우 본질적인 것이라고 주장했다(Stark, 2003: 123). 제이콥도 17세기 성공회의 지적 변혁 및 영향력 있는 영국 과학자들(가령, 보일 및 뉴튼)에 대해 언급하면서 같은 입장을 표명했으며(Jacob, 1980: 251~267) 넘버즈도 이러한 입장이 화이트헤드에게도 영향을 주었다고 말하면서 그는 여러 약점이 있기는 하지만 기독교가 과학의 탄생에 영향을 주었다는 것은 사실이라고 인정한다(Numbers, 2007: 4, 138 n. 3).

네덜란드의 과학사가인 코헨(H. Floris Cohen)은 근대 과학의 발전 초기에 성경적 영향이 있었음을 주장했다(Cohen, 1994). 그는 네덜란드 암스테르담 자유대학교의 과학사 교수였던 호이까스의 논제, 즉 종교개혁자들이 강조한 성경적 세계관이 그리스의 합리주의적 약점에 대한 대안이 되었다

세상을 변화시키는 학문

는 사실에 동의한다. 즉 하나님의 일반 은총 속에 만인 제사장설이 강조되면서 직업이 소명임을 인식하여 육체노동을 존중하게 되었고 성경의 창세기 1장 27-28절과 2장 15절에 나타난 문화 명령(cultural mandate) 하에 실험 및 경험주의를 강조하며 자연의 신성을 제거한 신관이 주요한 공헌을 했다는 것이다. 이러한 논리는 개신교가 근대 과학의 출현에 긍정적이고 결정적인 역할을 했다고 주장한다(Hooykaas, 1972; 손봉호, 김영식 공역, 1987).

한국의 과학자 조덕영도 칼빈의 적응 이론(accommodation theory)이 복음주의적 과학관이라고 보며(조덕영, 2006: 67-77) 개혁주의 신학자인 박찬호도 하나님의 주권을 강조한 아브라함 카이퍼(Abraham Kuyper: 1837-1920)의 입장을 받아들이면서 원칙적으로 통합적 입장을 견지한다고 말할 수 있다(박찬호, 2010: 8-41). 한국 창조과학회 또한 이 입장에 있다고 볼 수 있고 감리교 신학자인 이정배도 종교와 과학의 대화에 기초한 새로운 자연신학을 생명 신학의 차원에서 종합하고 있다(이정배, 2005). 이러한 통합 모델은 앞서 언급한 갈등이나 독립 이론의 약점을 극복하고 대화 모델을 좀 더 보완한다는 점에서 긍정적으로 볼 수 있으나 과학과 신학 간에 잠재되어 있는 궁극적인 대립(antithesis)에 관해서는 충분히 설명하지 못하는 약점이 있다.

5. 도예베르트 모델

마지막으로 분석할 네덜란드의 기독교 철학자 도예베르트(Herman Dooyeweerd: 1894-1977)의 이론은 앞서 언급한 네 모델 중 어느 하나의 입장에 치우치지 않고 과학과 신학이 서로 독립성이 있지만 상호 연관성도 있어 대화가 가능하고, 기독교 세계관적 의미에서 통합될 수 있으나 근본적인 대립 관계도 있음을 제시하기 때문에(Choi, 2006, 최용준, 2005: 37-66) 양자의 관계를 가장 포괄적으로 설득력 있게 보여 준다고 말할 수 있다. 이것을 좀 더 자세히 설명하면 다음과 같다.

도예베르트 역시 칼빈과 카이퍼의 영향을 받아 성경적 세계관에 기초하여 학문과 신앙과의 관계를 탐구하였다. 먼저 그는 창조된 피조계에서 두 가지 종류의 기본 구조, 즉 '개체 구조(individuality structure)'와 '양상 구조(modal structure)'를 구별한다. 전자는 창조에 의해 주어진 구체적 사물의 법적 질서를, 후자는 각 사물이나 현상에서 핵심적인 내용을 가진 특정한 양상을 의미한다. 그는 그의 동료이자 자형으로 자유대학교의 철학 교수였던 볼렌호븐(D.H. Th. Vollenhoven: 1892-1978)과 함께 실재의 양상 이론(the theory of modal aspects of reality)을 발전시켰는데 처음에는 각기 독특한 법칙들에 의해 지배받는 14가지의 '법칙 양상들(wetskringen: law-spheres, 다른 말로 modal aspects 또는 modalities)'을 구별했으나 나중에는 15가지로 발전시켰다. 이 양상들은 수적(arithmetic), 공간적(spatial), 운동적(kinematic), 물리적(physical), 생물학적(biotic), 감각적(sensitive), 분석적(analytical), 역사적(historical/formative), 언어적(lingual), 사회적(social), 경제적(economic), 미적(aesthetic), 법적(juridical), 윤리적(ethical) 그리고 신앙적(pistic/credal) 양상이다. 이 양상들은 의미의 모멘트(meaning-moment)로서 예기(anticipation) 및 회기(retrocipation)를 가지고 있다. 다시 말해 이전 양상은 이후 양상의 기초가 되며, 이후의 양상은 이전 양상을 개현한다. 나아가 이 15개 양상들은 상호 환치될 수 없으며(irreducible) 실재는 이러한 존재 양식의 다양성 내에서 기능한다. 즉 각 양상은 자기의 위치가 있으며 그 자리를 다른 곳으로 옮길 수 없다. 왜냐하면 그것이 창조의 질서요 구조이기 때문이다. 이러한 질서가 뒤바뀌게 되면 내적 모순인 배율(antinomy)이 일어나며 문제가 발생한다.

사람이 떡으로만 사는 것이 아니라 하나님의 말씀으로 산다는 성경 구절을 양상 구조로 설명한다면 생물적 양상보다 신앙적 양상이 뒤에 있어 후자가 전자를 개현하는, 즉 전자를 인도하며 그 의미를 심화시키는 것이라고

세상을 변화시키는 학문

말할 수 있다. 경제적 양상과 윤리적 양상을 비교할 경우에도 윤리적으로 옳지 않다면 경제적 손해도 감수해야 하는 경우가 있다.

도예베르트의 이 15개의 양상을 구별하면서 각 양상들이 자기 위치에서 앞서 언급한 예기 및 회기를 통해 서로를 지시하고 있으며 시간 안에서 하나의 정합성(coherence)을 이루어 의미의 총체성(meaning-totality)을 지향하며 다시 이것은 만물의 기원(origin)을 지향한다고 말한다. 여기서 의미의 총체성은 모든 현상의 다양한 면들과 양상들의 '뿌리가 되는 통일체(root-unity)'이다. 다시 말해 모든 현상들이라는 구슬들을 하나로 꿰어 초점을 맞추도록 만드는 통일점을 뜻하는데 도예베르트는 이것이 제2의 아담이며 모든 시간내적 실체의 종교적 뿌리가 되시는 그리스도로부터 발견된다고 설명하면서 각 개인은 존재의 종교적 중심 또는 집중점인 '마음'을 통해 이 의미의 총체에 참여한다고 말한다. 나아가 만물의 기원(origin)은 희랍철학자들이 관심을 가지고 탐구했던 만물의 근원(Arche)인데 도예베르트는 이 기원은 만물을 그의 주권적인 뜻대로 창조한 창조주로서 모든 존재는 이분에게 의존한다고 본다. 하지만 창조를 부인하는 진화론도 기원에 대한 이념은 있으며 그것은 '우연(chance)'이라는 것이다.

이러한 관점에서 볼 때 각 학문은 실제의 한 양상을 논리적으로 그리고 체계적으로 연구하는 것이다. 물리학을 연구하는 학자는 한 사물이나 현상에 대해 물리적인 면만 집중하여 거기에 해당하는 자료를 모으고 체계적, 논리적으로 정리하여 물리학적 지식을 축적하고 법칙을 연구한다. 신학은 계시인 성경에 기초하여 신앙과 관련된 각 분야(조직신학, 성경신학, 역사신학, 실천신학 등)를 논리적이고 체계적으로 정립한다. 이처럼 각 양상은 해당 학문의 대상으로 그 자신의 독특한 법칙에 의해 질서 지워지고 결정된다. 이런 의미에서 전술한 대로 도예베르트는 양상들을 '법칙 영역들'이라고도 불렀던 것이다. 따라서 상호 환치될 수 없는 각 양상의 질서를 그는 '영역 주권(souvereiniteit in eigen kring: sphere sovereignty)'의 원리라고 불렀다. 이것은 그가 카이퍼의 영역 주권 사상, 즉 그리스도께서 모든 영역의 주되심을 보다 깊이 다루면서 우주론적 원리로 확장한 것이다. 또한 각 양상은 그 양상의 특징을 규정하는 '의미의 핵(meaning-kernel)'을 가지고 있는데 가령, 생물적 양상의 의미의 핵은 생명력(vitality) 혹은 생명(life)이다. 이러한 면을 생각하면 독립 모델이 설득력 있어 보인다.

하지만 이와 동시에 도예베르트는 각 법칙 영역에는 다른 양상을 지향하는 의미의 모멘트, 즉 예기와 회기가 있다고 설명하는데 이것을 통틀어 양상의 '유추(analogy)'라고 부르며 이것을 양상의 '영역 보편성(universaliteit in eigen kring: sphere-universality)'이라고 불렀다. 즉 각 학문 영역은 독립적인 주권을 가진 동시에 고립되지 않고 시간 안에서 서로 연결되는 보편성을 가진 독특한 구조로 되어 있다는 것이다(최용준, 2005: 37-66). 재판관이 법정에서 피고의 여러 상황을 고려하듯 법적 양상도 윤리적 양상을 고려하지 않을 수 없다는 것이다.

나아가 도예베르트는 궁극적으로 과학과 신학 두 학문을 각각 다른 학문으로 만드는 주체는 인간이라는 점에서 양자는 통합될 수 있다고 본다. 그는 이것을 이론적 사고의 대립(antithesis)과 종합(synthesis)으로 설명한다. 즉 그는 학문적 사고와 지식은 비논리적 양상들과 논리적 양상 간의 대립이 이론적 종합에 의해 획득된다고 말한다. 생물학은 생물적 양상과 논리적 양상이 서로 대립한 후 종합될 때 성립된다는 말이다. 그러나 이러한 이론적 종합이 일어나는 곳은 역시 인간의 중심인 마음이다.

다시 말해 학문의 주체는 인간이며 그 중심인 마음에서 학문적 지식이라는 종합이 일어난다는 것이다. 그런데 이 마음 또한 자충족적(self-sufficient)이지 않으므로 그 궁극적 기원을 지향할 수밖에 없다. 이러한 기원이 성경적인 유신론일 경우 각 학문은 그리스도 안에서 통일되지만 그렇지 못할 경

세상을 변화시키는 학문

우 과학적 물질주의 등을 낳게 되며 이것은 결국 사상적 우상이 된다고 도예베르트는 예리하게 비판한다. 즉 아무리 탁월한 학문적 업적을 남긴다고 할지라도 그것을 사용하는 인간의 마음이 중요하다는 것이다. 노벨이 아무리 평화적인 목적으로 연구하여 다이너마이트를 발명해도 타락한 인간은 이것을 살인적인 무기로 만들어 버리는 것이다. 따라서 도예베르트는 인간 존재의 종교적 뿌리 및 집중점으로서 '마음'의 중심적 의미를 강조한다. 이 마음은 항상 기원에 의존하며 그 기원에 대해 긍정적 또는 부정적으로 응답할 수밖에 없고 이 반응이 어떠한가에 따라 학문의 방향성이 결정된다는 것이다. 따라서 도예베르트는 학문적 사고(思考)란 결국 의미를 부여하는 기원에 대한 끊임없는 추구라고 말한다. 따라서 진정한 과학과 신학의 통합은 만유의 머리되신 그리스도의 주권 하에 거듭난 인간의 지성이 하나님의 영광과 이웃을 섬기기 위해 창조 질서 및 영적 법칙을 연구할 때 이루어진다고 본다.

이런 점에서 도예베르트는 우리의 이론적 학문 활동이 결코 중립적이지 않으며 항상 종교적 전제에 의존한다고 주장한다. 바로 이 때문에 도예베르트는 내재적이고 인본주의적인 철학 및 학문을 그토록 강하게 비판하는 것이다. 다시 말해 그에 의하면 학문의 궁극적인 출발점은 그 학문에 내재하지 않고 그것을 초월한다는 것이다. 이것을 그는 '이론적 사고의 선험적 비판(transcendental critique of theoretical thought)'이라고 부른다(Dooyeweerd, 1984).

나아가 도예베르트는 카이퍼가 말했던 기독교적 원리와 비기독교적 원리간의 화해할 수 없는 대립(antithesis) 사상을 계승하여, 기독교적 근본 동인(根本 動因, ground motive)과 비기독교적 동인들 간에는 분명한 영적 대립이 있음을 명쾌하게 지적한다.

이것은 제일 먼저 언급한 갈등 모델과 연결된다. 하지만 이와 동시에, 도예베르트는 소위 일반 은총(common grace)에 근거하여 크리스천과 비크리스천 간에 서로 대화하며 의사를 소통할 수 있는 학문적 공동체를 회복하고 유지하기를 원했다. 이러한 이유 때문에 그는 첫 번째 주저인 『법사상 철학(*De Wijsbegeerte der Wetsidee*, 1935-36)』를 수정, 보완하여 학문적 사고에 필요한 조건들 또는 전제들에 관한 탐구로서 이론적 사고에 대한 선험적 비판을 발전시켰던 것이다. 그런 의미에서 그가 첫 번째 주저에서 시도했던 방법론을 '첫 번째 방법(the first way)'이라고 부르고 두 번째 주저인 『이론적 사고에 대한 신비판(*New Critique of Theoretical Thought*, 1984)』에서 그가 시도한 방법론은 '두 번째 방법(the second way)'이라고 부른다(Dooyeweerd, 1984). 전자에서는 도예베르트가 철학의 정의, 즉 의미의 총체성에 대한 탐구라는 점에서 출발하여 이론적 사고의 종교적 뿌리를 밝혔다. 하지만 문제는 이러한 철학의 정의에 대해 비기독교 철학자들이 동의하지 않는다는 것이었다. 그래서 도예베르트는 후자, 즉 이론적이고 학문적인 사고 자체의 분석에서 시작하여 선험적 근본 이념을 통해 종교적 뿌리 및 기원으로 나아갔던 것이다. 첫 번째 저서는 네덜란드어로 출판했지만 두 번째 저서를 영어로 출판한 이유도 보다 넓은 학자들과 대화하기 위한 시도였다고 볼 수 있다. 이러한 의미에서 그는 과학과 신학, 학문과 신앙의 관계에 관한 네 가지 요소, 즉 갈등, 독립, 대화 및 통합을 종합적으로 아우르는 독특한 이론을 제시하였다고 말할 수 있다. 엄격히 말해 네 가지 입장이 논리적으로 공존하는 것은 불가능하다. 신학과 과학이 독립적인 동시에 통합될 수는 없기 때문이다. 하지만 도예베르트는 각 학문의 독립적인 면을 양상 구조적으로 설명함과 동시에 그 학문의 주체인 인간의 마음을 통합점으로 제시함으로 양자가 연결될 가능성을 제시하였다.

세상을 변화시키는 학문

III. 결론

지금까지 과학과 신학의 관계를 네 모델을 중심으로 살펴보았다. 양자를 갈등적으로 보는 입장, 서로 독립적인 관계로 이해하는 모델, 두 학문의 대화를 시도하여 상호 보완하려는 이론 그리고 두 학문은 궁극적으로 통합될 수 있다는 관점도 살펴보았다. 그러면서 각각의 장단점을 분석, 평가하였다. 아울러 도예베르트의 기독교 철학적 관점이 이 네 모델을 포괄하는 종합적인 이론이 될 수 있음을 제시하였다. 물론 그의 입장에 대해 다양한 학자들이 비판적 견해를 제시하였으나 본 장에서 이 부분을 다루기에는 지면의 한계 상 어려우며 별도의 후속 연구 주제로 남겨 두겠다.[10]

이러한 연구를 통해 얻을 수 있는 결론은 먼저 과학과 신학은 분명히 다른 학문이라는 것이다. 왜냐하면 그 연구하는 대상과 주제가 상이하기 때문이다. 전자는 피조계에 담겨 있는 법칙들을 연구하는 것이라면 후자는 이러한 피조계가 존재할 수 있게 된 창조주에 대해 탐구하는 이론적인 작업이다. 둘째로 우리가 기억해야 할 것은 양자 모두 하나의 학문이므로 그 학문적 방법에는 공통점이 있다는 것이다. 즉 해당 영역을 논리적, 체계적으로 종합하여 지식을 도출한다는 점에서 양자는 다르지 않다. 따라서 두 학문 간에는 연속성과 비연속성이 공존한다고 말할 수 있다. 세 번째로 양자는 그 학문의 주체가 인간이라는 점에서 상호 연결점이 있다는 것이다. 과학자도 신학자도 모두 인간이며 한 사람이 두 학문을 동시에 할 수도 있다. 학자들 간에 그리고 두 학문 간에는 대화가 가능하며 각 학문의 결과는 상충될 수도 있지만 상호 보완될 수도 있으며 따라서 대화가 가능하다.

---

10 참고로 도예베르트의 철학에 대한 비판적 고찰에 관하여는 Yong Joon Choi, 2006 참조.

마지막으로 우리가 잊지 말아야 할 것은 두 학문의 궁극적인 방향이다. 즉 누구를 위해 그리고 무엇을 위한 학문 활동인가에 대해서는 근본적인 반성이 필요하며 이러한 점에서는 갈등이나 대립이 불가피할 수도 있다. 양자가 서로 갈등관계에 있을 수 있다는 것은 상호 이해관계가 부딪친다기보다는 그 학문을 하는 주체인 인간 내지 그 학문 공동체의 궁극적 관심이 하나님의 나라를 향하느냐 그렇지 않느냐에 따라서 발생할 수 있다. 이것을 카이퍼와 도예베르트는 대립(antithesis)이라는 용어로 표현한 것이다. 기독교 세계관적으로 보면 과학과 신학 모두 하나님께 영광이 되며 이웃을 섬기는 목적으로 계속해서 책임의식과 청지기 의식을 가진 기독 학자들에 의해 발전되어야 한다는 점에서 양자는 궁극적으로 통합될 수 있다고 말할 수 있다. 반면에 인본주의적 관점에서도 인간을 위한 과학과 신학이라는 점에서 양자의 통합 가능성이 열려 있다고 볼 수 있을 것이다. 이런 관점에서 기독 학자는 전공이 과학이든 신학이든 계속해서 겸손히 그리고 모든 학자들에게 열린 자세로 탐구하며 대화하는 동시에 진리이신 성령의 인도하심을 구하면서 학문과 신앙 그리고 삶 전체가 일관성 있게 통합되도록 노력해야 할 것이다.

세상을 변화시키는 학문

참고문헌

Albright, C. & Haugen, J. ed.(1999). *Beginning with the End: God, Science and Wolfhart Pannenberg*. Open Court.

Barbour, I. G.(1968). "Science and Religion Today". In Ian G. Barbour(ed.). *Science and Religion: New Perspectives on the Dialogue*(1st ed.). New York: Harper & Row.

_____(1971). *Issues in Science and Religion*. Harpercollins College Div.

_____(2000). *When Science Meets Religion: Enemies, Strangers, or Partners?*

_____(2002). 이철우 역. 『과학이 종교를 만날 때』. 서울: 김영사.

Bowler, P. J.(2001). *Reconciling science and religion: the debate in early twentieth-century Britain*. Chicago.

Brooke, J. H.(1991). *Science and Religion: Some Historical Perspectives*. Cambridge Univ. Press.

Choi, Y. J.(2006). *Dialogue and Antithesis: A Philosophical Study on the Significance of Herman. Dooyeweerd's Transcendental Critique*. Philadelphia: Hermit Kingdom Press.

Cohen, F.(1994). *The Scientific Revolution: A Historiographical Inquiry*. Univ. of Chicago Press.

Collins, F.(2007). *The Language of God*. Simon and Schuster.

Davies, P.(1984). *God and the New Physics*. Simon & Schuster.

Dawkins, R.(1998). "When Religion Steps on Science's Turf". Free Inquiry.

Dennett, D. C. & Plantinga, A.(2010). *Science and Religion: Are They Compatible?* Oxford Press.

Dooyeweerd, H.(1935-1936). *De Wijsbegeerte der Wetsidee*. Amsterdam: H.J. Paris.

_____(1984). *A New Critique of Theoretical Thought*. Ontario: Paideia Press.

Draper, J. W.(1874). *History of the Conflict between Religion and Science*. New York: D. Appleton.

Ellis, G.(2004). *Science in Faith and Hope: an interaction*. Quaker Books.

Fergusson, D.(1998). *The Cosmos and the Creator: An Introduction to the Theology of Creation*. London· SPCK.

Gould, S. J.(1999). *Rocks of Ages: Science and Religion in the fullness of life*. Ballantine Books.

Habgood, J.(1964). *Religion and Science*. Mills & Brown.

Harrison, P.(1998). *The Bible, Protestantism, and the Rise of Natural Science*. Cambridge Press.

_____(2007). *The Fall of Man and the Foundations of Science*. Cambridge Univ. Press.

Haught, J.(1995). *Science and Religion: from Conflict to Conversation*. 구자현 역 (2003). 『과학과 종교, 상생의 길을 가다』. 서울: 들녘.

Hefner, P.(2006). "Religion-and-Science" 562-576 in Clayton, P.(ed.), Simpson, Z.(associate-ed.) *The Oxford Handbook of Religion and Science*. Oxford.

Hooykaas, R.(1972). *Religion and the Rise of Modern Science*. 손봉호, 김영식 공역 (1987). 『근대 과학의 출현과 종교』. 서울: 정음사.

Jacob, J. R.(1980). "The Anglican Origins of Modern Science", *Isis*, Vol. 71, Issue 2.

Klaaren, E. M.(1977). *Religious Origins of Modern Science: Belief in Creation in Seventeenth-Century Thought*. Grand Rapids: Eerdmans.

Kuhn, T. S.(1962). *The Structure of Scientific Revolutions*. Chicago: University of Chicago Press.

Kuyper, A.(1931). *Lectures on Calvinism*. Grand Rapids: Eerdmans.

McGrath, A. E.(2001). *A Scientific Theology*. Vol. 1: Nature. Vol. 2: Reality. Vol. 3: Theory. Edinburgh: T&T Clark.

_____(2009). *Science and Religion: A New Introduction*. Chichester, Wiley-Blackwell.

Moltmann, J.(2002). *Wissenschaft und Weisheit: Zum Gespraech zwischen Naturwissenschaft und Theologie*. 김균진 역.(2009). 『과학과 지혜: 자연과학과 신학의 대화를 위하여』. 서울: 대한기독교서회.

Numbers, R. L.(2007). *Science and Christianity in pulpit and pew*. Oxford: Oxford University Press.

Peacocke, A.R. ed.(1981). *The Sciences and Theology in the Twentieth Century*. Univ. of Notre Dame Press.

세상을 변화시키는 학문

Peters, T. ed.(1999). *Science and Theology: The New Consonance*, 김흡영, 배국원, 윤원철, 윤철호, 신재식, 김윤성 역(2002). 『과학과 종교: 새로운 공명』. 서울: 동연.

Polanyi, M.(1946). *Science, Faith, and Society*. Oxford: Oxford Univ. Press.

_____(1958). *Personal Knowledge: Towards a Post-Critical Philosophy*. Univ. of Chicago Press.

Polkinghorne, J. C.(1994). *Science and Christian Belief: Theological Reflections of a Bottom-up Thinker*. SPCK Publishing; 1st ed.

_____(1996). *Searching for Truth: Lenten Meditations on Science & Faith*(2003). 이정배 역, 『진리를 찾아서』. 서울: KMC.

_____(1998). *Science and Theology: An Introduction*. SPCK/Fortress Press.

_____(2007). *One World: The Interaction of Science and Theology*. Templeton Foundation Press.

_____(2008). *Quantum Physics and Theology: An Unexpected Kinship*(2009). 현우식 역. 『양자물리학 그리고 기독교 신학』. 서울: 연세대 출판부.

Pollard, W. G.(1961). *Physicist and Christian: A dialogue between the communities*. Seabury Press.

Rolston III, H.(1987). *Science and Religion: A Critical Survey*. Temple University Press, 1st ed.

Russell, B.(1997). *Religion and Science*. 김이선 역(2011). 『종교와 과학』. 서울: 동녘.

Scott, E.(1998). *""Science and Religion", "Christian Scholarship" and "Theistic Science"". Reports of the National Center for Science Education*(National Center for Science Education) 18(2).

Sire, J.(2009). *The Universe Next Door: A Basic Worldview Catalog*. 5th Edition. 김헌수 역(2007). 『기독교 세계관과 현대사상』. 서울: IVP.

Schroeder, G. L.(2001). *The Hidden Face of God: Science reveals the ultimate truth*. Touchstone.

_____. "Age of the Universe". www.aish.com/print/?contentID= 48951136&section=/ci/sam.

Stace, W. T.(1952). *Time and Eternity: an Essay in the Philosophy of Religion*. Princeton Press.

Stark, R.(2003). *For the glory of God: how monotheism led to reformations, science, witch-hunts and the end of slavery*. Princeton: Princeton University Press.

Teilhard de Chardin, P.(1955). *Le Phénomène humain*(2008). *The Phenomenon of Man.* New York: Harper and Row.

Tipler, F. J.(1989). "The Omega Point as Eschaton: Answers to Pannenberg's Questions for Scientists," Zygon 24: 217-53. *Followed by Pannenberg's comments*, 255-71.

_____(1994). *The Physics of Immortality: Modern Cosmology, God and the Resurrection of the Dead.* New York: Doubleday.

_____(2007). *The Physics of Christianity.* New York: Doubleday.

Torrance, T. F.(1969). *Theological Science.* Oxford: Oxford University Press.

White, A. D.(1888). *The Warfare of Science.* New York: D. Appleton and company.

_____(2004). *A History of the Warfare of Science with Theology in Christendom*, Kessinger.

Wilson, E. O.(1978). *On Human Nature.* Cambridge: Harvard University Press.

김흡영(2006). 『현대 과학과 그리스도교』. 서울: 대한기독교서회.

박찬호(2010). "개혁신학과 자연과학", 『과학과 신학 그리고 영성』. 서울: 대서.

이정배(2005). 『종교와 과학의 대화에 근거한 기독교 자연신학』. 서울: 대한기독교서회.

조덕영(2006). 『과학과 신학의 새로운 논쟁: 과학과 신학의 최근 주요 논쟁점에 대한 복음주의적 해석』. 서울: 예영커뮤니케이션.

최용준(2005). "헤르만 도예베르트: 변혁적 철학으로서의 기독교 철학의 성격을 확립한 철학자", 손봉호 외, 『하나님을 사랑한 철학자 9인』. 서울: IVP, 37-66.

en.wikipedia.org/wiki/Conflict_thesismetamagician3000.blogspot.com/2011/01/very-short-introduction-to-non.htm

en.wikipedia.org/wiki/Non-overlapping_magisteria#cite_note-10

www.theatlantic.com/magazine/archive/1925/08/religion-and-science/304220/2/

www.thinkingfaith.org/articles/20101105_1.htm

www.reasonablefaith.org/what-is-the-relation-between-science-and-religionhompi.sogang.ac.kr/theoinst/journal/journal_15/15-6.pdf

en.wikipedia.org/wiki/Pierre_Teilhard_de_Chardin

en.wikipedia.org/wiki/Frank_J._Tipler

세상을 변화시키는 학문

칼빈주의와 네덜란드의 기업가 정신: 역사적 고찰을 중심으로[1]

I. 서론

네덜란드는 작지만 강하고 큰 나라이다(최용준, 2011). 전체 국토 면적
은 41,526㎢로 한국의 40%, 인구도 한국의 3분의 1수준인 1,600만여 명
에 불과하지만 경제 규모를 볼 때 2010년 일인당 국내 총생산(GDP)은 4만
6,418달러로 한국의 배가 넘으며 세계 10위권 안에 든다. 국토의 25%가 바
다보다 낮은 나라로 나라 이름 자체도 '낮은(Neder) 땅(Land)'이라는 뜻이며
날씨 및 자연 환경은 열악한 편이고 인구밀도도 높으며 영국, 독일 및 프랑
스 등 강대국들 사이에 끼여 지정학적으로도 불리한 위치임에도 국제 경쟁
력을 갖춘 견고한 경제 기반과 안정된 정치로 선진국 대열에 서 있다. 특히
네덜란드의 기업가 정신(Entrepreneurship, 네덜란드어로는 Ondernemerschap,
이와 함께 '무역 또는 상업 정신'이라는 뜻의 Handelsgeest도 많이 쓰임)은 유럽에서
최상위 권에 있다. 심지어 네덜란드 국민성을 표현하는 첫 번째 단어가 바
로 이 '무역정신(Handelsgeest)'이다. 물론 두 단어는 분명한 의미는 다르지
만 적어도 부존자원이 거의 없는 네덜란드에서는 국제 무역을 통해 무에서
유, 즉 부를 창출한다는 점에서 서로 긴밀하게 연결되어 있다.

---

1 본 장은 「신앙과 학문」 2014년 제19권 1호, 153-181에 실렸던 것이다.

이와 함께 네덜란드는 칼빈주의적 개혁 교회로도 유명하다. 비록 칼빈이 네덜란드를 방문하거나 살았던 적은 없지만 그의 영적, 정신적 영향은 유럽의 어느 나라보다 깊이 남아 있다. 이것은 16세기 말 스페인으로부터 독립을 쟁취한 후 교육, 언론, 정치, 경제 등 삶의 모든 영역에 하나님의 주권을 구현하려는 네덜란드의 신앙적 역사와도 관련이 있다.

그렇다면 칼빈주의는 매우 거룩하게 보이고 기업가 정신은 다소 세속적인 것으로 느껴지긴 하지만 양자 간에 어떤 관계가 있지 않을까? 다시 말해 칼빈주의가 네덜란드의 국제기업가 정신의 발전에 어떤 영향을 주지 않았을까? 여기서 본 장의 가설은 매우 긍정적인데 왜냐하면 칼빈주의는 네덜란드가 스페인의 억압에서 독립하는 데 큰 공헌을 했을 뿐만 아니라 17세기 황금시대 이후 현재까지도 성경적인 가치관과 규범적인 방향을 통해 네덜란드인들에게 적지 않은 영향을 미치고 있기 때문이다. 그 결과, 네덜란드는 비록 영토는 작은 나라이기는 하지만 개혁주의적 세계관에 기초한 국제적인 기업인들이 많은 점에서 실제로는 매우 국제적인 영향력이 있는 나라라고 할 수 있다.

본 장에서는 이 가설이 맞는지 검증하기 위해 먼저, 역사적 배경을 고찰하겠다. 여기서 필자의 주된 관심은 칼빈주의가 당시 네덜란드 공화국의 주된 세계관을 형성하는 데 어떤 영향을 미쳤는가 하는 것이다. 누가 이 칼빈주의를 네덜란드에 소개했는지 그리고 스페인에 대항하여 80년간 독립 전쟁을 하는 동안 칼빈주의는 어떤 역할을 했는지 살펴보면서 안트베르펜 및 프랑스에서 암스테르담으로 이주해 온 개신교도들의 역할에 대해서도 관심을 기울일 것이다. 나아가 칼빈주의란 무엇인지 그 내용을 요약한 후, 그 이후 현재 네덜란드에 미치는 칼빈주의의 영향을 기술하겠다.

둘째로 칼빈주의와 네덜란드의 황금시대 간의 관계에 대해서도 살펴보려고 한다. 16세기 말에 네덜란드는 세계 무역에서 독보적인 위치를 점하게

세상을 변화시키는 학문

되었고 17세기에는 경제뿐만 아니라 정치, 사회, 문화, 학문 및 예술 등 거의 모든 분야에서 최고의 전성기를 구가하게 된다. 특히 전 세계 항해 지도를 만들었고 동인도 회사가 최초의 다국적 회사로 설립되었으며 그 결과 주식 시장 제도도 시작되었다. 이 회사는 아시아 무역에서 2세기 동안 독점적인 위치를 점하면서 17세기에 세계 최대 무역 회사가 되었다. 이렇게 급증하는 무역에 재정을 담당하기 위해 암스테르담 은행이 설립되었는데 여기서 주목할 사실은 당시 네덜란드의 부와 사회적 지위를 많은 개신교도들이 누리고 있었다는 것이다. 따라서 이러한 황금시대의 발전과 칼빈주의 간에 어떤 관계가 있는지 고찰해 보겠다.

그 후에는 칼빈주의와 네덜란드 및 미국으로 이주한 네덜란드계 이민자들의 기업가 정신을 각각 살펴보겠다. 미국에 관해서는 주로 미시간 서부 지역에 집중하려고 하는데 그 이유는 이곳에 네덜란드계 이주민들이 많이 정착하였고 칼빈주의의 영향을 받은 네덜란드계 기업가들을 적지 않게 발견할 수 있기 때문이다. 나아가 이와 관련하여 본 장에서는 이 분야를 깊이 연구한 에스터(Peter Ester)가 출판한 책을 다루겠다(Ester, 2012).

그 다음에 독일의 사회학자였던 막스 베버(Max Weber)의 책인 『개신교 윤리와 자본주의 정신(Die protestantische Ethik und der Geist des Kapitalismus)』을 다루겠다(Weber, 1934). 이 책에서 베버는 개신교, 특히 칼빈주의자들의 노동 윤리가 자본주의를 발전시키는 데 매우 중요한 공헌을 했다고 주장했다. 그는 칼빈주의가 경제적 이득을 도덕적이고 영적 의미로 해석하면서 그것을 얻는 데 헌신하도록 지원했다는 것이다. 이러한 인식은 그 자체가 목적이 아니라 계획, 열심 있는 노동 그리고 세속적인 부를 추구하지 않는 자기 부인을 격려하는 신앙적 교리의 부산물이었다고 그는 본다. 즉 가톨릭과 같이 종교적 권위로부터 받는 확신이 없는 상황에서 개신교도들은 구원받았다는 다른 '사인'을 찾기 시작했다는 것이다. 그 결과 베버는 칼빈주의가 개개인이 세속적인 직업을 하나님의 소명으로 이해해야 하며 돈을 낭비하는 것을 금하고 사치품을 구입하는 것을 죄로 규정하면서 검소하고 절약하여 저축함으로 자본주의가 발전하게 되었음을 주장하였다. 이러한 베버의 명제가 과연 네덜란드 상황에서 타당한지 검토해 본 후에 결론을 맺도록 하겠다.

II. 칼빈주의와 네덜란드의 기업가 정신

1. 역사적 배경

삶의 모든 영역에서 하나님의 절대주권을 강조한 칼빈주의는 귀도 드 브레스(Guido de Bres: 1522-67)가 1550년대 당시 네덜란드 남부 지방, 지금의 벨기에 지역에 종교개혁 운동을 일으키기 전까지는 이 지역에 별로 영향을 미치지 못했다. 그러나 그 이후 1566년에 50여 명의 칼빈주의적인 설교자들이 교회의 개혁 운동을 더 강화하기 위해 영국, 독일, 프랑스 그리고 스위스에서 네덜란드로 왔다. 그중에서도 영국과 독일의 엠든(Emden) 지역에 있던 네덜란드 개신교 피난민들이 네덜란드의 종교개혁 운동을 본격화시켰다(Israel, 1995: 101-05). 그러자 유명한 성상 파괴 사건(Beeldenstorm: Iconoclastic Fury)이 일어났고 개혁 운동은 더 확산되었다(Crew, 1978).

프랑스어권의 개혁 교회는 1554년에 안트베르펜(Antwerpen 불어는 Anvers)에 최초로 설립되었고 1년 후에 네덜란드어권의 교회도 그곳에 설립되었다(Pettegree, 2000: 347). 그 후에 브루헤(Brugge) 등 산업이 발전한 소위 플랜더스 서쪽 지방(Westkwartier)이 개혁 교회의 중심이 되었고 칼빈주의는 이미 1560년경에 하나의 대중 운동이 되었다(Pettegree, 2000: 347-49). 1561년에 드 브레스가 작성한 벨직 신경(Confessio Belgica)이 1566년에 네덜란드 칼빈주의 개혁 교회에 공식적인 신앙고백으로 채택되면서 그 후

세상을 변화시키는 학문

네덜란드의 북부 지역에도 조직 교회들이 세워지기 시작하였다(Pettegree, 2000 : 348).

그러나 스페인의 전제군주 필립 2세가 보낸 알바(Alva) 공이 네덜란드의 개신교도들을 무자비하게 박해하기 시작하면서 당시 많은 상인과 기업가들이 안트베르펜, 뚜르네(Tournai, 네덜란드어로는 Doornik) 및 다른 도시로부터 떠나 다른 국가에 있던 칼빈주의자들과 상업적인 네트워크를 만들기 시작했다(Pettegree, 2000 : 356). 안트베르펜이 1585년 함락되자, 많은 전문 기술자들과 부유한 상공인들로 구성된 개신교도들은 북쪽의 암스테르담(Amsterdam)으로 이주하면서, 원래는 작은 항구도시였던 이 도시는 1630년경에 일약 전 세계적으로 가장 중요한 상업 중심지로 변화되었던 것이다. 나아가 1685년 프랑스에서 종교의 자유를 허락한 낭뜨 칙령(L'édit de Nantes)이 철회되면서 프랑스의 개신교도들인 위그노들(Huguenots)도 네덜란드로 이주하기 시작하였는데 그들 중 대부분은 상인들과 뛰어난 과학자들이었다. 이들 또한 네덜란드에 칼빈주의를 꽃피울 뿐 아니라 실크 산업의 획기적인 발전을 통한 경제적, 문화적 그리고 학문적인 황금시대를 여는 데 매우 중요한 역할을 하게 되었다(Israel, 1989 : 352-53).

이렇게 하여 비록 칼빈은 한 번도 네덜란드를 방문한 적이 없지만 그의 가르침은 이곳에서 가장 깊이 뿌리를 내리고 환영을 받게 된다. 아펠로(Karla Apperloo) 또한 네덜란드에서 칼빈주의가 자란 것은 16세기에 스페인에 대항한 것과 관련이 있다고 지적하는데, 그 이유는 이것이 정교분리를 강조했기 때문에 네덜란드인들이 독립 전쟁에 참가할 수 있었다는 것이다. 즉 칼빈은 어떤 상황에서는 정부에 저항하는 것을 허용했는데 이는 가톨릭이나 루터에게서는 찾아볼 수 없는 가르침이었던 것이다(www.expatica. com/nl/news/news_focus/The-Netherlands_-The-_most-Calvinist-nation-in-the-world_14301.html).

그 후 18세기 후반에 네덜란드의 정치가요 언론인이며 교육가이자 신학자였던 아브라함 카이퍼(Abraham Kuyper: 1837-1920)는 칼빈의 사상을 단지 신학 사상에 머물게 하지 않고 신칼빈주의(neo-Calvinism)라는 이름으로 더욱 정교하게 발전시켜 삶의 전체적인 체계로 이해하면서 모든 생활 영역에 하나님의 주권을 실현하려고 노력하였다(Kuyper, 1931). 그는 이것을 세계 및 인생관(Wereld- en lebensbeschouwing)이라고 불렀으며 이것을 보다 체계적으로 가르치기 위해 1880년 암스테르담에 칼빈주의적 기독교 대학인 자유대학교(Vrije Universiteit)를 설립하면서 유명한 개교 연설 마지막에 이렇게 강조했다.

> 이 세상의 어떤 영역도 그리스도께서 '내 것'이라고 외치지 않는 곳은 하나도 없다(Kuyper, 1880).

이 칼빈주의적 세계관의 핵심 내용을 다음과 같이 요약할 수 있겠다(최용준, 2013).

① 예수 그리스도는 하늘과 땅의 모든 권세를 가지신 분으로 우리 삶의 모든 영역에 주권을 가지고 구속하신다. 그러므로 우리의 삶의 모든 영역도 구속되어야 한다. 학문과 신앙 그리고 삶 전체가 온전히 통합되어야 하며 따라서 우리의 삶을 성/속으로 나누는 스콜라적 이원론은 용납되지 않는다.

② 창조는 삼위일체 하나님이 이 세상을 아름답고 질서 있게 만드셨으며 인간을 마지막에 자신의 형상으로 지으신 후 이 모든 피조계를 다스리며 보존해야 하는 소위 '문화 명령(Cultural Mandate)'을 축복으로 주셨다. 따라서 인간은 창조의 청지기로서 이 세상을 하나님의 뜻대로 발전시키는 동시에 이웃을 섬기는 사명을 감당해야 한다.

세상을 변화시키는 학문

③ 하지만 인간은 사탄의 유혹을 받아 금지된 나무 열매를 먹음으로 타락하게 되었고 그 결과 모든 피조계가 죄의 영향을 받게 되어 지금 이 세상은 깨어지고 뒤틀려 신음하게 되었다.

④ 그러나 하나님은 독생자 예수 그리스도를 이 땅에 보내어 이 상태를 구속하시고 회복시키셨으며 그 이후 성령께서 오셔서 이 구원을 우리 한 사람 한 사람에게 개별적으로 그리고 교회적으로 적용하시며 마침내 완성하신다.

⑤ 우리의 삶의 각 영역(교회, 국가, 가정, 기업 등)은 하나님께로부터 부여 받은 나름대로의 책임과 주권이 있다. 따라서 어느 영역도 다른 영역에 주권을 행사해서는 안 된다. 이것을 영역 주권(Soevereiniteit in eigen kring, Sphere-Sovereignty)이라고 한다.

⑥ 피조세계의 구조와 방향은 분명히 구분되어야 한다. 구조란 창조의 법칙 및 규범적 질서로 하나님의 일반 은총에 의해 여전히 보존되고 있으나 방향은 그 규범에 대한 인간의 응답으로서 하나님을 향하든지 아니면 그 반대이다.

⑦ 타락에도 피조계의 완전한 파괴를 방지하는 이 하나님의 일반 은총(Common grace)은 악의 확장을 억제하며 모든 인류에게 공평하게 베푸시는 비구속적인 선물이다.

⑧ 역사 및 개인의 내면에는 하나님을 향한 순종과 불순종간, 하나님의 나라와 어둠의 나라간의 영적 대립(Antithesis)이 존재한다.

⑨ 모든 이론적이고 학문적인 사고도 따라서 중립적이 아니다. 모든 생각과 삶은 궁극적으로 세계관에 의해 결정되며 나아가 이 세계관은 종교적 근본 동인에 의해 좌우된다. 그러므로 그리스도인은 삶의 모든 영역이 개혁주의적 세계관에 의해 형성되고 인도되어야 한다.

이러한 개혁사상을 기반으로 카이퍼는 먼저 목사로서 당시 타락한 국가 교회를 개혁하려고 노력했을 뿐만 아니라(최용준, 2012: 237-247) 언론가로서 일간 및 주간 신문(De Standaard, De Heraut)을 창간하여 주필로 활동하였고 자유대학교를 설립하여 초대 총장 및 신학교수로 봉직하다가 나중에는 정치에 입문하여 기독교 정당인 반혁명당(Anti-Revolutionary Party)의 지도자로 일하였고 마침내 1900년부터 5년간 네덜란드의 수상으로 재직하면서 사회 전반에 칼빈주의적 세계관을 구현하기 위해 노력했다. 그 이후 그의 제자들에 의해 이러한 세계관은 계속해서 미국, 캐나다, 영국, 오스트레일리아, 한국, 남아공 등 전 세계적으로 적지 않은 영향을 미치고 있다.[2]

그 결과, 네덜란드는 한편으로 소량의 마약 소지 및 매춘이 허용되는 세계에서 가장 자유롭고 관용적인 나라로 알려져 있지만 동시에 정직하고, 양심적이며, 규정을 잘 지키고 절약하면서 검소하게 살아가는 칼빈주의적 특성을 가진 나라로 소개되고 있다. 얼마 전까지 네덜란드의 수상이었고 카이퍼를 이은 칼빈주의자로 자처하는 발컨엔데(Jan Peter Balkenende)도 네덜란드는 열심히 일하고, 검소하게 살며 자신의 입장을 견지하는 등 세계에서 가장 칼빈주의적인 나라라고 말하면서 칼빈의 도덕적인 교훈은 현대에 "더 적절하며, 욕심, 돈과 이기적인 행동에 의해 야기된 경제 위기는 다시금 도덕성의 회복이 필요함을 분명히 말해 주고, 칼빈은 사회가 이러한 도덕적 기본이 중요함을 잘 알고 있었기에 우리도 이러한 교훈을 배워야 함을 강조했다(www.expatica.com/nl/news/news_focus/ The-Netherlands_-The-_most-Calvinist-nation-in-the- world_14301.html).

1980년대 들어오면서 네덜란드 사회는 한동안 일요일에 쉬는 규정이 느슨해지는 등 칼빈주의가 상당히 약화되었다. 하지만 현대에 와서는 자유주의와 관용성의 시대가 지나고 다시 보수주의로 회귀하는 경향도 있는데 드로스(Lodewijk Dros)는 네덜란드의 칼빈주의에 관한 논문을 쓰면서 7만 명

---

2 대표적인 웹사이트로는 www.allofliferedeemed.co.uk이다.

세상을 변화시키는 학문

의 자원자들에게 4개월간 칼빈주의에 관한 설문조사를 실시하였는데, 네덜란드 사람들 중 56퍼센트가 칼빈주의자로 분류될 수 있음을 밝혔다(www.expatica.com/nl/news/news_focus/The-Netherlands_-The-_most-Calvinist-nation-in-the-world__14301.html).

2. 네덜란드의 황금시대[3]

17세기 네덜란드 경제 발전의 출발점은 우선 어업, 그중에도 청어잡이였다고 할 수 있다. 중세 당시 네덜란드 인구는 100만 명 정도였는데 그 중 약 20만 명이 청어잡이에 종사할 정도였으며 매년 여름 수많은 청어들이 네덜란드 북부 연안에 나타나는데 육류와 가금류의 공급이 많지 않던 중세부터 근대 초까지 매년 천만 킬로그램 이상 잡히는 청어는 매우 중요한 단백질 공급원이었다(blog.daum.net/ 01 099187669/8731902). 지금도 이 청어(네덜란드어로는 하링 Haring, 영어로는 헤링 Herring)는 네덜란드를 대표하는 생선으로 전국 어디서나 볼 수 있다. 그런데 문제는 이 생선이 상하기 쉽다는 점이었는데, 14세기 말 청어의 내장을 제거하고 소금으로 절이는 방식이 개발되면서 장기간 보관이 가능하게 되어 해상 운송을 통해 외국에까지 수출할 수 있었고 이러한 어업의 발전이 나중에 해상 무역으로 연결되면서 경제 발전으로 이어졌으며 이것은 다시 상공업의 발전을 가져와 선박 건조 및 항해술을 발전시키는 계기가 되었던 것이다(blog.daum.net/ 01099187669/8731902).[4]

17세기 네덜란드가 향유했던 황금시대(De Gouden Eeuw: The Golden Age)의 경제 상황을 좀 더 자세히 살펴보면 16세기 후반부터 17세기 전반

---

3 몇 년 전 네덜란드 TV에서는 이 황금시대에 관한 특별기획 다큐 시리즈가 방송되었다. goudeneeuw.ntr.nl 참조.

4 이에 관해서는 EBS특별기획 대국굴기 제2편 小國大業 작은 나라 네덜란드, 세계를 움직이다, www.youtube.com/watch?v=tH0RMME_U6o 참조.

까지 약 한 세기는 스페인에 대항하여 독립 전쟁을 치르는 시기였음에도 더욱 창조적이 되었고 효율성이 강화되어 경제적으로 최고의 번영을 누렸다는 점이 매우 특이하다. 당시 네덜란드 경제는 농업[5], 축산업, 제조업, 상업, 금융에 이르기까지 모든 면에서 다른 나라들보다 우위에 있었다. 그 이유로는 농업 및 무역의 증대와 더불어 앞서 언급한 숙련 노동자들이 다른 곳에서 네덜란드로 이주하게 된 사건 그리고 산이 없고 바람이 매우 강하게 부는 열악한 지형 조건을 역이용하여 개발한 풍차를 이용한 저렴한 에너지원 그리고 이를 뒷받침할 수 있었던 국부와 협동적인 재정 제도의 탄생을 지적할 수 있다(en.wikipedia.org/ wiki/Dutch_Golden_Age).

17세기 네덜란드가 누린 이 황금시대는 사실 암스테르담 이전에 지금의 벨기에인 브루헤(Brugge)와 안트베르펜(Antwerpen)으로 거슬러 올라간다.[6] 13세기에서 15세기까지는 브루헤가 직물업 및 항구도시로 국제 무역의 중심지로 황금시대를 누렸으며 15세기에는 북유럽에서 가장 부유한 도시였다. 그러나 그 후 무역의 중심이 안트베르펜으로 서서히 옮겨가게 되어 1550년경 이 도시는 유럽의 사탕 수도가 되었고 영국에 자본을 대출하는 비즈니스가 성업을 이루었으며 직물 산업의 부흥으로 세계 무역의 40%를 차지했다. 나아가 국제 경제의 중심지로서 당시 유럽에서 가장 부유한 도시인 동시에 두 번째로 큰 도시로 외국의 수많은 상인들이 영주하고 있었다. 많은 외국인들이 안트베르펜의 경제를 장악하면서 이 도시는 더 국제화되었고 다양한 사상에 대해 관용적이 되어 많은 유대인 공동체도 생겨났다

---

5   당시 농업의 발전에 대한 자세한 내용은, Michael North, *Das Goldene Zeitalter*(Böhlau: 2001) 22-27 참조.

6   이 세 도시의 상관관계에 대해서는 www.zum.de/whkmla/sp/1011/ignoramus/igno1.html#1 참조.

세상을 변화시키는 학문

(en.wikipedia.org/wiki/Antwerp# 16th_century).[7]

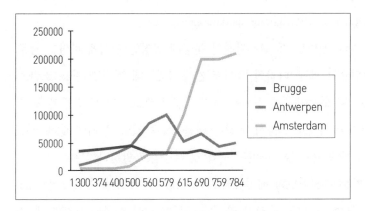

[도표 3] 브루헤, 안트베르펜, 암스테르담의 인구 성장 추이(가로축은 연도, 세로축은 인구)

그러나 그 후 안트베르펜의 경제가 급속도로 후퇴하면서 상대적으로 암스테르담이 융성하기 시작했다. 그 이유는 1572년에 스페인에 대항한 80년 독립전쟁이 시작되자, 양국 간의 무역이 중단되었고 1576년 11월 4일에 스페인 군인들이 안트베르펜 시를 약탈하여 7,000명의 시민들을 학살했으며 800여 채의 주택이 불타 소실되면서 수많은 재정적 손실을 입히게 되었다. 그럼에도 안트베르펜은 한동안 독립 전쟁의 중심지였으나 앞서 본 바와 같이 1585년 스페인의 공격에 의해 함락되자 전문 기술자들 및 기업가들이 대거 북쪽 암스테르담 지역으로 이주했다. 그 이후에도 프랑스의 개신교도들인 위그노들, 포르투갈의 유대인들, 영국의 청교도들이 자유롭고 관용적인 네덜란드로 이주하면서 17세기에 이 나라는 '경제 기적'이라고 불릴 만

---

7 이 당시 상황을 가장 잘 보여 주는 박물관은 안트베르펜에 있는 MAS(Museum aan de Stroom)이며 이 때 유명한 화가 루벤스(Peter Rubens: 1577-1640)가 활동했다. 또한 인쇄술이 발달하여 틴데일(William Tyndale: 1494-1536)이 번역한 영어 성경을 비롯한 유럽의 각종 출판물이 이곳에서 출판되었다.

한 놀라운 성장을 거듭한 것이다. 아래 도표 3에 나타난 브루헤, 안트베르펜 그리고 암스테르담의 인구 성장 추이는 위의 사실을 잘 보여 준다(www. zum.de/whkmla /sp/1011/ignoramus/demographic.gif).

나아가 당시 개발된 풍차는 완전한 무공해 공장인 동시에 값싸고 풍부한 에너지원으로 매우 다양한 용도로 사용되었는데 지금도 잔스 스칸스(Zaanse Schans)에 남아 있는 풍차를 보면 기름을 짜고, 가루를 만들며, 물을 퍼내고, 심지어 제재소 기능까지 하는 것을 볼 수 있다. 동시에 많은 호수들이 간척되어 농지가 늘어나면서 농업 및 낙농업도 발전하였는데 그 대표적인 간척지는 북홀란드의 베임스터(Beemster)지역으로 당시 레흐바터(Jan Leeghwater: 1575-1650)는 건축가 및 수력공학자로 이 지역을 간척할 때 풍차 기술을 개발하여 큰 공헌을 했다.

당시 조선업은 유럽의 최대 산업 분야였는데 여기에는 무엇보다 다량의 목재가 필요했다. 이를 위해 북동부 유럽 또는 러시아, 나아가 아메리카 대륙에서까지 목재를 들여왔고 수많은 숙련 및 비숙련 노동자들이 집중적으로 투입되었으며, 대자본가들이 이 전체를 관장했다. 그때 네덜란드의 조선산업은 작업이 표준화되고 기계화되었다는 점에서 다른 나라보다 앞서 있었다. 또한 제당업, 출판업, 요업 그리고 직물업에서도 네덜란드는 크게 앞서 있었는데 산업화 이전 시대에 농업 다음으로 노동력을 많이 필요로 하는 것이 직물업이었는데 네덜란드는 완전한 기계화를 이룬 정도는 아니지만 그 직전 단계에 이르렀으며 대표적인 직물업 도시는 레이덴(Leiden)이었다.

그러나 황금시대 네덜란드의 가장 중요한 산업은 역시 해외무역이었다. 네덜란드는 당시 세계의 물류 중심으로써 유럽 전역에 대해 수요 공급을 조정하는 역할을 하였다. 당시에는 철도와 고속도로가 없었으므로 대규모의 물품 운송은 주로 수로를 이용했는데 동유럽에서 생산된 곡물이나 목재를 지중해 지역으로 가져가든지, 반대로 이태리에서 생산한 직물을 러시아로

세상을 변화시키는 학문

가져갈 때 중계하는 지역이 바로 암스테르담이었던 것이다. 그리고 이 무역에 필요한 화폐와 아메리카 대륙에서 들어온 귀금속 역시 각 지역으로 운송되었는데 이런 국제 무역의 중심이 네덜란드였다. 이리하여 17세기 네덜란드의 경제는 모든 면에서 척박하기 이를 데 없는 여건 하에서도 당대 최고 수준에 이르러 전 세계 제품이 암스테르담에 들어와 거래되었고 이곳에서 결정된 가격이 곧 유럽 경제의 표준이 되었다는 점에서 암스테르담은 유럽 경제의 수도 역할을 하였다.

특히 네덜란드 무역의 팽창에서 분수령이 되는 시점은 1590년대였다. 이 때 네덜란드 선단이 본격적으로 지브롤터 해협을 넘어 지중해로 들어가 이태리 및 지중해 동부 지역과 직교역을 하게 되었는데 이는 유럽의 경제사에서 획기적 사건이었다. 당시 유럽에서 문화, 경제적 중심은 미켈란젤로나 다빈치 같은 거장들이 활동하던 이태리였다. 그런데 이제 네덜란드 선단이 이태리 본토에 직접 와서 무역을 하면서 지중해 동부 지역을 장악하게 되어 유럽의 중심은 이태리가 지배하던 지중해에서 대서양으로 이전하면서 마침내 대서양 시대가 열리게 되었다.

이와 동시에 16세기 말까지 스페인과 포르투갈이 아프리카, 아시아 및 아메리카로 나가 식민지를 건설하는 동안 네덜란드는 두 나라의 식민지 상품 배분 사업, 즉 도매업에 참여함으로써 큰 이윤을 얻었다. 이와 같은 대규모 거래가 이루어지고 세계 전체와 통하는 자본주의적 상업망이 만들어짐에 따라 경제 조직도 변화, 발전해 갔다. 네덜란드의 대도시에는 유럽 최고 수준의 부자들이 있었는데, 이들은 위험을 분산시키기 위해 자본을 여러 분야에 나누어 투자하였다. 그 결과 수익성과 위험 분산을 위해 모든 사업마다 많은 투자자들의 분할 투자가 이루어졌다. 배 한 척도 한 사람이 전부 소유하는 경우는 거의 없었고, 지분을 나누어 소유하고, 나아가 이 하나의 지분을 다시 여러 사람이 나누어 가지는 것이 예사여서, 심지어 가난한 과부

할머니가 어떤 선박의 지분 일부를 소유하는 일이 다반사였다고 한다. 그러자 자연히 보험업이나 은행업 등 금융업 분야들이 생겨났다.

그러면서 네덜란드는 1602년에 세계 최초의 주식회사인 동시에 다국적 기업인 연합 동인도 회사(VOC: Vereenigde Oost-Indische Compagnie, United East India Company)를 암스테르담에 설립하여 세계 제일의 무역국으로 발전하였다. 이 회사는 거의 2세기 동안 아시아 무역을 독점하여 세계 최대의 무역회사가 되었다. 나아가 최초의 증권 거래소(stock exchange)도 1609년에 암스테르담에 설립되었는데 이는 런던 증시보다 100년이나 앞선 것이다. 또한 당시에 설립된 암스테르담 은행은 유럽의 재정 센터가 되었다. 특히 이 동인도 회사는 동방무역 회사들의 상업 자본을 하나로 모아 거대 자본을 형성하였으며 나아가 안정적이고 효율적인 시스템을 구축하고 무역투자의 장기화를 실현하여 대규모의 근대 주식회사로 변모시켰다. 당시 이 회사는 국가가 부여하는 각종 특권에 대한 조건으로 정부에 상당한 금액을 지불했는데 정부는 이 돈을 동인도회사에 재투자하면서 동인도회사의 대주주가 되었다. 당시 네덜란드 의회는 동인도회사에 특허장을 발급한 후 10년마다 한 번씩 자산평가를 하여 투자 기간을 연장했다고 한다. 이때 사전에 자금을 회수하기 원하는 주주들은 암스테르담 증권거래소에서 쉽게 주식을 매도할 수 있었다. 이러한 방식으로 주식 수는 그대로 유지되면서 주주만 바뀌는 현대적 주식 시장과 같은 형태를 갖춘 것이다. 이런 방식으로 동인도회사는 자원이 조달되어 막대한 부가 모이면서 독보적인 투자환경이 조성되었고 각종 위험 요소가 있는 대규모 해외무역을 무리 없이 행할 수 있었다.

나아가 1621년에는 서인도 회사(GWC(Geoctroyeerde Westindische Compagnie): Dutch West India Company)도 설립되어 아프리카에서는 노예들을, 카리브 해에서는 금과 은을 싣고 와서 무역을 하면서 북미 지역과 카리브 지역에 많은 식민지들을 건설했다. 이 시기에 네덜란드인들은 남아프리카와 인도네시아 등지에 식민지를, 북미 대륙에도 뉴암스테르담(지금의 뉴욕)을 건설하였다. 오세아니아에 간 상인들은 뉴질랜드를 발견하였고 일본에도 진출하여 나가사키에 무역공간을 마련하여 일본은 '난학(蘭學 또는 蘭學)'[8]이라고 불리는 네덜란드의 학문과 문화를 거의 300년간 배워 동양에서 가장 먼저 근대화를 이룰 수 있었는데 이는 당시 네덜란드 상인들은 일본이 금지한 기독교 선교를 하지 않고 무역에만 관심을 가졌기 때문이다.[9]

이러한 네덜란드의 황금시대는 다른 나라에도 영향을 미쳤는데 그 대표적 예가 러시아의 상트 페테르부르그(Sankt Peterburg)이다. 이 도시를 최초로 건립한 왕은 표트르 대제인데 그가 왕위에 오른 후 1695년경 투르크와의 전쟁에서 승리하지만, 그는 흑해를 지배할 여력이 없음을 알고, 해군 증강에 몰두하면서 18개월에 걸친 유럽 순방을 통해 유럽의 선진문명을 배우고자 했는데 그중에서 표트르 대제가 가장 큰 관심을 가진 분야는 바로 당시 최대의 전성기를 누리며 전 세계를 주름잡던 네덜란드의 조선술과 항해술이었다. 그 대표적인 것이 바로 네덜란드에서 건조된 플라위트 범선(네덜란드어로 Fluytschip)이다(ko.wikipedia.org/ wiki/플류트). 이 범선은 대양횡단 운송을 위해 선원 효율성이 최대로 발휘되면서도 배의 용적이 최대치가 되도록 제작되었으며 건조비는 비싸지 않아 당시 네덜란드 해상 제국의 성장에 매우 중요한 요소였다. 기타 바지선, 가로등 시설, 새로운 수문들, 선박 건조술, 제재용 풍차 및 다른 풍차들, 직조기 등의 기술력에서도 첨단을 달

---

8 보다 자세한 내용은 en.wikipedia.org/wiki/Rangaku 참조. 여기에는 의학, 물리학, 전자공학, 화학, 광학, 기계공학, 지리학, 생물학, 천문학 등 매우 다양한 분야가 있으며 이것이 일본의 개화에 결정적 영향을 미쳤다.

9 이런 과정에서 조선에 최초로 상륙한 서양인 또한 네덜란드인이었다. 먼저 박 연(네덜란드명 얀 벨트브레[Jan Weltevree])가 귀화했고 다음에 하멜(Hendrik Hamel) 일행이 있었다.

려 당시 네덜란드는 저지대에 운하를 이용한 도시를 계획하여 건설하게 되는데, 이곳이 바로 세계 최고의 계획도시 암스테르담이다. 상트 페테르부르그는 네덜란드를 다녀온 표트르 대제가 이 암스테르담을 모델로 하여 건설되기 시작한 것이다.

17세기 네덜란드가 이렇게 세계 역사 속에서 황금기를 구가할 수 있었던 것은 해양 강국으로서의 경쟁력이 밑바탕이 되었기 때문이다. 일찌감치 세계 해양시장에 진출했던 선박 확장 정책에 힘입어 1634년에는 네덜란드 상선의 숫자가 2만 4천여 대로 이는 당시 유럽 전체 상선의 3/4에 해당하는 숫자이다. 1670년에 네덜란드 선박의 총 톤 수는 영국의 세 배로, 영국·프랑스·포르투갈·스페인·독일 연방의 선박 총 톤 수를 합한 것보다 더 많았다(blog.daum.net/ sumbolon/4984197). 이러한 역사적 배경으로 네덜란드는 지금도 유럽 최대의 관문인 로테르담 무역항을 바탕으로 세계 무역의 중심에 서있다.

3. 네덜란드의 황금시대에 있어 칼빈주의의 역할

지금까지 살펴본 네덜란드 황금시대의 영적, 정신적 동인(driving force)으로 칼빈주의는 적지 않은 영향을 미쳤다. 먼저 16세기에 네덜란드가 가톨릭을 앞세운 스페인 필립 2세의 전제정치에 맞서 침묵의 윌리암(William the Silent: 1533-1584)공의 리더십 하에 80년간 독립 전쟁(1568-1648)을 치렀는데 객관적 전력으로는 절대 열세였지만 게릴라 전술로 승리하여 마침내 1648년 네덜란드는 베스트팔렌(Westfalen)조약과 함께 독립을 맞게 되었으며, 독립한 네덜란드 연방 공화국의 정체성은 바로 칼빈주의적 개신교였다. 여기서 특이한 점은 당시 주변의 모든 나라들이 여전히 왕정을 유지하고 있었으나 네덜란드는 독립 후 공화정을 채택했다는 점이다(Israel, 1995). 칼빈주의는 이러한 독립전쟁 중에 매우 중요한 역할을 했는데 이는 전술한 바와

세상을 변화시키는 학문

같이 정치적으로 매우 민주적이고 공화적인 체제를 주장했기 때문이다.

네덜란드 북부는 거의 칼빈주의자들이었으며 교회는 네더다웃츠(네덜란드와 독일을 합친 말) 개혁 교회(Nederduits Gereformeerde Kerk)라고 불렀다. 칼빈주의는 네덜란드인들의 신념과 조직에 부합하는 사상이었는데 왜냐하면 칼빈의 교리는 당시 부르주아의 대담한 사상과 일치했으며 교회 조직도 매우 민주적인 동시에 공화정이었기 때문이다. 따라서 군주와 주교, 영주들에게 복종할 수 없음을 분명히 했고 그 결과 독일의 루터 사상이 군주와 타협한 반면, 칼빈주의는 네덜란드에 공화국을 수립하게 된 힘이 되었던 것이다. 이러한 연방 공화정으로 인해 지역 경제는 독립적으로 발전할 수 있었고 노동 시장 역시 매우 자유롭고 융통성이 있어 경제 발전에 공헌할 수 있었으며 그 결과 네덜란드는 17세기에 황금시대를 구가할 수 있었던 것이다.[10] 이런 점에서 바인스(Ernst Beins)는 칼빈주의와 네덜란드는 네덜란드 공화국이 최초로 근대적 자본주의를 발전시킨 국가라는 점에서 상호 밀접한 관련이 있다고 지적했는데(Beins, 1931: 81-156) 나중에 하이마(Albert Hyma)도 동일한 주장을 했다(Hyma, 1938: 325).

네덜란드 공화국의 정치적 중심은 북홀란드주의 개신교 지역이었고 남부는 북부의 리더십을 따르고 있었으며 벨기에도 분리되지 않았지만 이 지역은 여전히 가톨릭이 강했다. 당시 부르조아 시민사회에서 시청과 교회는 근세 도시의 두 축이었는데 존경받으며 출중한 인물이 시장과 시의원으로 재직했다. 시의회 위원들은 가장 좋은 가문의 훌륭한 교육을 받은 이들 출신으로 뛰어난 정치철학으로 모든 것을 적재적소에 배치해 제대로 기획할

---

10 이 시대의 문화에 대한 보다 자세한 연구는 Simon Schama, *The Embarrassment of Riches: An Interpretation of Dutch Culture in the Golden Age*(New York: Alfred Knopf, 1987) 및 *Nelleke Noordervliet, Nederland In De Gouden Eeuw*, Amsterdam: Rijksmuseum, 2003 참조.

능력이 있었으며, 시의회는 민주적으로 운용되었고 매우 중요한 역할을 했다. 따라서 17세기의 네덜란드는 오늘날까지 이어지는 근대 국가와 정치제도의 기반을 잡은 시기로 생각할 수 있으며 가장 건전하고 바람직한 시민문화가 꽃을 피웠다(Israel, 1995). 따라서 하이마는 17세기의 네덜란드와 독일의 경제 상황을 비교하면서 당시 네덜란드인들은 어마어마한 부를 축적한 반면 독일은 매우 가난했다고 지적한다(Hyma, 1938: 338). 샤마는 당시 네덜란드의 루이 드 기어(Lous de Geer)라는 한 칼빈주의 기업가를 아래와 같이 소개하고 있다.

> 그는 열성적인 칼빈주의자인 동시에 기업가로서 경건한 삶과 위엄 있는 라이프 스타일을 겸비한 인물이었다. 그는 왕의 운하(Keizergracht)에 있는 소이히어 가로부터 주택을 구입하여 프랑스와 이태리에서 수입한 값비싼 가구로 장식했다. 그러나 그 대신, 십일조를 가난한 자의 구제를 위해 사용하였고, 그의 자선 사업은 널리 알려졌으며 30년 전쟁으로 중부 유럽에서 온 칼빈주의자 피난민들을 많이 도왔다. 1646년에 그는 자녀들에게 유언을 남기면서 "하나님을 경외하고 그의 계명을 지키며 가난하고 억압받는 사람들을 기억하면 하나님의 복을 받을 것"이라고 말했다(Schama, 1987: 334-35).

이러한 상황에서 칼빈주의는 검소, 질서의식, 성실성 및 절제를 강조하여 근대 자본주의 정신을 불어넣는 중요한 수단이 되었다고 하이마는 잘 지적하고 있다(Hyma, 1938: 81-156). 이처럼 공화국이 성립되자 정치적 안정을 되찾은 네덜란드는 활발한 무역을 발판으로 해상 파워를 가진 유럽 금융의 중심지로서 명성을 떨치며 해외 진출의 황금시대를 열었던 것이다.

한편, 이 시대에는 문화적으로도 황금기를 맞이하여, 렘브란트(Rembrandt van Rijn: 1606-1669), 페르미어(Johannes Vermeer: 1632-1675) 그리

세상을 변화시키는 학문

고 할스(Frans Hals: 1582-1666) 등의 화가와 에라스무스(Desiderius Erasmus: 1466 - 1536), 스피노자(Baruch Spinoza: 1632-1677), 데카르트(René Descartes: 1596 - 1650)와 같은 철학자도 배출하였다. 당시 네덜란드는 칼빈주의가 지배적이었음에도 다른 종교나 사상에 대해 매우 관용적인 나라였으며 지금도 이러한 관용성(네덜란드어로 Verdraagzaamheid 영어로 tolerance) 또한 네덜란드의 중요한 국민성 중의 하나이다. 이렇게 네덜란드 공화국은 경제적 문화적 번성을 누렸지만 귀족들이 사치스러운 삶을 누리던 다른 나라들에 비해 칼빈주의적 세계관은 계속해서 근면, 성실한 노동을 강조하였다. 따라서 일상적이고 평범한 가사일도 경시되지 않았으며 모든 직업이 신성하다는 성경적인 노동 및 직업윤리가 계속해서 강조되었다. 당시 화가들이 그린 그림들을 보면 귀족의 화려한 삶보다는 평민의 일상적인 삶의 모습들이 다수임을 볼 수 있다.

그러나 네덜란드의 경제사학자인 하웃즈바르트(B. Goudzwaard)는 이렇게 칼빈주의와 자본주의를 쉽게 연결시키는 단순한 관점에 대해 좀 더 신중해야 한다고 주장한다(www.allofliferedeemed.co.uk/Goudzwaard/BG13.pdf). 왜냐하면 우리가 진정으로 칼빈이 말하는 것을 정직하게 이해한다면 양자 간에 영적인 관계는 없기 때문이라는 것이다. 하웃즈바르트는 프랑스 출신의 개혁주의 신학자 두메르그(Emile Doumergue: 1844-1937)를 인용하면서 원래적 칼빈주의와 자본주의를 연결시키는 것은 마치 기계에서 모든 밸브와 브레이크를 제거하고 작동시키는 것과 같다고 주장한다. 칼빈이 이자와 연결시켜 말하고, 가난한 자든, 부유한 자든 모든 인류를 위한 지구의 자원들을 활용하는 목적을 말하며, 새로운 질서를 말할 때, 사랑의 계명을 배제한다면 그것은 모든 밸브와 브레이크를 제거한 것과 같다는 것이다. 이러한 밸브와 브레이크를 제거하지 않는 한에서만 우리는 경제적인 삶의 추진 동력으로서 "칼빈주의"와 그 결과 경제 제도의 자본주의적인 방향 간의 관계를 설정할 수 있다고 그는 본다. 따라서 하웃즈바르트는 이 문제를 적절히 다루기 위해서는 칼빈 자신의 생각과 이후 추종자들의 사상을 분리해야 할 필요가 있다고 지적한다. 왜냐하면 칼빈은 결코 자본주의가 추구하는 무한한 경제 성장을 결코 허용한 적이 없기 때문이다. 이런 점은 필자도 하웃즈바르트의 입장에 동의한다. 그럼에도 칼빈주의적 세계관이 네덜란드 공화국의 형성 및 그 이후 황금시대의 형성에 어느 정도는 상당한 역할을 했다는 것을 부인하기는 어려울 것으로 본다.

사실 드 프리스(Jan de Vries)와 반 데어 바우드(Ad van der Woude) 또한 네덜란드 공화국 당시의 상황이 막스 베버가 밝히려 했던 특징을 분명히 보이지 않았고 독특한 개혁주의 신학의 형태를 따르지도 않았기 때문에 정확히 "칼빈주의적 경제"였는지에 대해서는 의심을 제기했다. 그럼에도 둘 다 칼빈주의가 네덜란드 국가의 정치 구조, 문화적 공헌, 부동산의 생산적인 사용 및 교육에 대한 헌신 등으로 어느 정도 중요한 영향을 미친 것은 인정한다(De Vries & Van der Woude, 1997: 172). 나중에는 적지 않은 네덜란드의 칼빈주의적 개신교 피난민들이 상인 및 기업가들로 독일의 북서부인 라인란드 지방으로 이주해 독일의 다른 지역에 비해 이 지역을 전통적인 도시 시민 사회에서 근대적인 부르조아 사회로 먼저 탈바꿈시켰음을 쉴링(H. Schilling)은 지적하고 있다(Schilling, 1994: 321-33). 이와 같이 칼빈주의는 신앙의 영역뿐 아니라 네덜란드 황금시대의 다양한 영역에 직접 또는 간접적으로 영향을 주었음을 알 수 있다.

4. 칼빈주의와 유럽에서 네덜란드의 기업가 정신

현대적 상황에서도 기업가 정신은 네덜란드의 경제 성장 및 고용의 발전에 매우 중요한 역할을 한다. 더치 데일리 뉴스(Dutch daily news)에 의하면 네덜란드는 유럽에서 기업가 정신이 가장 강한 나라로 알려져 있는

세상을 변화시키는 학문

데 18-64세의 네덜란드인들 중 7.2%가 창업을 준비하고 있으며 이 숫자
는 유럽에서 1위이다(www. internationalentrepreneurship.com/europe/neth-
erlands). 나아가 1972년에서 2006년까지 유럽의 주요 4개국 기업가들 숫
자의 증가를 비교해 보면 아래 도표 4와 같이 네덜란드가 가장 높은 것을
알 수 있다(www.cbs.nl/en-GB/menu/themas/bedrijven/publicaties/artikelen/
archief/2008/2008-2483-wm.htm)

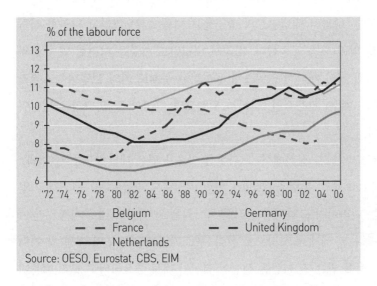

[도표 4] 유럽 주요국의 기업가 정신 통계(가로축은 연도, 세로축은 노동력 중의 기업가 비율)

이렇게 네덜란드의 기업가 정신이 높은 이유는 네덜란드인들이 비교적
주변의 다른 나라 사람들보다 위험 부담을 그리 두려워하지 않고 새로운 도
전들을 오히려 잘 받아들이는 편이기 때문이다. 이것은 지난 황금시대부
터 국제 무역을 통해 체질화된 하나의 국민성이라고 말할 수 있다. 하지만
다른 유럽의 국가들은 새로운 아이디어가 떠올라도 바로 거기에 뛰어드는
데에는 시간이 조금 걸린다고 슈링스(Ute Schurings)는 지적한다(Schurings,

2003). 이러한 점이 네덜란드가 다른 유럽 국가들과 차별되는 부분이라고 할 수 있다.

나아가 네덜란드의 혁신 및 도전 정신이 발달한 것에는 여러 가지 이유가 있는데 그중의 하나는 네덜란드가 작으면서도 주변의 강대국들에 둘러싸였다는 점이다. 따라서 네덜란드는 라인강을 따라 전 세계에서 유럽으로 오는 모든 물품의 관문 역할을 했다. 이러한 무역 활동을 통해 수백 년간 네덜란드는 유럽의 다른 어떤 나라보다 많은 외국인을 만나 사업을 할 수 있었던 것이다. 따라서 네덜란드의 항구들은 제품, 자본 그리고 다양한 사람들과 문화 및 역사가 공존했다. 따라서 네덜란드 사람은 이러한 민족 간의 차이에 대해 거의 개의치 않았으며 윤리적인 문제도 거의 없었다. 그 결과 네덜란드는 매우 '관용적인' 나라가 되었으며 그것이 또 하나의 국민성이 된 것이다.

네덜란드 기업가 정신에서 또 다른 흥미로운 면은 네덜란드는 쉘(Shell), 유니레버(Unilever), 필립스(Philips), 왕립 네덜란드 항공(KLM) 등 거대 기업들이 있는 나라이기도 하지만 이러한 회사들은 자기 나라 내수 시장뿐만 아니라 언제나 전 세계를 시장으로 본다. 중소기업들도 정부의 지원 및 여러 기구의 도움을 받는다. 이들은 생산의 혁신이 너무 중요하다고 보기 때문에 종종 현대적인 분야와 전통적인 분야들을 연결시키기도 한다. 엔지니어와 경제 또는 현대 예술과 심리학 등을 연결시킨다.[11] 또한 필자가 조사한 바에 의하면 네덜란드의 남부 도시 헬렌(Heerlen) 주변에는 과거 필립스가 텔레비전 브라운관을 생산하던 공장 지역이 있는데 한 부동산 업자가 그 전체를 구입한 후 현대식으로 리모델링하여 비즈니스 파크를 조성한 후 분양하

---

11   네덜란드 기업가 정신에 관한 대표적인 웹사이트로는 www.ondernemerschap.nl(네덜란드어) 및 www.entrepreneurship-sme.eu(영어) 참조.

세상을 변화시키는 학문

여 정부로부터 혁신적인 비즈니스 대상을 수상한 바 있다(최용준, 2013:14).

　동시에 주목할 사실은 영국의 BBC 방송이 칼빈주의가 현대 네덜란드에 어떤 영향을 주는지에 관해 리포트를 했는데 이에 의하면 최근의 경제 위기는 오히려 가치와 노등 그리고 검소한 삶을 강조하는 네덜란드의 칼빈주의를 더욱 부흥시키고 있다는 것이다. 25세인 루벤 반 즈비턴(Ruben van Zwieten)은 암스테르담 남부 재정 중심지역에 있는 토마스 교회에서 사역하고 있는 젊은 목사이면서 취업 회사도 함께 운영하고 있다. 그래서 그는 비즈니스맨들에게 그들의 짐을 덜어 주는 기회를 줄 수 있는 유일한 위치에 있다고 생각하면서 은행원들과 지역의 모슬렘 젊은이들 간의 축구 시합을 통해 칼빈주의를 좀 더 활성화하려고 노력한다. 밸런타인데이에는 200여 명의 젊은 전문 직장인들이 자기 구역의 노인들과 "데이트"를 하도록 주선했는데 가령, ABN-AMRO 은행에서 근무하는 35세의 직원이 88세 할머니와 함께 공원에 갔다 왔는데 이 은행원은 나중에 루벤에게 "오늘부터 나는 좀 더 인간임을 느낀다"고 고백했다고 한다. 기타 맑은 정신, 매우 현실적인 태도 등도 칼빈주의에 포함된다고 말한다(news.bbc.co.uk/2/hi/8140821.stm).

　앞서 언급한 발컨엔데는 현대 경제에도 좀 더 도덕성이 필요하다고 강조하면서 "경제 위기는 또한 욕심, 돈에 대한 집착 및 이기적 행동으로 인해 야기된 도덕적 위기이다. … 칼빈은 사회가 강력한 도덕적 닻을 필요로 하며 이것이야말로 우리가 마음에 새겨야 할 교훈이다."라고 주장하며 기독교 연합당의 리더인 포르드빈트(Joel Voordewind)도 "매우 폭넓은 기독교적 도덕관이 다시 네덜란드에서 부활하고 있다. … 나는 이것을 매우 자랑스럽게 생각하는데 왜냐하면 지난 20년간 이것이 매우 부족했다고 보기 때문이다. 따라서 이번 경제 위기를 통해 실직하는 사람들에게는 매우 어려운 시기일지라도 정부는 우리 경제를 좀 더 공정하고 도덕적으로 만들 것으로 희망한다."고 말했다(news.bbc.co.uk/2/hi /8140821.stm). 그러므로 칼빈주의는 현대의 많은 네덜란드 사람들과 기업가들에게 적지 않은 영향을 미치고 있다고 말할 수 있다.

5. 칼빈주의와 미국에서 네덜란드 이민자들의 기업가 정신

미국에서도 특히 미시간 서부 지역에는 암웨이(Amway Corporation), 메이어 수퍼스토어(Meijer Superstore), 프린스 제조(Prince Manufacturing) 및 헤르만 밀러(Herman Miller) 가구회사 등 네덜란드계 미국인들이 세운 기업들이 많이 있다(Ester, 2011. Cf. Pegels, 2011). 이들은 모두 올바른 기술과 경쟁력을 갖추어 비즈니스에서 성공하고 있는데 주목할 만한 것은 이 기업가들 대부분이 헌신적인 개신교도들이며 특히 직업윤리(소명의식), 청지기 직분, 검소, 절약하는 라이프 스타일, 가진 것을 이웃과 나눌 줄 아는 책임감 그리고 가정 및 지역 공동체와 가치 있는 일에 헌신하는 것 등을 강조하는 칼빈주의를 신봉하고 있다는 것이다(Ester, 2011: 2).

나아가 미국에 있는 네덜란드계 이민자들은 칼빈주의적 그리스도인으로서 명성을 쌓았으며 공장일, 높은 신용도 및 책임감으로 계급 간의 갈등이 없는 것으로 유명하다(Van Hinte, 1928: 775). 암웨이 그룹의 공동 창업자였던 반 안델(Jay Van Andel)은 그의 자서전에서 이와 같이 회고하고 있다.

> 나의 칼빈주의적 유산으로 인해 나는 우리의 일이 소명이라는 컨텍스트에서 이루어지고 있으며 우리의 수입 수준이나 교육, 가정 배경이 어떠하든지 간에 우리는 우리의 일을 통해 하나님께 영광 돌리는 능력을 가지고 있다는 점에서 평등하다(Van Andel, 1998: 20).

네덜란드 로테르담 에라스무스 대학의 교수이면서 국회 상원 의원인 피터 에스더는 미국 미시간 서부 지역의 칼빈주의적 정신을 가지고 기업가들

세상을 변화시키는 학문

이 된 사람들을 깊이 연구하였는데 그에 의하면 네덜란드계 미국인 기업가들은 그들의 성공을 책임의식, 훈련, 열심히 일하는 정신, 신용, 정직 및 공평이라는 개혁주의적 가치와 원리들과 밀접히 연결시키고 있다는 것이다 (Ester, 2011, 58). 그는 이 지역의 대표적인 기업가 20명을 선발하여 개별적인 인터뷰와 설문조사를 실시한 결과 개혁주의적 교육의 기초가 되는 칼빈주의적 세계관 및 생활양식이 그들의 커리어에 큰 영향을 주었다고 분석하면서 다음과 같이 결론짓고 있다.

> 칼빈주의와 자본주의는 … 네덜란드계 미국 기업가들에게는 서로 매우 가까운 친구 사이다. 교리, 세계관 등의 측면에서 기본 전제는 양자가 함께 잘 조화된다. … 네덜란드계 미국인 기업가 정신의 탁월성은 칼빈주의 정신과 네덜란드계 미국인의 유산이 지지하는 자본주의 정신의 독특한 문화적 결합에 의해 형성되었다(Ester, 2011: 37).

여기서 우리는 다시금 칼빈주의와 네덜란드의 기업가 정신이 미국에서도 상호 밀접한 관련이 있음을 알 수 있다.

6. 칼빈주의, 자본주의 그리고 기업가 정신

막스 베버는 독일의 사회학자로서 『개신교 윤리와 자본주의 정신(*Die protestantische Ethik und der Geist des Kapitalismus*)』을 출판하였다. 이 책은 원래 그가 1904년에서 1905년에 걸쳐 *Archiv für Sozialwissenschaft und Sozialpolitik*에 실었는데 그 후 1920년에 책으로 출판된 것이다. 이 책에서 그는 서구에서 근대 자본주의가 발생하게 된 근본정신은 개신교에 있다고 주장했다. 즉 개신교 윤리, 그중에서도 직업 소명설을 주장한 칼빈주의가 당시 개신교도들에게 영향을 미쳐 검소, 절약하면서 부지런히 그리고 열심히 일하여 그들의 기업을 발달시킴과 동시에, 재투자를 위한 부를 축적하여 결국 자본주의가 발전하게 되었다는 것이다.

베버는 자본주의란 소유 지향적이 아니라 매우 합리적이고, 질서정연하며 세상에서 진보를 추구하는 정신으로 칼빈주의자들은 이에 덧붙여 신뢰, 근면, 정직, 질서, 노동, 절약, 시간 엄수, 훈련, 절제, 검소, 저축, 세심한 계산, 신중한 재정 관리 및 올바른 사용 그리고 권위에 대한 복종과 같은 성품을 강조했다는 것이다. 이러한 성품들 때문에 칼빈주의자들은 신뢰할 수 있는 비즈니스 파트너로 인정되었고 그 결과 더욱 성공할 수 있었다고 그는 분석한다(nl.wikipedia.org/wiki/Calvinisme#Calvinisme_en_kapitalisme). 이러한 관점에서 칼빈주의는 중세시대 이윤 추구를 정죄하던 가르침에 정식으로 반기를 들면서 돈 자체를 정죄해서는 안 되며 5% 정도의 정당한 이윤을 받는 것은 성경적이라고 가르쳤다. 하지만 가난한 사람들에게는 이자 없이 빌려 줄 수 있어야 한다고 말했다(en.wikipedia.org/ wiki/Calvinism#Social_and_economic_influences). 칼빈주의는 또한 "이 세상에서의 금욕주의(inner-weltliche Askese)"를 강조했는데 이는 매우 검소하고 절약하는 생활양식이다. 근로는 하나님이 부르신 거룩한 의무이며 따라서 경제적인 성공은 그러한 소명의 구체적인 표현이라는 것이다. 이러한 점에서 부의 축적은 죄나 저주의 대상이 아니라 오히려 축복으로 정당화되었다. 따라서 베버는 이러한 금욕적이면서 열심히 일하여 이윤을 추구하는 기업가 정신적 가치를 조합한 칼빈주의적 세계관이 서양 자본주의 발전에 결정인 요인이었다고 분석한 것이다.

나아가 베버는 이 책에서 종교개혁 이후 유럽의 경제 중심이 프랑스, 스페인 그리고 이태리 같은 가톨릭 국가로부터 네덜란드, 영국, 스코틀랜드 그리고 독일 같은 개신교 국가로 이전했음을 주목한다. 개신교도가 많은 사회일수록 자본주의 경제가 더 발전했다는 것이다. 사실 이것은 지금도 그렇

세상을 변화시키는 학문

다. 또한 다양한 종교들이 있는 사회에서도 비즈니스를 가장 성공적으로 수행하는 리더들은 개신교도라고 그는 지적했다. 따라서 베버는 로마 가톨릭주의가 서구의 자본주의 경제 발전을 저해하는 것은 마치 동양에서 유교와 불교가 그런 것과 같다고 본다.

또한 소명이라는 개념이 발전하면서 현대적 기업가들과 노동자들에게 매우 분명한 양심을 심어 주었다고 그는 보았다. 기업가들은 노동자들이 금욕적으로 자신의 소명에 헌신하여 열심히 일하는 것에 대해 임금을 지급하면서 자본을 축적하여 재투자할 수 있었다는 것이다. 베버는 특히 칼빈주의가 합리적으로 경제적 이윤을 추구하는 것을 지지했으며 이를 위한 세속적 활동도 도덕적이며 영적인 것으로 정당화했다고 강조한다. 소명은 각 개인이 구원의 증거로 행동하는 것인데 단지 교회의 회원이라는 것만으로는 부족하다고 생각했다. 예정은 경제적 불평등을 포함하며 물질적 부를 사후 구원의 증거로 간주했다. 따라서 탐욕이나 야망이 아닌 적정 이윤의 추구를 정당화했으며 그 동기 또한 도덕적인 것으로 인정했는데 베버는 바로 이것을 "자본주의 정신"이라고 불렀다. 이것이 자본주의 경제제도를 낳은 개신교의 종교적 이데올로기였다는 것이다. 이것은 사실상 마르크스(K. Marx: 1818-1883)의 이론, 즉 사회의 경제적 기초가 다른 모든 양상을 결정한다는 논리를 완전히 뒤집은 것이다. 또한 "노동 윤리"라는 현대적 표현도 사실 베버의 "개신교 윤리"라는 말에서 기원하는데 일본인, 유대인 그리고 다른 비기독교인들에게 적용되면서 사용되기 시작했다(en.wikipedia.org/wiki/Max_Weber#The_Protestant_Ethic_and_the_Spirit_of_Capitalism).

하지만 베버의 이 명제가 현재 네덜란드의 기업가 정신에 어느 정도 영향을 미치고 있는지 정확하게 말하기는 어렵다. 나아가 네덜란드를 철저히 배운 일본이 기독교를 받아들이지 않고도 개화하여 일찍이 근대국가를 이룬 점도 고려해야 할 것이다. 몇 년 전 일본은 나가사키에 네덜란드 전체를 축소하여 만든 테마 파크인 하우스 텐 보쉬(Huis ten Bosch)를 개장할 정도로 개신교를 제외한 네덜란드의 모든 문물을 본받아 명치유신 이후 근대사에 큰 영향력을 미치는 나라로 변모했기 때문이다. 이런 의미에서 동아시아 5개국(한국, 일본, 대만, 홍콩 및 싱가포르)이 지난 20세기 말 새롭게 발전시킨 자본주의의 형태는 베버가 말하는 '개신교 윤리'가 아니라 '신유교 윤리'(the New Confucian Ethic)라고 하버드대학의 투 웨이밍(Tu, Weiming)은 주장한다 (Tu, 1989: 81-97).

따라서 보다 자세히 살펴보면 모든 사람이 베버의 의견에 동의하는 것은 아니다. 앞에서 하웃즈바르트의 보다 신중한 입장도 살펴보았지만 역사적으로 볼 때 샤마(Schama)같은 경우에도 네덜란드의 황금시대를 분석하면서 레이든의 직물 기업가들은 노동집약적인 산업으로 부를 축적하여 비교적 베버의 이상형에 가깝다고 말할 수 있으나 그렇지 않은 경우도 많이 있음을 지적하고 있다(Schama, 1987: 340-41). 라이드(W.S. Reid)도 칼빈과 자본주의의 관계를 깊이 연구한 후 칼빈은 자본주의가 유럽의 일반적인 확장으로 당시에 발전하고 있음은 긍정적으로 보았으나 그것을 "사랑, 정의 그리고 평등이라는 신적인 조건 범위 이내로 제한하기를 원했다고 말한다. 즉 칼빈도 검소, 근면 그리고 분별력을 강조했으나 동시에 그는 그 부를 어떻게 사용해야 하는 가에 대한 제한을 언급했다는 것이다. 따라서 라이드는 칼빈이 자본주의를 제한하기보다는 모든 것이 하나님의 영광을 위해 이루어져야 한다."고 결론짓고 있다(Reid, 1992: 170). 홀(Karl Holl)도 이런 의미에서 베버의 명제를 다음과 같이 수정하여 제시한다. 즉 "순수한 칼빈주의가 아니라 청교도주의가 '자본주의적 노력'의 방향으로 이끌었고 그것도 미국 식민지 토양에서만 제대로 꽃피울 수 있었다."는 것이다(Holl, 1959: 89).

나아가 좀바르트(Werner Sombart: 1863-1941)는 스페인, 아일랜드를 제외한 거의 모든 가톨릭 국가들도 자본주의를 조장하고 촉진하였다고 주장했

세상을 변화시키는 학문

다(Sombart, 1913). 스콜라 철학도 검약을 강조하고 나태를 금지하면서 상업에 있어 정직을 중요시하여 자본주의 발전에 밑거름이 되었으며 고리 대금업을 금지하여 근대 부르주아적 자본 개념을 지지하고 화폐가 자본으로 전화하는 것을 가능케 하였다고 그는 본다. 후기 스콜라 학자들도 자본의 투자와 단순한 금전의 대부를 구별하여, 후자의 경우에 대가를 받는 것은 합법적이라고 말하고 있다는 것이다. 나아가 그는 오히려 개신교야말로 자본주의 경제 활동에 적대적이었다고 주장하면서 따라서 프로테스탄트 윤리가 자본주의 발달에 끼친 영향은 결코 대단한 것이 될 수 없다고 강조한다. 반면에 토니(Richard H. Tawney: 1880-1962)는 프로테스탄트의 종교개혁과 자본주의의 발흥 사이에 인과 관계가 존재하기는 하지만, 칼빈주의의 역할을 유일한 것으로서 강조한 것은 적절하지 못하다고 주장한다(Tawney, 1926). 왜냐하면 칼빈이 죽은 후 한 세기 동안 칼빈주의가 겪은 심원한 변화를 베버가 충분히 고려하지 않기 때문이라는 것이다. 나아가 로버트슨(H. M. Robertson)도 베버를 비판하면서 자본주의는 실제로 14세기 이태리에서 먼저 발흥하였고 따라서 개신교보다 훨씬 이전에 시작되었다고 주장한다(Robertson, 1933).

그 외에도 여러 학자들의 비판이 있지만 이것들을 종합해 보면 다음과 같이 요약할 수 있다. 즉 베버는 개신교 및 가톨릭의 교리를 잘못 해석했으며 프로테스탄티즘과 근대 자본주의와의 연관성에 대한 근거도 충분치 않다는 것이다. 하지만 19세기 중엽 마르크스가 유물사관을 주장하면서 자본주의가 위기에 처했을 때 베버는 마르크스를 비판하는 동시에 유럽의 자본주의사회가 가치상실과 소외로 대표되는 불안정한 사회라고 진단하면서 자본주의의 종교적 가치지향성을 지적함으로서, 자본주의의 병폐에 처방전을 제시하였다는 점에서 공헌을 인정할 수는 있을 것이다.

위의 논의에서 본 바와 같이 우리는 베버의 명제가 항상 모든 상황에 동일하게 적용될 수 있다고 말할 수는 없다. 그럼에도 칼빈주의는 근대 자본주의 기업가 정신의 매우 중요한 하나의 원동력이었다고 말할 수는 있다. 이러한 맥락에서 맥그라스(Alister McGrath)도 자본주의와 기업가 문화에 새로운 영향을 준 것은 칼빈의 사상적 결과물이라는 점을 부인할 수 없음을 인정하고 있다(McGrath, 1990: 253). 또한 앞에서 살펴본 바와 같이 에스터도 이러한 삶의 방식과 가치 그리고 세계관을 귀하게 여기면서 크게 성공한 네덜란드계 미국 기업가들을 구체적인 예로 들면서 이 사실을 증명하고 있기 때문이다.

III. 결론

지금까지 칼빈주의와 네덜란드의 기업가 정신간에 어떤 관계가 있는지 다양한 관점에서 살펴보았다. 먼저 역사적인 배경을 고찰하면서 네덜란드가 스페인의 압제로부터 독립하는 과정에서 칼빈주의가 얼마나 중요한 역할을 했는지 보았고 나아가 17세기 황금시대의 기저에 칼빈주의적 세계관이 있음도 지적했다. 나아가 현대 네덜란드 및 미국의 네덜란드계 기업가 정신에도 칼빈주의가 적지 않은 영향을 미치고 있음을 보았다.

여기서 한 가지 언급할 것은 16세기에 포르투갈과 브루헤 그리고 안트베르펜에서 많은 전문 기술자들과 기업가들이 암스테르담으로 대량 이주할 때 적지 않은 유대인들도 함께 왔다는 점이다. 이 점을 주목할 필요가 있는 것은 이들 또한 암스테르담에서 보석 및 금융 비즈니스를 하면서 네덜란드의 황금시대를 구현하는 데 적지 않은 기여를 했기 때문이다. 하지만 이 부분은 앞으로 별도의 연구를 통해 심층적으로 다루어야 할 것이다.

하지만 칼빈주의가 네덜란드의 기업가 정신의 근본 동인이 되었다는 점에서 양자는 불가분리적인 점은 분명하다고 말할 수 있다. 칼빈주의적 세계

세상을 변화시키는 학문

관 특히 도덕과 가치들은 직업을 하나님의 소명으로 보면서 네덜란드의 경제 발전을 더욱 촉진시켰다. 직업을 통해 하나님께 영광 돌리는 것을 사명으로 이해하였기에 노동자들은 정직하면서도 부지런히 일하였고 나아가, 기업가들도 자신의 기업을 소유주가 아닌 청지기로 이해하여 겸손하면서도 주님 앞에 신실하여 모든 일에 정직하고 책임의식을 가지고 최선을 다하려 노력했다. 이러한 청지기 정신과 더불어 이웃을 사랑하며 섬겨야 한다는 봉사적 태도는 당연히 허세와 사치를 지양하고 검소한 삶을 추구하여 더 많은 부를 축적할 수 있었으며 이것을 재투자하여 기업을 발전시켜 결국 하나님의 나라를 확장하기 위해 일한다는 궁극적인 목적의식이 있었기에 선한 사업에 나눠주기도 좋아했던 것이다.

칼빈은 우리가 하나님의 형상으로 지음 받았으며 그분의 문화적 대리인으로 창조 세계를 발전시키고 보존해야 하는 사명을 받았음을 강조하였고 이러한 세계관 및 인간관을 가진 네덜란드인들은 그들의 기업에 더 창조적이면서도 혁신적일 수 있었던 것이다. 그 전형적인 예로 네덜란드인들은 국토가 바다보다 낮으며 날씨가 좋지 않고 바람이 많이 부는 주어진 열악한 환경을 부정적으로 받아들이지 않고. 성경적 세계관으로 변혁시켜 나가 그 결과 환경을 전혀 오염시키지 않으면서도 여러 가지 일들을 할 수 있는 풍차를 발명하게 되었고 큰 호수였던 지역을 유럽 굴지의 공항인 스히폴 공항으로 변모시킨 것을 예로 들 수 있다(최용준, 2011). 이러한 사실은 현대 유럽 및 국제 무역에서 네덜란드가 미치는 영향을 보아서도 알 수 있지만 미국 미시간 서부로 대량 이주했던 네덜란드계 미국 기업가들의 칼빈주의적 정신에서 확인할 수 있으며 비록 약간의 수정은 필요하지만 막스 베버도 이 점을 잘 지적했다고 말할 수 있다. 그러므로 이 양자의 연관성을 지혜롭게 적용한다면 한국의 상황에도 큰 시사점을 줄 수 있을 것이다.

참고문헌

유태화(2010), "요한 칼빈과 자본주의", 『칼빈과 사회』, 부산: 한국 개혁주의 연구원.

최용준(2011). 『하나님이 원하시면(*Deo Volente*)』, 서울: 새한기획

_____(2012). "아브라함 카이퍼의 교회관"『신앙과 학문』, 제17권 2호(통권 51호), 2012/6, 229-254.

_____(2013). "개혁주의 세계관과 한국 사회", 국제 학술대회 발표 논문.

_____(2013). 『당신, 축복의 통로가 되어라』, 서울: 새한기획

Beins, E.(1931). "Die Wirtschaftsethik der Calvinistischen Kirche der Niederlande 1565-1650", *Nederlandsche archief vor kerkgeschiedenis in N.S.*, XXIV, 81-156.

Crew, P. M.(1978). *Calvinist Preaching and Iconoclasm in the Netherlands*. 1544-1569, Cambridge: Cambridge University Press.

DeVos, R. M. De Vries, J. en Van der Woude(1997). *A The First Modern Economy: Success, failure, and perseverance of the Dutch economy*, 1500-1815, Cambridge.

De Vries, J. en Van der Woude, A.(1997). *The First Modern Economy: Success, failure, and perseverance of the Dutch economy*, 1500-1815, Cambridge.

Ester, P.(2012). *Faith, Family, and Fortune: Reformed Upbringing and Calvinist Values of Highly Successful Dutch-American Entrepreneurs*, Holland: Van raalte.

Goudzwaard, B. "ECONOMIC STEWARDSHIP VERSUS CAPITALIST RELIGION", www.allofliferedeemed.co.uk/Goudzwaard/BG13.pdf.

Holl, K.(1959). *The Cultural Significance of the Reformation*, New York: Meridian Books.

Hyma, A.(1938). "Calvinism and capitalism in the Netherlands, 1555-1700", *The Journal of Modern History*, Sep. 1938, Vol. X, Number 3, 325. www.jstor.org/stable/1899418?seq=5.

Israel, J. I.(1989). *Dutch primacy in world trade 1585-1740*, Oxford: Clarendon.

_____(1995). *The Dutch Republic: its rise, greatness and fall 1477-1806*, Oxford,

세상을 변화시키는 학문

Kuyper, A.(1880). *Souvereiniteit in Eigen Kring*, Amterdam: Kruyt.

_____(1931). *Lectures on Calvinism*, Grand Rapids: Eerdmans.

McGrath, A. E.(1990). *A Life of John Calvin: A Study in the Shaping of Western Culture*, Oxford: Blackwell.

Noordervliet, N.(2004). *Nederland In De Gouden Eeuw*, Wbooks.

Pettegree, A. ed.(2000). *The Reformation World*, London and New York: Routledge.

Reid, W. S.(1992). "John Calvin, Early Critic of Capitalism(II)," Reformed Theological Review Vol. XLIII. Richard Gamble, ed. *Calvin's thought on economic and social issues and the relationship of church and state*, New York: Garland Pub.

Robertson, H. M.(1933). *Aspects of Economic Individualism: A Criticism of Max Weber and His School*. Cambridge: Cambridge University Press; New York: Macmillan Co.

Schama, S.(1987). *The Embarrassment of Riches: An Interpretation of Dutch Culture in the Golden Age*, New York: Alfred Knopf.

Schilling, H.(1994). *Confessional Migration and Social*. Change: The Case of the Dutch Refugees of the Sixteenth Century.

Schurings, U.(2003). *Zwischen Pommes und Pralinen*, Agenda Verlag: Auflage 1.

Sombart, W.(1913). *Der Bourgeois München und*. Leipzig: Duncker & Humblot.

Tawney R. H.(1926) *Religion and the Rise of Capitalism*. New York: Harcourt, Brace and Company.

Tu, W.(1989) "The Rise of Industrial East Asia: The Role sf Confucian Values" The Copenhagen Journal of Asian Studies ej.lib.cbs.dk/index.php/cjas/article/viewFile/1767/1787.

Van Andel, J.(1998). *An Enterprising Life: An Autobiography*, New York: Harper Collins.

Weber, M.(1934). *Die protestantische Ethik und der Geist des Kapitalismus*, Tübingen: J.C.B. Mohr. The Protestant Ethic and the Spirit of Capitalism, trans. by Talcott Parsons(New York: Scribner, 1958).

www.expatica.com/nl/news/news_focus/The-Netherlands_-The-_most-Calvinist-nation-in-the-world_ 14301.html

www.internationalentrepreneurship.com/europe/netherlands

www.dutchdailynews.com/most-entrepreneurial-country-in-eu

www.ondernemerschap.nl, www.entrepreneurship-sme

news.bbc.co.uk/2/hi/8140821.stm

blog.daum.net/01099187669/8731902

en.wikipedia.org/wiki/Dutch_Golden_Age

en.wikipedia.org/wiki/Antwerp#16th_century

www.zum.de/whkmla /sp/1011/ignoramus/demographic.gif

ko.wikipedia.org/wiki/플류트

blog.daum.net/ sumbolon/4984197

ko.wikipedia.org/ wiki/개신교_윤리와_자본주의_정신

nl.wikipedia.org/wiki/Calvinisme #Calvinisme_en_kapitalisme

en.wikipedia.org/wiki/Calvinism#Social_and_economic_influences

en.wikipedia.org/wiki/Max_Weber#The_Protestant_Ethic_and_ the_Spirit_of_Cap-
italism

www.cbs.nl/en-GB/menu/themas/bedrijven/publicaties/artikelen/archief/
2008/2008-2483-wm.htm

www.youtube.com/watch?v=tH0RMME_U6o

www.goudeneeuw.ntr.nl

3부

독일을 변화시킨
교육과 통일

World Transforming Scholarship

A. H. 프란케의 교육사상과 그 영향에 관한 고찰[1]

I. 서론

독일은 아우구스트 헤르만 프란케(August Hermann Francke : 1663-1727)
이후 많은 기독 학교들이 그의 이름을 따라 설립되었고 지금도 이 학교는
분명한 기독교 교육철학을 가지고 다음 세대를 이끌어갈 인재들을 키우고
있다. 이 독일의 기독교 학교들에 대해 프란케가 어떤 교육철학을 유산으로
남겼는지를 고찰하여 한국 상황에서 타산지석으로 참고해야 할 내용을 도
출하는 것은 매우 필요한 작업이라고 말할 수 있으며 이것이 본 연구의 목
적이다.

프란케는 17세기 말과 18세기 초에 일어났던 독일 경건주의 운동의 대
표자이며 이 운동을 종합적으로 완성시킨 신앙의 영웅으로 평가되고 있다
(Kotsch, 2010). 그가 활동하던 당시 독일은 30년간 신구교간의 종교 전쟁과
흑사병 그리고 경제적 불황 등으로 매우 어려운 시기였다. 나아가 그의 신
학적 입장이나 인격에 대해 비판하는 사람들도 적지 않았다. 하지만 이러
한 위기적 상황에서도 그는 절망하지 않고 독일 개신교회의 진정한 갱신과

---

1   본 장은 2016년 11월 기독학문학회에서 발표되었고 「신앙과 학문」 2016년 제22권에 실
    렸다.

부흥을 주도하는 동시에 교육을 통해 그가 살던 도시인 독일 동북부 지역의 할레(Halle)를 변화시켰으며 나아가 독일이 최초로 통일되는데 초석을 놓았고 그의 교육철학은 주변의 여러 나라에 영향을 주었으며 또한 선교를 통해 세상을 변화시켰다.

지금까지 그는 주로 신학자들에 의해 경건주의자라는 맥락에서 연구되어 왔다. 그러나 그에 대해 좀 더 깊은 관심을 갖고 연구해 보면 누구나 곧 그가 단순한 신학자나 경건주의자가 아니라 그의 경건주의적 이상을 무엇보다도 '교육'이라는 통로를 통해 실현하고자 했던 교육 철학자이자 사회개혁가였음을 알게 된다. 그러한 과정에서 그는 그의 기독교 교육 철학을 발전시켜 나름대로 교육이론을 정립하였고 실제로 그가 활동하던 할레에 대규모의 학교 공동체인 프란케 재단(Franckesche Stiftungen)을 설립하여 운영하면서 인재 양성 및 사회개혁에 헌신하였다. 특히 그는 고아들과 가난한 어린이들 그리고 소녀들과 같은 평범한 자녀들에 대한 깊은 관심을 기울이며 교육을 통해 수많은 인재들을 길러 내었다. 나아가 그는 현재 독일 교육제도의 기반이 되는 학교 시스템을 확립하였고 그는 이 재단을 통해 할레뿐만 아니라 프로이센(Preussen) 전역 및 다른 나라들에도 영향을 미쳤으며 덴마크 및 영국과 협력하여 세계 선교에도 크게 공헌하였다.

이러한 그의 업적은 독일에서 일찍부터 높이 평가되어 그의 사후에 그의 설교집 및 신학적 저술과 함께 그의 교육적 저술들을 한데 묶은 〈교육학 전서(Pädagogische Schriften)〉가 출판되었다(Kramer, 1876). 그리고 멩크(Peter Menk)가 그의 교육학 전반에 관한 연구 평가서를 낸 후(Menk, 2001), 계속해서 경건주의적 교육학자로서의 그에 대한 여러 연구들이 발표되었다.

한국의 몇몇 학자들도 프란케의 교육사상을 연구하였으나(Yang, 1995; 양금희, 2001; 이은재, 2003; 양승환 2015) 주로 신학의 영역에서 경건주의적 관점으로 다루어져 왔다(주도홍, 2003; 조용선, 2008; 송순재, 2009; 윤화석, 2009; 이성덕, 2009). 따라서 본 장은 경건주의적 기독 교육학자로서 그의 사상 및 활동에 초점을 맞추되 교육철학에서 그가 기여한 바가 무엇인가를 고찰하는 것을 목적으로 한다. 본 연구를 함에 있어 우선 그의 생애를 간략히 살펴본 후 그가 세운 프란케 재단, 그의 경건주의 그리고 그의 교육철학에 대해 고찰한 후 그가 남긴 영향에 대해 살펴보겠다. 그 후 결론적으로 그의 기독교 교육사상이 한국 기독교 교육에 주는 교훈이 무엇인지를 서술하겠다.

II. A. H. 프란케의 기독교 교육사상

1. 프란케의 생애

1) 프란케의 탄생 및 수학

프란케는 1663년 3월 12일 독일의 북부 지역인 뤼벡(Lübeck)에 살던 한 법률가 가정에서 태어났다. 3세가 된 그는 1666년에 부모를 따라 고타(Gotha)로 이사하여 그곳에서 자랐다. 11세 때부터는 경건한 그의 누이 안나(Anna)의 영향을 받았는데 안나는 그에게 진정한 그리스도인의 신앙이 무엇인지 삶으로 보여 주었다(Kotsch, 2010: 17). 자신의 소년 시절을 회상하면서 프란케는 다음과 같이 쓰고 있다.

> 나는 주님을 경외하는 것이 지혜의 시작임을 깨달았다(So habe ich gelernt: Die Furcht des Herrn ist der Weisheit Anfang.)(Hartmann, 1897: 12).

1679년부터 그는 에어푸어트(Erfurt) 대학에서 철학과 신학을 공부하였고 그 후에 킬(Kiel)과 함부르크(Hamburg)에서도 수학했는데 킬 대학에서 공부할 당시 저명한 신학자였던 코르트홀트(Christian Kortholt) 교수댁에 머

세상을 변화시키는 학문

물면서 그의 영향을 많이 받았으며 그로부터 독일 경건주의의 창시자였던 슈페너(Philipp Jacob Spener)를 소개받게 되었다. 1684년에는 라이프치히 (Leipzig) 대학에서 공부한 후 이듬해에 비텐베르크(Wittenberg) 대학에서도 잠시 공부하다가 다시 라이프치히로 돌아와 박사 학위를 받았고 그곳의 파울리너 교회(Paulinerkirche)에서 처음 설교도 하였다(de.wikipedia.org/wiki/August_Hermann_Francke). 그가 라이프치히에 있는 동안 안톤(Paul Anton)등 여덟 명의 친구들과 함께 1686년에 성서 동지 연구회(Collegium Philobiblicum)를 조직하여 매 주일 오후에 모여 두 시간씩 구약과 신약 성경의 한 장씩을 공부하면서 과학적이고 체계적인 성경 연구에 힘썼는데 1687년에 슈페너가 라이프치히에 와서 이 모임에 대해 여러 조언을 해 주면서 프란케는 그로부터 큰 영향을 받았다(Kotsch, 2010: 23).

2) 프란케의 영적 위기와 회심

라이프치히에 3년 반 머무는 동안 프란케는 신앙의 위기를 체험하게 되었다. 학문과 경건 간에 갈등을 느끼며, 학업을 계속할 것인지 아니면 이웃을 섬기는 삶을 살 것인지 진지하게 고민하였다.

> 나는 약 7년간 신학을 연구하였지만 아직도 하나님을 인격적으로 만나지 못하였다(Ich habe ungefaehr sieben Jahre die Theologie studiert, nicht aber Gott kennengelernt)(Francke, 1692).

그러던 중 1687년에 프란케는 뤼네부르크(Lüneburg) 지역의 노회장 산트하겐(Caspar H. Sandhagen)으로부터 성경을 강해해 달라는 부탁을 받고 그곳으로 가게 되었다. 거기서 그는 요한복음 20장 31절[2]에 대하여 설교하기로 되어 있었으나 자신의 내적 상태를 깊이 성찰할수록 자신의 믿음이 너무나 학문 지향적이었으며 살아있는 믿음이 아님을 깨닫게 되었고 자신이 진정 진리를 소유한 신앙인인지 자신이 없었다. 시간이 지나면서 그는 더 큰 절망에 빠졌고 성경의 진리 및 하나님의 존재와 인격성까지도 의심하고 있었다.

이런 상황 속에서 그는 하나님께 무릎 꿇고 철저히 회개하면서 하나님이 살아 계신다면 자신의 영혼을 받아 주시도록 간구했다(Hartmann, 1897: 34). 며칠 간 이러한 영적인 씨름을 하다가 고린도후서 4장 7절[3]을 읽고 샤프(H. W. Scharff) 목사와 대화하면서 자신이 참된 믿음이 없는 사람임을 깨달았다. 설교하기 며칠 전, 그는 개인기도 시간에 강력한 성령의 역사를 체험하고 하나님의 실재하심을 확신하자 큰 두려움 속에서 하나님께 자신을 구원해 주시길 간구했다. 그러자 하나님은 아버지의 사랑으로 그의 모든 의심과 불안을 제거해 주셨고 그의 기도에 응답해 주셨다. 그러면서 그의 모든 의심은 사라졌고 하나님의 은혜를 확신하게 되어 그때부터 그는 하나님을 아버지로 부를 수 있었고 기쁨이 강물처럼 흘러 그분을 찬양하지 않을 수 없었다(Francke, 1969: 28). 그 후 그는 목표가 분명한 그리스도인이 되었다.

3) 프란케의 사역: 시련을 통한 성숙

거듭남을 체험한 후 프란케는 빌립보서, 에베소서 및 고린도후서 강해를

---

2 그런데 여기에 이것이나마 기록한 목적은, 여러분으로 하여금 예수가 그리스도요 하나님의 아들이심을 믿게 하고, 또 그렇게 믿어서 그의 이름으로 생명을 얻게 하려는 것이다(표준새번역).

3 우리는 이 보물을 질그릇에 간직하고 있습니다. 이 엄청난 능력은 하나님에게서 나는 것이지, 우리에게서 나는 것이 아닙니다(표준새번역).

세상을 변화시키는 학문

통해 믿음은 하나의 겨자씨와 같으며 학문적 지식보다 예수 그리스도를 바로 아는 지식이 더 중요함을 강조했다(Hartmann, 1897: 42). 그의 강의가 학생들에게 영적 갱신을 불러일으키자 다른 교수들은 그를 시기, 견제하면서 대학에서 분열을 일으키고 사람들을 동요시키는 분파주의자 내지 이단 지도자로 매도하여 그는 결국 1690년에 해직 당했다. 그러자 그는 에어푸어트와 고타 그리고 뤼벡에 가서 설교하면서 깊은 성경 묵상 및 기도의 시간을 가졌다. 그 후 에어푸어트의 아우구스티너교회(Augustinerkirche) 목사로 청빙받자 하나님의 인도하심으로 알고 수락하여 열심히 목회했으나 다시금 영성에 대한 의견차로 15개월 만에 목회를 그만두게 되었다. 그때 드레스덴에서 왕실 설교자로 봉사하던 슈페너도 해임되었다(en.wikipedia.org/wiki/August_Hermann_Francke).

베를린의 니콜라이교회(Nikolaikirche)에서 일하던 슈페너를 만나기 위해 다시 베를린으로 간 프란케는 거기서 할레 근교의 글라우하(Glaucha)에 있던 성 게오르그 교회(St. Georgen Kirche) 교구 목사로 일하는 동시에 할레 대학에서 헬라어와 근동어학 교수로 일하도록 초빙받게 되었다. 당시 할레 대학은 갓 시작한 작은 학교에 불과했으나 유럽에서 매우 유명한 대학으로 경건주의의 중심지가 되었고 그는 이 대학에서 세상을 떠날 때까지 36년간 봉사하였다. 동시에 1692년부터 1715년까지 글라우하의 목회자로 섬기면서 그는 칼 힐데브란트 폰 칸슈타인(Carl Hildebrand von Canstein), 군인들 그리고 프로이센의 귀족들 등 다양한 인사들과의 폭넓은 교류를 통해 명성을 쌓은 후, 1715년부터 1727년까지는 할레의 성 울리히 교회(St. Ulrich Kirche) 목회자로 봉사하였는데 그의 유창한 설교와 탁월한 강의는 많은 사람들에게 큰 감동을 주었다(de.wikipedia.org/wiki/August_Hermann_Francke).

프란케와 대부분 경건주의 지도자들인 할레대학 교수들은 경건주의와 루터교의 전통적 신학을 비교하면서 전통 신학을 수정하기 시작했으며 이들에 의해 경건주의 운동은 신학적으로 체계화되어 할레 대학은 보다 덜 논쟁적이며, 덜 냉담하고, 덜 세속에 물든 교회, 성경에 정통하고 사랑의 실천에 열심을 내는 그리스도인의 교제를 강조했다. 프란케는 경건주의란 "엄격한 규율, 노동에 대한 태도, 근검절약 및 진지함이 표지가 되어야 하며, 유머와 놀이, 시간 및 재물의 남용은 금지되었다. 하지만 자의식 및 자긍심은 함양시켰다."고 주장했다(Schmidt, 1966: 38).

4) 글라우하와 할레에서의 사역: 프란케 재단

프란케가 사역하던 당시 독일은 30년 종교전쟁(1618-1648)으로 국토 대부분이 황폐화되고 인구도 급감했는데 설상가상으로 페스트가 휩쓸면서 글라우하의 인구도 격감하여 많은 고아가 생겨났다. 그곳에 살던 사람들은 대부분 일용직 근로자, 하인, 육체노동자들이었다. 게다가 두 번의 대화재로 큰 피해를 입은 글라우하는 재정 상황이 악화되어 1717년에는 거의 파산 상태가 되었다. 따라서 학생들은 학비를 낼 수 없는 형편이었고 범죄가 증가했으며 동네마다 술집이 많아 어른들뿐만 아니라 청소년들에게도 음주 문제가 심각했고 주일성수가 이루어지지 않아 많은 노동자가 일요일에도 일해야만 했다. 교회의 재정 상황도 열악하였고 일부 장로들은 헌금을 횡령하기도 하였다(Kotsch, 2010: 50-51).

하지만 프란케는 30세에 이곳에 부임한 후 이러한 영적, 도덕적 타락 상황에 맞서 싸우기 시작했다. 성경을 가르쳐 도둑질이나 다른 악행을 통해 수입을 챙기려는 어른들을 변화시켰고 학교에 다니지 않아 온갖 나쁜 짓만 배우며 자라는 가난한 어린이들을 교육하기 시작하였다. 설교에 관해 대화하는 시간을 정기적으로 가지면서 성경을 더욱 자세히 설명해 주었다. 특히 부모들에게 자녀에 대한 책임을 강조하면서 금요일 저녁 모임에서 교육적

세상을 변화시키는 학문

인 주제를 다루었는데 당시 주제 성구는 창세기 18장 19절[4]이었으며 부모들에게 경건한 삶을 살도록 격려했다(Kotsch, 2010: 53). 나아가 가난하고 굶주린 교인들에게 매주 목요일마다 생필품과 식량을 나누어 주면서 영적 상담도 병행하였다. 그러면서 주중 예배와 기도 모임 그리고 아침과 저녁 기도 모임에도 교우들이 참여하도록 격려했다. 그러면서 1699년에는 소책자인 『가정교회 예배지침서』도 발간하였다(Kotsch, 2010: 55).[5] 나아가 할레에서 교수로 가르치면서 프란케는 성서동지연구회(Collegium Philobiblicum)를 시작하였는데 이 모임이 점점 커지자 그곳의 다른 목회자들이 다시 그를 경계, 비판하면서 할레를 떠나라고 위협하였으나 그는 기도하면서 이 모든 상황들을 지혜롭게 극복하였다.

1695년 프란케는 가난한 사람들을 더 돕기 위해 자신의 방에 헌금함을 준비하였고 거기에 요한일서 3장 17절[6]을 적어 놓았다. 그런데 약 3개월 후 한 귀부인이 4탈러(Taler) 16그로센(Groschen)이라는 큰 금액을 헌금하자 하나님의 응답으로 알고 이 기금으로 빈민 고아들에게 교리문답을 가르치기 위한 학교를 시작하기로 결심했다(Kotsch, 2010: 63). 그는 책을 사서 아이들에게 나눠 주고, 할레 대학생들에게 하루 2시간씩 교사로 봉사하도록 하였다. 또한 방 2개를 빌려서 한 방에는 수업료를 낼 수 없는 아이들, 또 다

---

4 내가 아브라함을 선택한 것은, 그가 자식들과 자손을 잘 가르쳐서, 나에게 순종하게 하고, 옳고 바른 일을 하도록 가르치라는 뜻에서 한 것이다. 그의 자손이 아브라함에게 배운 대로 하면, 나는 아브라함에게 약속한 대로 다 이루어 주겠다.(표준새번역)

5 이 소책자의 원제목은 *Glauchische Hauskirchenordnung order christlicher Unterricht, wie ein Hausvater mit seinen Kinderen und Gesinde das Wort Gottes und das Gebet Ueben und ihnen mit gutem Exempel vorleuchten soll*(가장이 자녀들과 식구들에게 하나님의 말씀과 기도를 어떻게 가르치고 지도하며 좋은 모범을 보여 주어야 하는지에 관한 글라우하의 가정교회 지침서 또는 기독 교육서)이다.

6 누구든지 세상 재물을 가지고 있으면서, 자기 형제자매의 궁핍함을 보고도, 마음 문을 닫고 도와주지 않으면, 어떻게 하나님의 사랑이 그 사람 속에 머물겠습니까?(표준새번역)

른 방에는 수업료를 낼 만한 아이들을 수용하였다. 1695년 부활절에 이렇게 빈민학교(Armenschule)를 시작하였는데 점차 학생 수가 증가하여 더 큰 시설이 필요했고 교사들 수도 늘려야 했다. 나아가 여학생들도 읽고 쓸 수 있도록 교육했고 가난한 아이들이나 고아들은 방과 후에 별도로 교육을 시켰다.

이 중에 실력 있는 아이들을 계속 키우기 위해 1697년에 라틴어학교(Latina)도 시작하였고 이를 위해 같은 해 할레에 프랑케 재단(Franckeschen Stiftungen)을 설립하게 되었는데 이 재단은 점점 확장되어 이듬해에는 초등학교, 고아원, 사범학교, 중학교, 실과학교, 여학교, 기숙사, 보건원, 인쇄소 등을 포함하는 종합 교육 공동체로 발전하였고 1701년에는 본관도 개관하였다(de.wikipedia.org/wiki/Franckesche_Stiftungen). 본부 건물 정문에는 이사야 40장 31절 전반부[7]가 새겨져 있으며 그 위에는 독수리 두 마리가 날고 있고 그 위에 태양이 비취는 그림이 새겨져 있는데 이것이 바로 이 프랑케 재단의 상징이다.

그는 또한 성경학교도 설립하여 많은 평신도들에게 성경 및 신학 지식을 보급했으며 또한 극빈자를 위한 병원, 과부들의 쉼터, 성경 출판사, 가난한 학생들을 위한 무료 숙박소 등 다양한 기관들을 세웠다. 그러자 프로이센(Preussen)의 왕인 프리드리히 빌헬름 1세(Friedrich Wilhelm I)를 포함하여 유럽 각처에서 무명의 헌금이 넘치도록 들어왔다. 그는 청소년 교육에도 역점을 두었는데 이들이야말로 미래의 주역이기에 그들에게 참된 경건사상을 교육하고 실천하도록 하는 일에 많은 관심을 기울인 것이다. 나아가 할레대학과 고아원 그리고 사회복지재단과의 연합과 결속은 하나님이 세상을 변

---

7 오직 주님을 소망으로 삼는 사람은 새 힘을 얻으리니, 독수리가 날개를 치며 솟아오르듯 올라갈 것이요.(표준새번역)

세상을 변화시키는 학문

화시키시는 수단으로 확신했다. 그 후 30년간 다른 여러 학교들, 주택, 서점, 작업실, 정원 및 약국 등이 들어섰고 50년간의 건설을 통해 할레는 하나의 교육도시로 건설되어 이 재단 내에 약 2,500명이 거주하면서 기독교 세계관으로 영감을 받은 사회 개혁이 이루어졌다. 그는 1727년 64세에 소천하여 가족들과 함께 할레 공동묘지(Stadtgottesacker)에 묻혔다. 하지만 그 후에도 프란케 재단은 계속 발전하였고 동독 시절에 여러 가지 어려움을 겪었으나 통일 이후 다시 재건되어 현재 45개 단체가 있으며 약 4천 명이 살고, 배우며, 일하고 있다(Kotsch, 2010: 198).

2. 프란케의 기독교 교육사상

1) 프란케의 신학사상

프란케의 교육철학을 이해하기 위해 먼저 그의 신학사상을 잠시 살펴보겠다. 왜냐하면 그의 신학이 교육철학에 영향을 미쳤기 때문이다. 그의 신학은 기본적으로 정통 루터교의 입장을 유지하여 율법과 복음, 회개에로의 부르심과 하나님의 은총을 주제로 삼았다. 하지만 회개는 예수의 이름으로 사는 삶이 전제가 되며, 누구에게나 '회개를 위한 투쟁'이 있어야 함을 강조했다. 또한 이 투쟁을 새 생명을 탄생시키기 위한 산고(産苦)로 보면서 루터교의 칭의 사상과 경건주의를 특징짓는 중생 사상을 연결한다(배경식, 1998: 185). 그는 또한 거듭난 자의 영적 성장을 강조하며 예수 그리스도와의 연합 및 신의 성품에 참여할 것을 역설하였다. 따라서 프란케의 신학은 경건주의 신학의 정수라고 할 수 있으며, 실천신학에 중점을 둔 것이 특징이다.

나아가 그는 이론과 실제 양자의 균형을 강조하면서 신학 수업을 경건성 배양을 목적으로 한 실질적 훈련으로 발전시켰다. 즉 성경 강해와 목회, 설교와 교리문답 수업, 저술 활동과 조직 등의 조화를 강조하였다. 그 결과 할레대학은 학자 양성에 중점을 두었던 다른 대학의 신학부를 압도하게 되었고 프로이센은 목사들과 교수들에게 할레대학에서의 연수를 의무화하였다(조용선, 2008). 그 결과 프란케의 지도하에 독일 전역으로 확산되던 경건주의 운동은 성경 연구 및 그것을 일상생활에 적용하는 것을 강조했다. 또한 성경의 조명자인 성령의 기능과 신앙의 표현인 선행도 강조했다. 그리하여 독일 루터교회는 새로운 영적 활력을 얻게 되었으며 다시금 열심 있는 목회자들과 평신도들을 찾아볼 수 있게 되었다. 목회자들의 영적 능력이 향상되었고, 평신도들의 교회 사역 참여가 확장되었으며, 성경 연구도 힘쓰게 되었다.

브레히트(Martin Brecht)는 프란케의 신학 사상을 다음 네 가지로 잘 정리하였다(Brecht, 1993: 462-72). 첫째 하나님의 원리(Gottes Ordnung)로서 자연 상태(Stand der Natur)의 인간은 죄인이며 하나님의 형상이 파괴된 존재이므로 그리스도를 통해 이를 회복해야 한다. 이러한 은혜의 상태(Stand der Gnade)로 되기 위해서는 하나님의 어루만지심, 죄에 대한 회개와 회개를 위한 노력, 복음의 위로, 회심을 통해 거듭남(Wiedergeburt)을 경험해야 한다. 둘째로 프란케는 개인적인 신앙 고백, 믿음과 사랑의 연결 등은 루터의 사상을 이어받았으나 그의 이신칭의 교리에 만족하지 않고 거듭남을 동시에 강조하였다. 인간이 거듭남으로 새로운 사람이 된 후에는 하나님과의 관계 안에서 지속적으로 성장, 즉 성화하는 과정에 있게 된다는 것이다. 여기서 프란케는 성령의 역할을 강조하면서 거듭난 이후 하나님 자녀의 삶은 세속적인 것으로부터 단절, 죄로부터 성결 그리고 하나님 나라에 대한 추구로 가득 차야 한다고 주장했다. 셋째로 그는 성경 해석을 껍질(Schale)과 씨(Kern)에 비유하면서 껍질은 성경을 역사적, 언어학적 그리고 문헌학적으로 연구하는 것을 말하고 씨는 영적으로 새롭게 태어난 사람들이 성령의 감동으로 이해할 수 있는 말씀이라고 주장한다. 따라서 성경 해석에서 가장 중

세상을 변화시키는 학문

요한 것은 역사적이고 문헌학적인 연구를 통해 성경의 껍질을 벗기고 성령의 도우심으로 그 핵심을 깨달아 성경 저자의 영감과 독자의 영감이 만나는 것이라고 보았다(Peschke, 1970: 85). 또한 성경 읽기는 진리에 대한 실천적-영적 이해와 성경의 기독론적 중심성을 염두에 두어야 하며 성경 전체의 조화를 중시하는 연구는 신학생뿐만 아니라 평신도를 위한 것이어야 한다고 강조한다. 마지막으로 신학 연구의 목적은 길, 진리, 생명 되신 그리스도를 닮아가기 위함이다. 신학생은 이러한 하나님의 원리에 따라 늘 새로워져야 하며 신학 연구의 도구는 기도, 명상 그리고 연단이며 따라서 신학생에게 배움과 삶은 통합된 것이고 신학수업의 중심은 경건훈련이며, 성경을 연구하여 삶에 적용하는 것이 최우선 과제라고 주장하였다. 따라서 신학생들과 할레대학 학생들은 학업 중에 고아학교 교사로 봉사하였으며 이러한 그의 사상은 웨슬리(John Wesley)와 초기 감리교도들, 진젠돌프(Zinzendorf) 백작과 모라비안교도들 그리고 미국 루터교회 지도자들인 뮐렌베르크(H. M. Muhlenberg)와 쿤체(J. C. Kunze) 등에게도 영향을 주었다.

2) 프란케의 교육사상

(1) 프란케의 인간관

프란케의 교육사상은 우선 성경적 인간관에 기초했다(Kotsch, 2011: 207-209). 그가 활동하던 당시 독일은 계몽주의의 영향으로 인간을 이성적인 존재로 보았다. 합리적이지 않은 모든 것은 맹신으로 간주되어 교회는 세속화되기 시작했으며 학문이 인간을 진정한 행복으로 인도할 것으로 확신했고 인간에 대한 이해도 매우 낙관적이었다. 이에 대해 프란케는 성경적이며 현실적인 인간관을 가지고 있었다. 즉 인간은 하나님의 형상으로 아름답게 창조되었으나 타락하여 전적으로 부패한 죄인이 되었고 그로 인해 세상도 함께 타락하게 된 것이다. 이러한 상황에서 인간은 스스로 구원할 수 없으며 오직 하나님의 은혜로만 가능하다. 즉 성령의 역사를 통해 회심하고 거듭나 하나님의 자녀가 되어 성화의 과정을 경험하게 되는 것이다.

이러한 문맥에서 교육은 매우 중요했는데 그는 모든 어린이들에게 신분 이나 출신 지역에 상관없이 동일한 교육의 기회를 주어야 하며 어린 시절을 인생에 있어서 매우 중요하고 독특한 시기로 보았다. 특히 그는 소녀들에게 도 동일한 교육의 기회를 주었고 그것을 확대하였다. 나아가 그는 학생의 연령에 맞는 교육을 강조했다. 어린 아이들에게는 그들의 수준에 맞도록 모 범을 보여 주면서 가르쳐야 하며 좀 더 나이가 들면 스스로 결정하고 책임 질 수 있도록 교육해야 한다. 사춘기에는 보다 특별히 관심을 기울여야 하 며 각 학생의 차이점들도 유심히 관찰하여 가르쳐야 함을 강조했다. 따라서 교사는 항상 하나님께 지혜를 구하면서 교육해야 한다고 주장했다(Francke, 1885: 42).

(2) 프란케의 교육목적

프란케는 그의 책, *Kurzer und einfaeltiger Unterricht, wie Kinder zur wahren Gottseligkeit und christlichen Klugheit anzufuehren sind*(어린이가 어떻게 진정한 하나님의 축복과 기독교적 지성을 가지도록 하는 간단하 면서도 단순한 교육)에서 교육의 목적은 무엇을 하든지 하나님께 영광을 돌리 는 것이므로 교사 및 학생은 함께 행동, 학습, 교육에서 하나님의 영광을 실 현해야 하며(Francke, 1885: 17) 그렇지 않고 교육이 직업이나 생존을 위한 수단이 된다면 그것은 결국 학생들로 하여금 물질주의, 명예, 욕심, 질투 등 을 갖게 할 것이라고 경고하였다(Velten, 1988: 46). 따라서 선한 교육은 신앙 심과 지혜를 겸비해야 하며, 경건, 기도, 성경공부 그리고 전도를 통해서 그 리스도에 관한 지식을 전달해 주어야 한다고 강조했다. 동시에 하나님의 영

세상을 변화시키는 학문

광을 위한 교육은 결코 세상을 부정하는 경건을 의미하는 것은 아니라 학문과 신앙 그리고 실제적 삶이 통합된 것을 의미했다. 따라서 학생들을 선한 그리스도인이 되도록 할 뿐만 아니라 전문성도 갖추어 이 세상에서 하나님의 영광을 드러낼 수 있도록 교육해야 한다고 주장했다.

그에 따르면 교육학의 주된 목적은 학생들이 하나님의 진정한 축복을 받으며 그리스도의 지혜를 갖도록 하는 것이다(Otto, 1904: 2). 따라서 살아 있는 믿음을 갖는 것이 많은 역사적 지식을 가진 것보다 나으며 겨자씨 같은 믿음이 수많은 학식보다 더 낫다고 강조했다(Otto, 1904: 4). 나아가 학문은 신앙에 반대되는 것이 아니며 "기독교적 영리함(christliche Klugheit)"은 오히려 학문을 발전시킨다고 주장했다(Otto, 1904: 5).

(3) 프란케의 교육과정론

우선 프란케는 모든 계층의 자녀들에게 교육 기회를 제공하여 부유한 집안의 자녀들에게는 학비를 받았지만 고아들은 무상으로 교육하였다. 그는 교육자로서 교육 과정을 설계하고 영재 테스트를 최초로 도입했으며 독일어 맞춤법도 통일시켰고 학생들이 실용적인 교육을 받을 수 있도록 방대한 양의 교육 자료를 수집하기도 하였다. 또한 그의 교육방식은 가정 중심적이었는데 이는 자기 주변에서 본 불행과 타락이 종종 가정에서의 기독교교육이 부재한 결과임을 알았기 때문이었다.

나아가 그는 교육자는 단지 수단이요 중개자일 뿐으로 씨앗을 뿌리고 물을 주며 가꾸는 반면 자라게 하시는 분은 하나님이심을 강조하면서 아래와 같은 삼위일체적 학교 시스템을 강조했다(Beyreuther, 1963: 156). 첫째는 가난한 아이들이 다니는 학교(Armenschule)로 읽기, 쓰기, 셈하기, 음악 및 신앙 교육을 중심으로 했다. 둘째는 시민학교(Bürgerschule)로 주로 수공업 기술자를 양성하는 곳인데 앞의 교육과 더불어 실제적인 기술교육을 받았다.

마지막으로 라틴학교(Latinaschule)는 대학에 갈 학생들을 준비시키는 과정으로 라틴어, 그리스어 및 히브리어도 배운다. 이 학교 과정을 잘 따라가지 못하는 학생들은 레알슐레(Realschule)에 가서 수학, 라틴어, 불어 및 경제학을 배워 보다 실용적인 직업을 갖도록 했다. 기술을 배우는 학생들은 정기적으로 실제로 그 직업을 가진 기술자들을 방문하여 실제적인 정보를 얻도록 했다.

각 수업은 세 단계로 나누어졌는데 배우고, 이해한 후, 적용하는 방식이었다(Kotsch, 2011: 223). 앞서 언급한 과목들 외에도 기독교 과목을 매일 두 시간 더하였으며 오전과 오후에는 한 번씩 체육, 음악 또는 실습 시간을 통해 기분을 전환하도록 했다.

또한 그는 학교를 효과적으로 운영함에 여섯 가지 원칙을 강조했다. 첫째는 언제나 계획이 필요하다는 것이다. 물론 이 계획의 노예가 되어서는 안 되지만 좋은 모델이 필요하다는 것이다. 둘째로는 누구든 혼자 일할 수는 없으며 함께 협력해야 한다. 셋째로 학교는 삶의 모델이다. 사랑이 믿음을 보존하듯 행동은 지식을 보존하기 때문이다. 넷째로 인간은 시간을 매우 아껴야 한다는 것이다. 다섯째로 매우 사소한 일도 조심해야 한다. 그리고 마지막으로는 항상 전체적인 안목을 잃어버려서는 안 된다는 것이다 (Schmidt, 1966: 36).

(4) 프란케의 교육방법론

프란케에게 있어 교사의 가장 중요한 교육방법은 학생들에게 모범을 보이는 것이었다(Kotsch, 2011: 210). 학생들은 무엇보다 교사의 본을 보고 배우기 때문이다. 특히 교사는 학생들이 자신에게게서 사악한 것을 찾아내지 않도록 주의해야 하는데 왜냐하면 아이들은 선한 것이든 악한 것이든 다 알아차리기 때문이라고 보았다. 또한 교사가 사랑을 나타내는 것이 매우 중요하

세상을 변화시키는 학문

며 훈련은 중요하지만 교육과정이 성난 감정에 의해 방해받아서는 안 된다고 강조했다. 속된 말들이나 조롱도 학생들에게 절대 사용되어서는 안 되며 체벌은 간혹 필요하지만 신중하게 실시되어야 한다고 보았다. 나아가 프란케는 전통적 강의방식을 유지했지만 각 아동이 스스로 관찰하고 추리하고 생각하는 훈련의 중요성을 알고 있었다. 또한 성경은 모든 면에서 그의 교육의 핵심으로 그는 성경 진리들을 학생의 양심과 가슴에 적용하려고 노력했다.

둘째로 그는 처음부터 기독교적 교육을 강조하였다(Kotsch, 2011: 211). 신앙 교육은 마치 모유와 같으므로 학생들에게 성경을 가르치되 수준에 맞도록 하며 무조건 암기하는 방식이 아니라 잘 이해할 수 있도록 가르치는 것이 중요하고 고학년 학생들에게는 루터 요리문답과 하나님의 구원역사를 가르쳐 신앙의 역사성을 이해하는 것이 필요하다고 주장했다.

셋째로 프란케는 성경읽기도 강조했다. 아이들이 읽고 쓸 수 있는 즉시 성경을 스스로 읽도록 해야 한다고 하면서 전체를 읽되 구약보다 더 분명하게 설명하고 있는 신약에 더 강조점을 두었다(Francke, 1885: 25). 이를 통해 학생들은 하나님 앞에서 자신들의 삶에 대한 책임감을 느끼게 되도록 해야 하며 성구들을 암송하게 함으로 보다 깊은 이해를 하는 동시에 일상생활에 적용할 수 있도록 해야 한다고 말했다(Francke, 1885: 26). 즉 배우고, 이해한 후 실행하는 세 단계야말로 그의 교육방법에 가장 중요한 핵심이라고 할 수 있다. 이와 동시에 계속해서 연습, 통찰력 그리고 배운 내용들의 상호 연관성에 대한 이해를 강조했는데 이는 현대 교육학에서도 매우 중요시되는 부분이라고 할 수 있다.

넷째로 프란케는 기도를 강조했다(Kotsch, 2011: 212). 단지 주기도문을 생각 없이 암송하기보다는 하나님을 묵상하면서 천천히 그리고 다른 사람들도 충분히 이해하도록 자신의 언어로 기도하도록 가르쳤다.

다섯째로 프란케는 미덕과 악덕을 분명히 구별했다(Kotsch, 2011: 212-213). 학생들이 악덕을 멀리하고 미덕을 더욱 발전시키도록 교육해야 하며 하나님의 심판을 가르쳐 학생들이 자신의 행동이 어떤 결과를 낳는지 생각하도록 해야 한다고 주장했다. 체벌 및 경고를 할 경우에도 분노의 감정으로 하거나 위협해서도 안 됨을 강조했다. 미덕으로는 진리에 대한 사랑, 순종 및 근면을 강조했고 악덕으로는 거짓말, 고집, 나태함, 방종, 저속한 음악 등을 지적했다. 진리에 대한 사랑을 진작시키기 위해 프란케는 거짓말이 가장 큰 죄임을 학생들에게 강조하면서 교사가 정직한 본을 보여야 한다고 말했다. 나아가 학생들은 교사들에게 절대 순종하면서 당시 프란케 재단의 여러 사업장에서 일정한 노동에 참여하게 하였는데 이는 노동이 인간 존재의 유지를 위해서뿐만 아니라 하나님의 영광과 이웃에 유익을 끼치기 때문이었다(Oschlies, 1969: 12-48).

여섯째로 프란케는 사랑을 통한 교육을 강조했다. 그는 학생들이 단지 교사의 압력에 밀려 공부하는 것이 아니라 '선에 대한 의욕과 사랑'으로 배워야 한다고 주장했다. 교사도 학생들에게 율법적인 태도가 아니라 사랑과 신뢰의 분위기에서 배움이 일어나도록 해야 하되 그럼에도 교사의 권위는 보장되어야 한다고 말했다(Francke, 1885: 43f).

일곱째로 프란케는 통제를 통한 도움을 강조했다(Kotsch, 2011: 215). 학교에 종을 달아 제 시간에 학생들이 수업을 듣고 식사 시간에 참여하는 등 교사들이 항상 학생들을 적절히 감독해야 한다는 것이다. 남녀 학생들은 별도 숙소에 수용되었고 아침 5시 내지 6시부터 밤 9시까지 철저하게 시간표에 따라 움직였다. 식당 및 다른 공간들은 사용시간이 아니면 닫아 남녀 학생들이 비밀스러운 만남을 하지 못하도록 했고 카드놀이나 연극놀이도 금지되었다. 친구들이나 부모님들께 보내는 편지도 사전에 검열하였고 비교적 까다로운 규율들로 학교를 통제하였다. 그 외에도 학생들은 자체적으로

세상을 변화시키는 학문

매일 저녁 '양심시험(examen conscientiae)'을 통해 하루를 하나님 앞에서 어떻게 살았는지 돌아보게 하였다(Kotsch, 2011: 216).

여덟째로 프란케는 경고도 필요하다고 주장했다. 이러한 경고는 매우 분명하게, 이해할 수 있도록 인내심을 가지고 정확한 시간에 해야 함을 강조했다. 또한 이것은 인간의 의지가 아니라 하나님의 뜻에 의한 것임을 학생들이 알 수 있도록 해야 한다고 말했다. 그러기 위해 성경적 근거를 말해 준 후에 학생들이 하나님께 영광 돌리는 삶을 살도록 교육해야 한다고 주장했다(Kotsch, 2011: 216).

마지막으로 프란케는 필요한 징계에 관해 언급했는데 이에 관해서는 다음 여덟 가지 사항을 잘 고려해야 한다고 말했다(Kotsch, 2011: 217-218). 첫째 하나님의 영광과 학생에 대한 사랑을 중심으로 생각해야 하며, 둘째 징계를 하면서도 학생들에게 사랑이 원인이며 학생들을 위함인 것을 잘 이해시켜야 한다. 셋째로 신체적 징계 이전에 언어로 경고한 후 개선할 수 있는 가능성을 열어 두어야 한다. 넷째로 징계의 동기와 내용이 일치해야 한다. 다섯째로 신체적인 징계가 학생의 건강에 손상을 주어서는 안 되며, 여섯째로 교사도 함께 아파하는 마음으로 징계해야 한다. 일곱째로 징계 후에는 더 이상 언급하지 말아야 하며 마지막으로 징계는 그 학생 개인에 맞도록 주어져야 한다는 것이다.

3) 프란케의 교육사상 평가

프란케는 무엇보다 종교 수업을 심화시켰다. 당시 종교 수업은 기계적으로 요리문답과 성경 구절 조금 배우고 노래 몇 곡 부르는 정도여서 별로 효과가 없었다. 이런 형식적인 수업에 대해 경고하면서 그는 아이들의 영혼에 실제적 변화가 일어나야 함을 강조했다. 따라서 요리문답도 그 실천적 의미를 상세히 설명하여 아이들이 단지 머리로 이해하는 것이 아니라 마음으로 받아들이도록 구체적으로 가르쳐야 하는 것이 교사의 막중한 책임이라고 주장했다. 나아가 그는 성경 역사도 종교 수업에 도입했는데 앞선 신앙의 인물들에 대한 구체적인 실례들이 학생의 삶에 적용되도록 해야 한다고 믿었기 때문이다(Kotsch, 2011 : 228).

또한 그는 교육을 통한 사회 개혁과 선교를 강조하였다. 1708년부터는 일주일에 세 번씩 할레 신문(Hallische Zeitung)을 발행하였으며 1709년에는 소녀 고아들을 위한 3층 건물 및 소녀들을 위한 학교도 문을 열었다. 이듬해에는 영국에서 온 학생들을 위한 영국 학교도 생겨났으며 1710년에는 식당 및 기숙사도 건축되어 2,000명의 학생들을 수용할 수 있게 되었다. 같은 해 프란케는 프로이센 귀족인 칼 힐데브란트 폰 칸슈타인(Carl Hildebrand von Canstein)의 후원으로 칸슈타인성서공회(Cansteinsche Bibelanstalt)도 설립하여 20세기까지 수백만 권의 성경을 저렴하게 출간 공급하게 되었는데 이 일은 세계 최초의 성서공회 사업인 동시에 프란케 교육재단의 재정자립 기반이기도 했으며 성경을 기독교 생활의 중심에 놓게 한 중요한 사건이었다. 그 결과 프란케 재단은 1716년에는 150명의 교사들이 2,000여 명의 학생들을 교육하는 명실상부한 프로이센 최고의 교육 기관이 되었고 사회개혁운동의 발상지가 되었으며 할레에서 세계를 향한 문이 되어 발틱해, 러시아, 폴란드, 보헤미아, 슬로베니아, 스칸디나비아, 영국, 네덜란드, 인도 및 북미주에까지 영향을 미쳐 전 세계적인 네트웍을 갖추게 되어(de.wikipedia. org/wiki/Franckesche_Stiftungen) 지금도 유럽의 여러 나라들과 인도 및 미국에 영향을 미치고 있다. 또한 외국에 있는 독일 개신교회에도 영향을 주어 1740년경에 이르러서는 할레의 경건운동을 모방한 학교와 시설들이 쾨닉스베르그(Koenigsberg), 할버슈타트(Halberstadt), 뉘른베르크(Nuernberg), 벡(Beck), 오스트프리슬랜드(Ostfriesland), 스톡홀름(Stockholm), 모스크바(Moscow), 런던(London) 등지에 설립되었다. 나아가 독일 개신교 최초의 선

세상을 변화시키는 학문

교, 디아코니 및 직업학교가 이곳에서 시작되었으며 수많은 개신교 찬송가가 작시되었고 도서관에도 처음에는 약 5만 권의 책이 있었는데 나중에는 20만 권으로 늘어났다(de.wikipedia.org/wiki/Bibliothek_der_Franckeschen_Stiftungen).

당시 자신의 대학 설립을 꿈꾸던 브란덴부르크 선제후는 1691년에 할레대학을 세우고 1694년에 개교하였다. 그 후 프란케가 할레대학의 교수로 초빙되고, 할레대학은 경건주의 학문의 중심지가 되었다. 할레대학에 특히 프란케의 영향력이 큰 것은 대학에서 교수하면서 당시 여러 사회 문제들에 뛰어들어 스스로 경건을 실천하며 모범을 보였기 때문이다. 그가 하나님을 신뢰하면서 과감하게 일을 추진하자 그가 키운 학생들이 자라 계속해서 교육과 선교의 일을 감당했다. 비록 그가 많은 곳을 다니지는 않았지만 30여 년 동안 지속적으로 기독 교육을 통해 하나님의 인재들을 키워 낸 것이다. 그런 영향력 때문에 루터교회의 본산이던 비텐베르크대학이 가지고 있던 독일 개신교 신학의 주도권이 할레대학으로 옮겨져 지금도 할레대학은 '마틴 루터대학(Martin Luther Universität)'이라 불리고 비텐베르크대학은 할레대학의 분교 역할을 하고 있다.

프란케가 할레대학에서 강조한 주된 이념은 성경의 깊은 연구, 정통주의의 기계적 교리가 아닌 새로운 구원사상의 제시, 성공적인 목회사역 수행을 위한 실천적인 지도 그리고 경건한 행동과 신앙생활 등이었다. 특별히 신학생들은 무료로 기숙사에 있으면서 4년에서 6년까지 수업을 받았다. 그들은 원어 성경을 읽는 것은 물론 주석서를 쓸 수 있는 수준에까지 이르렀다. 할레 대학의 이러한 영성훈련은 교회에 충실한 지도자를 배출함은 물론 경건운동을 체계화시킨 많은 문서들을 남겼다.

동시에 프란케는 자신이 만든 선교기관을 통해 가난과 부도덕한 생활에 빠져 있던 사람들에게 교육과 자선의 손길을 뻗쳐 고아원, 학교, 미망인의 집, 여성의 집, 교사양성학원, 화학실험실, 약국, 서점, 인쇄소, 무료숙박소, 빈민수용소 등의 기관들을 세워 내지 선교에도 힘썼다. 이러한 활동은 기독교가 전통 종교가 아닌 생명력 있는 실천적 종교가 되게 하였다.

이처럼 프란케가 시작한 할레의 경건주의운동 및 교육철학은 한마디로 "인간의 변화를 통한 세계의 개혁"이었다. 1696년 4명의 고아들로 시작한 고아원학교에 이어 다양한 학교들이 설립되었으며 이 할레학교가 유명해지자 전 유럽의 부자와 귀족들이 자녀를 이 학교에 보내게 되었다. 1700년경엔 일반인 자제학교, 농민학교, 수공업자학교까지 갖게 되었다. 이렇게 우수한 학생들이 몰려와서 이 학교를 졸업해야 장교나 법관, 고급공무원, 의사, 목사 교수직을 받을 정도가 되었다. 그 외에 교사양성소인 "세미나리움(Seminarium)"도 중요한 교육기관 중의 하나였다. 결국 이 할레에서 교육받은 모든 자녀들은 정치, 경제, 사회, 문화 모든 분야에서 활발히 세상을 변화시키는 사역들을 전개해 나갔다.

4) 독일 교육제도 및 정치, 사회에 미친 영향

프란케는 결국 할레 지역을 하나의 독특한 기독교 세계로 건설하여 이 땅에서 하나님의 나라를 맛볼 수 있는 곳으로 만들었다. 그리하여 황태자 시절부터 그와 교제를 가졌던 프로이센 왕 프리드리히 빌헬름 1세(Friedrich Wilhelm I)는 1711년에 그를 만나 경건주의를 접한 이후 큰 감명을 받았으며 1713년에 왕으로 즉위한 직후 다시 그를 방문하여 그의 학교가 표방하는 경건주의 및 사회 복지 철학을 프로이센의 통치 이념으로 삼았다. 작은 영토로 시작했지만 후에 독일 통일의 주축이 된 프로이센왕국의 흥왕을 위해 고민하던 왕에게 국민 기초교육과 군대의 훈련방향에 대한 프란케의 조언은 큰 영향을 끼쳤다. 그는 프로이센의 미래 관리들을 이 학교에서 교육받게 하였으며 그들은 여기서 근면, 성실성, 책임감, 정확성, 경건 등을 중

세상을 변화시키는 학문

요한 가치관으로 배웠다. 이것이 현재 독일의 기초 교육의 모습으로 정착되었던 것이다.

나아가 왕실은 이 학교에 대해 모든 세금을 면제해 주었다. 그 결과 이 학교는 프로이센을 대표하는 공식 교육기관이 되었으며 프란케의 영향을 받은 프리드리히 1세는 귀족들도 근면, 절약, 책임감을 갖도록 강조하면서 자신도 근면과 절약에 솔선수범하여 왕실 경비는 전체 국가 예산의 1%만을 차지할 정도였다. 그 결과 이 프로이센의 귀족들은 국력을 축적하여 1871년 독일 통일의 대업을 이루었다. 현재 독일이 선진국이 될 수 있었던 것은 국민들이 그만큼 정직하고 근면하며 체계적인 시스템을 만들었기 때문인데 그 뿌리는 역시 프로이센에서 찾을 수 있으며 이 프로이센의 교육은 프란케의 교육사상에 기원한다고 볼 수 있다. 그의 교육은 진정 백년대계였음을 역사는 분명히 우리에게 보여 주고 있다.

현재 독일 교육제도와 사상에는 프란케와 그의 후예들에 의해 시작된 방법과 생각에서 온 것이 많다. 실제적인 일을 가르치는 직업학교(Realschule)는 그의 제자인 요한 율리우스 헤커(J. J. Hecker)가 베를린에서 처음으로 1747년에 시작하면서 나타났고 그 외에도 모든 아이들이 부모의 빈부에 관계없이 초등, 중등, 대학까지 실력 있는 자는 경제적인 부담이 거의 없이 책임지고 키우는 모습은 그의 이상과 실천이 이룬 영향력에서 왔다고 볼 수 있다. 또한 경건주의 운동의 주요 흐름의 하나는 이웃 사랑의 실천이라는 성경에 근거한 봉사활동이었다. 그에게 있어 전 생활은 하나님만을 의지하며 그에게 봉사해야 한다.

프란케는 특히 가난한 학생들을 돕는 학교를 세웠고, 구약성경 연구를 철저히 하기 위해 희랍어와 라틴어를 가르치는 학교도 세웠다. 그는 가난하고 버림받은 아이들을 위하여 학교를 세웠는데 이것이 나중에 정규 학교로 발전하였다. 이 운영을 위해서는 막대한 재정이 필요했는데 그는 전적으로 하나님을 의지하는 신앙으로 후원금을 받아 운영했다. 그는 일생을 통해 많은 교육 및 자선사업을 하며 후원금을 요청하는 편지를 쓴 일이 없이 오직 하나님을 의지하였다.

이처럼 프란케는 무한한 정력가요, 조직의 천재로서 할레대학이야말로 경건주의의 본산일 뿐 아니라 훌륭한 교사, 목사, 외국 선교사 및 유력한 평신도들을 유럽에 공급하는 축복의 진원지가 되었다. 그는 산업발전에 기초가 되는 과학, 의학, 화학, 공학 등 전문기술교육을 중요시하고 기독교의 사회 참여와 사회 전반에 걸쳐 개혁의 기치를 높이 들었다. 이처럼 할레를 중심으로 전개된 프란케의 교육 개혁과 이 학교 출신들의 사회 각 분야에 걸친 영향력으로 말미암아 독일 사회전반에 걸쳐 놀라운 변화를 불러일으켰던 것이다.

5) 세계 선교에 미친 영향

프란케는 교육과 함께 선교도 중시하였다. 1702년에 그가 덴마크-할레 선교회(Dänisch-Hallesche Mission)를 설립하자 경건주의의 예찬자인 덴마크의 왕이 인도에 있는 식민지에 처음 선교하기 위해 할레대학에서 선교사들을 보내달라고 요청하여 1705년에 첫 선교사인 지겐발크(Batholomaeus Zie-genbalg)를 인도 남부에 파송했는데 이는 개신교 첫 해외선교사였다. 지겐발크는 15년간 선교 사역을 했는데 우선 원주민들이 하나님의 말씀을 읽을 수 있도록 교회와 학교 교육의 병행을 강조하면서 할레에서 배운 대로 이웃사랑을 실천하기 위해 여학생들을 포함한 청소년 교육에 힘썼다. 또한 성경을 타밀어로 번역하여 1714년에 신약성경이 나왔다. 그는 원주민들의 세계관에 대한 정확한 지식을 기초로 복음을 전파해야 하며 개인적 회심이 있어야 하고 빠른 시일 내에 현지인 교역자를 가진 현지 교회가 세워져야 한다고 보았다. 그가 1715년 안식년을 맞아 유럽 각시를 여행하며 선교에 대한

세상을 변화시키는 학문

관심을 고조시키자 독일 경건주의자들은 큰 관심을 가지게 되었고 프란케가 지겐발크가 인도에서 보내 온 편지를 모아 책으로 펴낸 "동방에서의 복음 전파"라는 선교 보고서는 영국의 웨슬리(John Wesley)에게도 깊은 감동을 주었다.

또한 프란케는 오리엔트 신학연구소(Das Collegium Orientale Theologium)를 세워 신학생들은 성경뿐만 아니라 아람어, 시리아어, 아랍어, 터키어, 중국어 등도 배웠다. 이들의 활동은 선교를 위한 밑거름이 되었고 덴마크 왕과 영국 왕 조지 1세에게도 영향을 주었으며 헤른후트(Herrnhut) 공동체의 지도자였던 진젠도르프((Nikolaus Ludwig von Zinzendorf)에게도 큰 영향을 끼쳤다. 프란케에게 배운 루돌프(H. W. Ludolf)는 예루살렘, 카이로, 터키, 러시아 등지로 여행하여 그리스 정교회와 관계를 맺었으며 그 영향으로 그리스 학생들이 할레대학 및 오리엔트 신학연구소에서 교육을 받았다. 루돌프의 러시아 여행을 통한 선교에 자극받은 프란케는 할레대학 출신의 샤르쉬미트(J. S. Scharschmid)를 모스크바로 보내 사역하게 했으며 할레의 많은 신학생들이 뒤를 이었다. 프란케의 영향을 받은 글뤼크(E. Glück)는 모스크바에 김나지움(Das Moskauer Akademische Gymnasium)을 세웠고 교사들은 할레에서 왔다. 그러면서 많은 러시아 유학생들이 할레에서 공부했고 이들은 러시아가 서방에 문호를 개방하는 데 일조했다.

또한 1728년에는 칼베르크(J. H. Callberg) 교수에 의해 할레에 유대 연구소가 세워져 유대인의 해방을 주도했으며 히브리어–독일어 책을 출판하는 독자적인 인쇄소도 있었다. 유대인을 위한 선교사 훈련원을 통해 훈련받은 선교사들이 동부 독일과 중동부 유럽에 있는 유대인들에게 파송되었다.

할레에서 프란케로부터 배운 뵈메(A. W. Böhme)는 영국성공회 내의 기독교지식진흥회(SPCK, Society for Promoting Christian Knowledge)와 연결하여 경건주의 책들을 영어로 출판하였다. SPCK는 프란케의 교육시설을 모델로 삼아 자선학교운동(Charity School Movement)을 전개하였고 박해를 피해 미국 조지아로 떠난 잘츠부르크 이민자들을 도왔으며 할레와 연합하여 동인도 선교사를 후원하기도 하였다.

할레 출신의 선교사들은 처음으로 복음 들고 바다를 건너 모라비아 교도들에게 큰 영향을 미쳤으며, 잉글랜드와 미국에 영적인 밭을 일궈 부흥의 여명을 가져오게 하였다. 그리고 그들은 초대교회의 생동성과 사랑과 능력을 사모하면서 예배의식과 교회 생활의 모든 분야와 신학에서부터 경건에 이르기까지 많은 변화를 주었으며, 사회적, 문화적 삶에 깊은 발자취를 남기게 되었다. 또한 수많은 교파에 활력을 불어넣으며 지대한 영향을 끼쳤으며 누룩처럼 조용히 형식화되어 가는 독일 교회도 생명력 있게 변화시켰다.

이렇게 할레대학은 18세기에 약 60여 명의 선교사를 파송하였으며 창설된 지 30-40년 만에 약 6,000명의 목사를 배출하여 세계 각국에 경건주의 복음을 전파하는 목회자로 보냈다. 그 중 대표적인 인물로 영국에 선교사로 갔다가 브리스톨(Bristol)에서 고아의 아버지로 사역했던 조지 밀러(George Müller)와 한국과 중국에 복음을 전했던 칼 귀츨라프(Karl F. A. Gützlaff)가 있다. 노르웨이에서는 그린란드로 간 초대 선교사 한스 에게데(Hans Egede)와 노르웨이의 위대한 부흥사 한스 닐슨 하우게(Hans Nielson Hauge)를 배출하였다. 그 후에 다른 지방으로 간 선교사들도 많았는데 이처럼 프란케 제자들의 선교는 괄목할 만한 성과를 거두어 현대 선교에 큰 영향을 끼쳤다.

III. 결론

지금까지 프란케의 교육사상을 그가 세운 프란케 재단의 총체적 사역을 배경으로 고찰하였다. 앞서 논의한 내용을 정리하면서 한국에 적용한다면 무엇보다 먼저 그는 성경을 깊이 연구하면서 모든 일에 오직 성경을 기준

세상을 변화시키는 학문

으로(sola Scriptura) 삼았다는 점이다. 성경 원어에 능통했으며 성령의 조명도 강조하면서 성경 연구 운동을 일으켜 교회를 갱신하였으며 나아가 성경적 경건을 실천하여 수많은 인재를 길러 내었다. 하지만 최근 한국의 교계는 물질주의 및 세속주의의 영향으로 세상의 비판을 받고 있으며 많은 기독학교들도 정체성을 상실하고 있다. 따라서 한국 교회 및 기독학교들도 이와 같은 프란케의 성경 중심적 신앙생활과 더불어 경건의 능력을 회복해야 할 것이다.

둘째로 그는 당시의 어렵고 위기적인 상황도 신앙으로 극복해 나가면서 여러 문제들에 대해 구체적인 대안을 제시하고 해결해 나갔다는 것이다. 고아들이 많아지자 고아원을 세웠고 가난한 어린이가 교육을 제대로 받지 못하는 모습을 보면서 무상 교육을 실시하였으며 나아가 소녀들에게도 동일한 교육의 기회를 주었다. 또한 학교뿐만 아니라 약국 등 필요하다고 생각되는 다양한 기관들을 설립하여 경영하면서 삶의 모든 영역에서 진정한 개혁과 변화를 추구했다. 이런 점에서 프란케는 약 2세기가 지난 19세기 후반과 20세기 초반에 네덜란드에서 신칼빈주의 운동을 주도하면서 신학자와 목회자로 네덜란드의 세속화된 국가교회를 개혁하고 암스테르담에서 기독교 대학인 자유대학교를 세워 가르치면서 수많은 제자들을 키웠으며 나중에는 기독정당을 창당하여 수상까지 지내면서 교육 및 사회개혁을 추구했던 아브라함 카이퍼(Abraham Kuyper)와도 유사한 점이 있다고 말할 수 있다. 한국의 교회 및 기독학교는 아직도 성속을 구별하는 이원론에서 벗어나지 못하여 주일 중심의 신앙에 머물고 있으며 사회 개혁의 주체가 되지 못하고 있다. 높은 자살률, 저출산 및 고령화, 소득불평등의 심화 및 불공정한 한국 사회의 여러 문제들에 대해 한국 교회는 분열을 극복하고 연합하여 구체적인 대안을 제시하여야 할 것이다.

셋째로 프란케의 교육사역을 통해 할레는 근본적으로 변화되었고 하나님의 나라를 구체적으로 구현하는 공동체가 되었으며 궁극적으로 프로이센 교육 제도에 결정적인 영향을 주었고 마침내 이 프로이센이 독일 전체를 통일하여 독일 교육제도의 틀을 형성하게 되었다. 물론 현재 그의 실제적 영향은 공립학교교육에서보다는 기독 사립학교에서 더 많이 찾아볼 수 있는데 독일의 주요 도시마다 그의 이름을 딴 기독학교들이 있으며 이 학교들이 하나의 연합체(VEBS: Verband Evangelischer Bekenntnisschulen)를 이루어 유럽의 다른 국가들에 있는 기독 학교들과도 협력하고 있음을 볼 수 있다. 한국의 근대사에도 이와 유사한 역사를 볼 수 있는데 선교사들 및 민족의 선각자들이 기독 교육을 통해 위대한 인재들을 배출하여 한국의 독립 및 근대화에 가장 중요한 공헌을 했다. 하지만 21세기가 들어오면서 많은 기독 학교들이 세속화되어 그러한 사명을 잃어가고 있는 점은 매우 안타까운 일이다. 그러므로 이 프란케 재단의 총체적 사역에 대해 보다 깊이 연구함으로 각 도시별로 그리고 국가적으로 새로운 기독교 교육운동을 일으켜야 하며 이를 통해 세계선교에도 공헌해야 할 것이다. 이를 위해 더 많은 한국 교회들이 기독학교 운동에 관심을 가져야 한다.[8]

넷째로 프란케의 교육철학은 단지 학교 건물을 짓고 아이들에게 성경을 가르치는 것에서 그친 것이 아니라 교육학적 발전을 추구했다는데 그 의의가 크다고 할 수 있다. 그는 구체적인 교육 목적과 수단 및 여러 가지 교수법 등 올바른 교육을 위해 필요하다고 생각되는 학문적 체계들을 수용, 발전시켰으며 이를 구현할 기관들을 설립하는 사역을 통해 많은 긍정적 영향들을 끼쳤다. 특히 학교 의무 교육의 중요성을 부각시킴으로 인해 후대 의무 교육 법 제정에 영향을 주었으며 실습 위주의 교육을 학교 교육에 접목

---

8 필자가 지난 2016년 10월초 독일에서 개최된 기독학교컨퍼런스(VEBS주관)에 참가했을 때 한국에서 가장 큰 교회가 기독학교를 세우지 않은 것에 대해 두 번이나 질문을 받아 당황했던 적이 있다.

세상을 변화시키는 학문

시킴으로써 직업학교 설립의 근간을 마련했다는 점은 매우 큰 공헌이라고 할 수 있다(양승환, 2015: 7-37). 심지어 현재 독일은 직업학교가 아닌 김나지움 학생들도 10학년(한국에서는 고 1)때 2주간 다양한 곳에서 실습하면서 장래 자신의 진로를 탐색할 수 있는 기회를 주고 있는데 이런 부분은 한국의 기독학교뿐만 아니라 공립학교도 벤치마킹할 필요가 있다고 본다.

다섯째 프란케는 대학에서 가르치고 교회에서 목회하면서도 당시의 여러 사회 문제들에 대해 해법을 제시하였고 나아가 전 세계에 선교하는 모범을 보인 점이 매우 주목할 가치가 있다. 즉 그의 교육철학은 단지 교육뿐만 아니라 모든 영역에 걸쳐 기독 인재를 길러 내었으며 독일을 넘어 여러 나라에 복음을 전하면서 기독 교육을 실시하는 열매가 맺히게 된 것을 보게 된다. 다양한 나라에서 온 유학생들이 할레에서 공부한 후 돌아가 자기 나라에 유사한 학교를 세웠으며 선교사들도 파송한 것은 프란케 재단이 진정 열방을 섬기는 축복의 통로가 되어 하나님 나라 확장을 위한 역사적 사명을 충실히 감당했다고 말할 수 있다. 이러한 프란케의 삶과 사상을 고찰할 때 그가 끊임없이 하나님을 의지하면서 그분의 뜻을 분별하려고 노력하며 그것을 실천하기 위해 헌신한 모습은 우리에게 깊은 도전을 준다. 특히 버려진 아이들을 교육시켜 훌륭한 인재들로 키운 프란케의 사역은 이 시대에 교육을 책임지는 모든 기독 교사들에게 매우 중요한 모범이 된다.

한국 상황을 보면 기독교 교육이 보다 더 체계화되어 초등교육에서부터 고등교육에까지 일관성 있게 진행되어야 하며 동시에 사회의 여러 문제들에 대한 구체적 대안을 제시하는 모델을 개발하면서 해외의 학생들이 와서 이러한 교육선교모델을 배워 자기 나라에 적용할 수 있는 모범을 보여야 할 것이다. 이를 위해서는 이 분야에 종사하는 기독교 교육자들이 더욱 협력하면서 한국 교회와 함께 노력해 나가야 할 것이다.

"개혁된 교회는 항상 개혁되어야 한다(*ecclesia reformata semper refor-*

manda)."는 명제처럼 프란케는 루터의 종교개혁으로 교회의 개혁이 완성된 것이 아니라 계속 개혁되어야 할 필요성을 절감하였다. 그는 자신의 목회 현장에서의 경험을 통해 대안을 발견하였고 경건 및 교회 갱신을 위한 운동을 전개했다. 나아가 그는 교회뿐만 아니라 사회의 총체적 개혁에도 헌신하여 사람을 올바로 교육시켜 세상을 변화시킨 신앙의 거장이었다. 프란케에게 있어서 진정한 교육의 목적은 하나님께 영광을 돌리는 일이며 그리스도의 인격과 사역을 닮아가는 것으로 이는 하나님이 직접 그의 성령을 통해 하시는 사역이었다. 그는 교육자 또한 늘 하나님께 의존해야 함을 강조했으며 따라서 교육에서 기도의 중요성을 경시하지 않았다. 동시에 하나님이 역사하신다는 소망과 신뢰를 잃지 않았으며 기독 교육의 글로벌한 의미 또한 깊이 인식하고 있었다. 인간을 변화시킴으로 세상을 변화시킬 수 있다는 통찰력과 함께 교육에서 실습의 중요성 및 지속적인 혁신을 주장했다. 이처럼 변화를 두려워하지 않는 용기와 믿음을 가진 프란케는 진정 교육 사업 분야에서 모범적인 기업가(entrepreneur)라고 할 수 있을 것이다. 나아가 학생들에게는 롤 모델이 필요함을 직시하고 교사와 학생들 간에 친밀하고도 인격적인 만남과 교제가 얼마나 중요한지도 인식하고 있었다. 동시에 학생들도 책임의식을 키워야 하며 실제적인 노동을 통해 성장시켜야 함도 강조했다. 결국 프란케는 학문과 신앙 그리고 삶이 하나로 통합되어야 함을 인식하면서 삶의 모든 영역에서 하나님의 주권과 그 뜻을 드러내고자 했고 그렇게 전적으로 헌신함으로 귀하게 쓰임 받았으며 세상을 변화시킨 충성된 하나님 나라의 일군이었다. 따라서 한국 교회 및 기독 교육계는 이 프란케의 교육사상을 더욱 깊이 연구하고 본받아 이 시대에 새롭게 적용함으로 사명을 충성스럽게 잘 감당해야 할 것이다.

세상을 변화시키는 학문

참고문헌

배경식(1998). 『경건과 신앙』, 한국장로교출판사.

송순재(2009). "프란케의 경건주의 교육사상과 실천의 역사적 기여와 한계", 『신학과 세계』. 66, 2009/12, 342-392.

양금희(2001). "프란케", 『위대한 교육사상가들 II』. 교육과학사.

_____(2001). 『근대기독교교육사상』. 한국　장로교출판사

양승환(2015). "아우구스트 헤르만 프란케 교육 이해와 영향", 『한국 교회사학회지』. 41, 2015/9, 7-37.

윤화석(2009). "August Hermann Francke의 경건주의 교육사상: 경건과 기독교적인 삶의 현명함", 『기독교교육정보』. 22, 2009/4, 327-348

이성덕(2009). 『경건과 실천: 독일 경건주의와 A. H. 프란케 연구』. CLC.

이은재(2003). "프란케의 인간 이해와 교육철학", 『신학과 세계』. 48, 2003/12, 233-256.

조용선(2008). "경건주의의 교육과 선교 -할레 경건주의를 중심으로-", 『선교와 신학』. 22, 2008/8, 175-202.

주도홍 편저(2003). 『독일 경건주의』. 이레서원.

표준새번역성경

Ellsel, R.(2013). *August-Hermann Francke: Sein Leben und Wirken Francke-Buchhandlung.*

Francke, H. A.(1692). *Anfang und Fortgang seiner Bekehrung.*

_____(1969). *Werke in Auswahl, Erhard Pescheke Hrsg., Evangelische Verlagsanstalt.*

Hartmann, R. T.(1897). *August Hermann Francke.* Ein Lebensbild. Calw/Stuttgart, Verlag der Vereinsbuchhandlung.

Hertzberg, G. F. *August Hermann Franke Und Sein Hallisches Waisenhaus Let Me Print*, 2010.

Kotsch, M. *August Hermann Franke: Pädagoge und Reformer* Christliche Verlagsgesellschaft, 2010.

Kramer, G.(1876). A.H. *Francke's Pädagogische Schriften.* Langensalza: Comptoir von Hermann Beyer.

Menk, P. (2001). *Die Erziehung der Jugend zur Ehre Gottes und zum Nutzen des Nächsten: Die Pädagogik August Hermann Franckes(Hallesche Forschungen)*. Harrassowitz.

Obst, H. *August Hermann Francke und sein Werk* Harrassowitz, 2013.

Oschlies, W. *Die Arbeits- und Berufspaedagogik August Hermann Franckes*(1663-1727), AGP 6, Witten, 1969.

Otto, A. (1904). *August Hermann Francke-Band II-Beurteilung und Bedeutung der Franckschen Pädagogik*, Halle a.d. Saale, Pädagogischer Verlag von H. Schroedel.

Peschke, E. *Die Theologie August Hermann Franckes: Ein Beitrag zu Struktur und prägenden Ideen der Gedankenwelt einer der zentralen Gestalten des Pietismus* Verlag Linea, 2008.

_____. "August Hermann Francke und die Bibel: Studien zur Entwicklung seiner Hermeneutik", in Kurt Aland(Hg.), *Pietismus und Bibel*, AGP, Witten.

Schmidt, M. (1966). "August Hermann Franckes Stellung in der pietistische Bewegung", in: Dietrich Jungklaus Hrsg.: *August Hermann Francke*. Wort und Tat, Berlin, Evangelische Verlagsanstalt.

Yang, K. H. (1995). *Anthropologie und religioese Erziehung bei A .H. Francke und Fr. D. E. Schleiermacher*, Diss., Tübingen.

Zaunstöck, H., Müller-Bahlke, T. und Veltmann(2013), C. *Die Welt verändern. August Hermann Francke-Ein Lebenswerk um 1700 Katalog zur Jahresausstellung der Franckeschen Stiftungen vom 24. März bis 21. Juli 2013*. Hrsg. von. Halle.

en.wikipedia.org/wiki/August_Hermann_Francke

de.wikipedia.org/wiki/August_Hermann_Francke

세상을 변화시키는 학문

독일의 통일과 교회의 역할:
크리스치안 퓌러를 중심으로[1]

I. 서론

매년 10월 3일은 대한민국과 독일이 동시에 국경일로 지키는 날이다. 하지만 그 의미는 매우 다르다. 한국에서는 이 날을 개천절로 지키지만 독일은 이 날이 통독 기념일(Tag der Deutschen Einheit)이기 때문이다. 독일의 통일은 그 누구도 예측하지 못한 방식으로 일어났다. 그 과정을 자세히 살펴보면 다른 국제 정치적 변화 및 지도자들의 역할도 물론 중요했지만 적어도 독일 내에서는 개신교회의 역할이 매우 중요했음을 알 수 있다. 그런 의미에서 독일 통일은 '조용한 개신교 혁명'이라고도 불린다. 지금까지 독일의 통일에 관해 국제 관계, 정치적 내지 법적인 면에서 분석한 연구도 적지 않았고(신용호, 1998; 양창석, 2011; 염돈재, 2010; 전수진, 1995; Kohl, 김주일 역, 1998; Scheuch, & Scheuch, 김종영 역, 1992 등) 교회의 역할에 대해서 다룬 논문 및 저술도 있었으며(김기련, 2001; 김영한, 1994; 박명철, 1997; 정일웅, 2000; 주도홍, 1999) 양자의 관계에 관한 학술 모임들도 있었다.[2] 하지만 독일의 평

---

1 본 장은 「신앙과 학문」 2015년 제20권 4호, 197-222에 실렸던 것이다.

2 http://www.kidok.com/news/quickViewArticleView.html?idxno=35128,

화적 통일에 있어 가장 결정적인 도화선이 된 라이프치히(Leipzig)의 니콜라이교회(Nikolaikirche)에서 담임 목회자로 영적 리더십을 발휘하여 월요평화기도회를 인도하였던 크리스치안 퓌러(Christian Führer, 1943-2014)에 관한 연구는 거의 없다. 따라서 본 장에서는 그의 사상과 사역에 초점을 맞추려고 한다.

그러므로 본 장에서는 먼저 그의 생애에 있어 주목할 점들을 다섯 가지 단계로 나누어 살펴 본 후 평화의 상징인 니콜라이교회에 관해 세 가지로 간단히 설명하겠다. 그 후에 이 교회에서 퓌러가 주도한 평화기도회 및 그의 평화 사상에 관해 다섯 가지 중요한 점들을 언급하겠으며 이것이 어떻게 월요시위로 연결되었고 전개되었는지를 서술하겠다. 그 후 교회에서 시작된 이 기도 운동이 어떻게 마침내 평화적인 통일로 열매 맺게 되었는지를 고찰하겠다. 나아가 통일 이전에 이미 존재했던 동서독 교회의 유대관계를 살펴보면서 독일의 통일에 개신교회가 어떻게 결정적인 역할을 했는지를 밝힌 후 퓌러의 사역 및 독일의 통일이 남북한의 통일과 한국 사회 및 교회에 주는 함의를 논의함으로 결론을 맺도록 하겠다.

II. 독일의 통일과 교회의 역할

1. 퓌러의 생애

퓌러의 생애는 크게 다섯 단계로 구분해 볼 수 있다. 가장 먼저 주목할 부분은 그의 신앙적 가문이다. 그는 1943년 구동독 지역인 랑언로이바-오버하인(Langenleuba-Oberhain)의 목회자 가정에서 태어났다. 그의 조상들은 1732년 가톨릭 대주교였던 피르미안(Firmian)의 추방명령으로 그들의 고향인 잘쯔부르그(Salzburg)를 떠날 수밖에 없게 되자 결국 약 2만 2천여 명의 개신교도들과 함께 지금의 독일 작센(Sachsen) 지역으로 이주하게 되었다.

세상을 변화시키는 학문

하지만 그곳의 아우구스트(August) 대제가 폴란드의 왕이 되기 위하여 개신교에서 가톨릭으로 개종하자 다시 그곳에 더 이상 머무를 수가 없어 프로이센(Preußen)으로 피하게 되었으며 그 중 몇몇 사람들은 라우지쯔(Lausitz) 지역까지 오게 되었는데, 이들 중 하나가 바로 제1대 퓌러인 세바스티안 퓌러(Sebastian Führer)였고 그 후 이 가문은 목회자나 교회 지휘자 또는 직물을 짜는 직업을 가지고 있었던 전형적인 개신교 집안이었다(Führer, 최용준 역, 2012: 32-33). 그의 부친은 제 2차 세계 대전 당시 독일군 군목으로 사역하다가 포로가 되었고 종전 이후 석방되어 고향으로 돌아와 목회를 계속하였다.

두 번째로는 그의 학력 및 소명에 대한 자각이다. 퓌러는 김나지움(Gymnasium)을 다닐 때부터 부모 곁을 떠나 독일의 종교개혁자 마틴 루터(Martin Luther)가 성경을 독일어로 번역했던 바르트부르크(Wartburg)성이 있고, 음악의 아버지 요한 세바스티안 바흐(Johann Sebastian Bach)가 출생한 아이제나흐(Eisenach)에 있는 에른스트-아베-김나지움(Ernst-Abbe-Gymnasium)에서 공부한 후, 1961년부터 1966년까지 라이프치히 대학[3]에서 개신교 신학을 공부하였다. 당시 동독에서 장래가 촉망되는 청년이 신학을 공부한다는 것은 모든 사람들로부터 어리석게 보이는 선택이었다. 전혀 미래가 보장되지 않는 직업이었기 때문이다. 하지만 그는 부친의 영향을 받아 자신을 하나님의 나라를 위해 헌신하였고 그 후에도 이 소명에 대해 결코 후회한 적이 없었다(Führer, 최용준 역, 2012: 109).

그의 생애에서 세 번째로 중요한 부분은 대학을 졸업한 후 1968년 25세라는 젊은 나이에 목사 안수를 받아 작센 주의 라스타우(Lastau)와 콜디츠(Colditz) 두 군데서 12년간 목회한 기간이었다. 이곳에서 결혼하여 자녀를 낳아 기르면서 목회자로서 충분한 훈련을 받은 후 그는 1980년에 라이프치

---

3 당시에는 칼 마르크스(Karl Marx) 대학이라고 불렀다.

히에서 가장 큰, 나아가 동독 지역에서 가장 중심적인 개신교회 중 하나인 니콜라이교회의 담임목사로 청빙을 받게 된다. 당시의 시골 목회 사역에 충분히 만족하고 있었기에 처음에 그는 세 번이나 사양했지만 구약 성경 창세기 12장에서 아브라함이 본토와 친척을 떠나 하나님이 복의 근원으로 삼으실 땅으로 가라는 부르심에 응답한 사건과 신약 성경 사도행전 16장에 나타난 마케도니아인의 환상을 성령의 음성으로 인식한 바울이 자신의 계획을 수정하여 아시아에서 유럽으로 선교의 방향을 전환한 것을 기억하며 다시금 기도하던 중 마침내 그 초청을 수락하였다(Führer, 최용준 역, 2012: 156-157).

네 번째로 그의 사역에서 가장 절정의 시기라고 할 수 있는 기간은 바로 종교개혁 이후 니콜라이교회의 제 122대 담임 목회자로 부임하여 은퇴할 때까지 사역한 기간(1980-2008년)이라고 할 수 있다. 이곳에서 그는 독일 통일의 불씨가 된 월요평화기도회를 인도하기 시작하였고 그것은 나중에 비폭력적이고 평화적인 월요시위로 확산되어 결국 구동독 정권이 무너지고 베를린 장벽이 허물어지는 기적 같은 결과를 낳았다. 이러한 라이프치히에서의 일련의 사역이야말로 그의 생애에서 가장 주목할 만한 시기라고 말할 수 있는데 그는 말년에 그의 삶을 회고하면서 이 모든 일이 우연히 일어난 것이 아니라 하나님의 섭리였으며 전적으로 그분의 은혜였다고 자서전에서 고백하고 있다(Führer, 최용준 역, 2015: 12).

마지막 기간으로는 독일이 통일된 이후에도 그는 동독 지역의 실직자들을 돕기 시작하였고 평화 기도회를 계속 주관하다가 2008년 3월 30일 마지막 예배를 인도한 후 모든 공식적인 목회사역에서 은퇴하였다. 하지만 그 후에도 계속해서 다양한 활동을 하였다. 그중에서도 주목할 일은 그의 아내 모니카와 함께 그들의 사역을 정리한 책인 *Und wir sind dabei gewesen: Die Revolution, die aus der Kirche kam*(『그리고 우리는 거기에 있었다: 교회

세상을 변화시키는 학문

에서 시작된 혁명』)이라는 자서전을 출판한 것이다(2010).[4]

나아가 그는 평화적인 독일 통일에 기여한 공로를 인정받아 여러 종류의 상을 받았는데 그 대표적인 것은 2005년에 구소련의 서기장 미하엘 고르바 초프(Michael Gorbatschow)와 함께 수상한 아욱스부르거 평화상(Augsburger Friedenspreis)이다. 그 후 2013년, 평생의 동역자요 아내였던 모니카 퓌러 가 소천하자 약 일 년 후인 2014년 6월 30일 그도 믿음의 선한 싸움을 다 싸우고 달려갈 길을 마친 후 하나님의 부르심을 받았다. 이 두 분은 그의 부 모님이 묻혀 있는 고향 땅인 랑언로이바-오버하인 교회 묘지에 부모님과 함 께 나란히 누워있다. 나아가 그의 신앙적 유산을 이어 받아 그의 장녀 카타 리나(Katharina)와 장남인 세바스티안(Sebastian) 또한 목회자가 되어 지금도 계속해서 부친의 사역을 이어가고 있다.

2. 평화의 상징 니콜라이교회

퓌러의 사상 및 사역에서 핵심 단어는 '평화'라고 할 수 있다. 그리고 이 평화 사상은 그가 사역했던 라이프치히의 니콜라이교회와 결코 분리될 수 없다. 독일 중동부의 상업도시인 라이프치히는 구동독의 다른 도시들과는 다른 위상과 역사를 지니고 있다. 우선 이 도시는 교통의 요지이기에 수난 도 많이 겪었다. 30년 전쟁과 나폴레옹의 침입으로 많은 피해를 입었고 제 2차 세계대전이 끝날 무렵에는 연합군의 집중 폭격으로 도시 4분의 1이 파 괴되기도 했다. 그러면서도 라이프치히 시민들은 유난히 강한 자긍심을 가 졌고 오랜 상업 전통으로 확립한 국제성과 수준 높은 문화의식도 갖추고 있

---

4 독일이 통일된 지 20년이 지난 2010년에 그는 이 자서전을 통해 당시의 격동적 조짐과 소 망을 설명하며 오늘날까지 남겨진 유산이 무엇인지를 잘 요약하고 있다. 이 책은 2015년 8월에 외국어로는 최초로 필자에 의해 한국어로 번역, 출판되었다. 『그리고 우리는 거기 에 있었다: 교회에서 일어난 뜨거웠던 무혈혁명』(서울: 예영커뮤니케이션).

었다. 이미 중세 때부터 상품 박람회를, 1985년부터는 세계 최초 표준박람회(Mustermesse)를 개최하는 전통을 쌓아왔다(blog.naver.com).

이 도시의 중심에 니콜라이교회가 있는데 라이프치히 도시가 세워질 무렵인 1165년 로마네스크 양식으로 지어진 교회이지만 16세기 초에 고딕양식으로 완성되었다. 그런데 여기서 주목할 사실은 이 니콜라이교회가 평화의 상징들로 가득하다는 것이다. 이것을 세 가지로 나누어 설명할 수 있는데 우선 제단 바로 위 천장 가장 높은 곳에는 독일의 화가 아담 외저(Adam F. Oeser)가 그린 평화의 천사가 무지개를 타고 종려나무 가지를 손에 쥐고 있으며 그 두 손 사이에 평화의 비둘기가 있다. 나아가 가장 독특한 것은 교회를 받치고 있는 기둥들이 모두 종려나무 모습으로 장식되어 있는 것인데 이것은 외저로부터 배운 요한 다우테(Johann C. F. Dauthe)라는 건축가가 프랑스의 건축가였던 마르크 안토니 로지어(Marc-Antoine Laugier)의 자문을 받아 1784년부터 1797년까지 실내를 리모델링하면서 새롭게 디자인한 것이다.

나아가 퓌러는 니콜라이교회를 평화가 가득한 '축복의 장소(ein Raum des Segens)'라고 말하면서 내부를 '천국의 정원'으로 소개하는 동시에 세상과 연결된 통로로 이해하면서 동독 정권을 무너뜨린 기도의 능력을 강조한다.[5] 1992년 10월에 영국의 엘리자베스 2세 여왕이 독일을 공식 방문하면

---

5 자세한 내용은 다음과 같다. "영국의 왕실까지도 놀라게 한 교회당 내부는 내가 처음 보았을 때부터 나의 마음을 사로잡았다. 교회당 안은 천국의 정원을 본 떠 만든 것 같이 내부 기둥을 종려나무 모양으로 만들었고 천정에는 나뭇가지가 뻗어 있었다. 교회당 곳곳이 꽃이 피어나는 것을 주제로 하고 있었다. 제단, 제단 창살 그리고 강독단을 꽃봉오리 모양으로 만들었다. 세례석 뚜껑은 튤립 모양으로 만들었고 높은 제단에는 밀알과 포도열매 무늬를 넣었다. 교회당 내부를 전부 밝고 부드러운 색조로 완벽한 조화를 이루고 있다. 색유리창은 없었다. 그러므로 빛이 교회당 안으로 온전히 들어올 수 있게 해 놓아 색깔이 빛나게 만들어 놓았다.
그림들은 제단 주변에만 걸어 놓았는데 주로 예수의 생애와 관련한 그림이다. 이 외에 석

세상을 변화시키는 학문

서 이 니콜라이교회도 방문했다. 여왕은 독일과 유럽의 변화가 시작된 이곳을 보고 싶어 했기 때문이다(Führer, 최용준 역, 2015: 210).

이 모든 실내의 모습이 모자이크 또는 퍼즐처럼 합쳐지면 독일의 평화통일을 예비하신 하나님의 섭리였다고 볼 수 있다. 마지막으로 이 사실을 뒷받침하는 중요한 사실은 이 교회 이름의 의미이다. 원래 성 니콜라우스는 비즈니스맨들의 수호 성자였는데 당시 무역이 왕성하던 라이프치히를 대표하는 교회에 이 성자의 이름이 붙여진 것이다. 그런데 이 니콜라이(Nikolai)라는 말은 그리스어로 니코스(Nikos, 승리자)와 라오스(Laos, 백성)라는 말

고 부조가 4개 있는데 그것은 예수의 예루살렘 입성에서부터 십자가에 처형되기까지의 고통을 그린 것들이다. 바로 그 위 천정에 종려나무 가지를 든 천사와 평화의 비둘기가 있는 하늘 창문이 나 있다. 설교단 뚜껑 위에는 들의 백합화가 있는데 이것은 예수의 산상수훈을 생각나게 하는 것이었다...

교회당 정문을 들어서면 모든 것이 앞을 향하여 일직선으로 지어져 있다. 제단을 통해 세례석과 은빛 십자가 그리고 부활의 그림이 있는 대제단이 보인다: 예수님의 십자가와 부활이 동시에 보이는 것이다.

내가 예배시간에 예배위원들과 제단에 서서 성만찬을 준비할 때면, 열린 정문을 통해 바깥 메세호프파사쥐(Messehofpassage)까지 볼 수 있다. 교회 건축 설계사가 어느 정도 니콜라이교회당의 중앙 통로를 연장시킨 것 같다. 나는 이것을 예수님의 말씀과 비교해 보았다: 우리는 바깥세상의 사람들을 주시해야만 한다. 우리는 두터운 교회당 벽 안으로 우리 자신을 숨겨서는 안 되며 세상 사람의 근심과 문제에 관심을 가져야 한다. 왜냐하면 예수님도 자신을 교회당 안에 가두어 두지 않으셨고 길거리에, 시장에, 사람의 집에 그들과 함께 계셨기 때문이다. 예수님은 그들의 삶의 고통의 현장에 함께 있었다...

제단이 있는 곳을 떠나면 부활을 상징하는 촛불 나무를 지나게 된다. '폭파된 속박'이라는 이 나무는 40개의 촛불로 장식이 되어 모세가 시내산에서 계명을 받을 때의 40일과 이스라엘 백성이 이집트의 노예생활에서 나와 자유와 약속의 땅을 찾아 나선 광야 40년 생활을 생각나게 해 준다. 또한 예수님이 공생애를 시작하시기 전 40일 금식하신 것과 부활 후 승천하기까지 40일 그리고 1949년과 1989년 동독의 40년을 생각나게 한다.

우리는 우리의 역사와 성경 구원의 역사를 연결시키고 또 세상의 빛이 되신 예수의 비유와 연관시킨다. 그렇게 우리는 우리를 사랑하는 사람을 생각하며 또 우리의 기도를 필요로 하는 사람을 위하여 초를 켤 수 있다. 부활을 상징하는 촛불나무에서 '폭파된 속박'을 좀 더 가까이에서 보면 더욱 자세히 알 수 있다. 교회 안에서 그리고 교회로부터 두려움의 속박이 심지어 총체적인 세계관적 독재도 무너질 수 있다는 것을 암시해 준다(Führer, 최용준 역, 2015: 215-223).

의 합성어로 '승리자는 백성이다(Sieger ist das Volk. Winner is the people)'라는 의미이다. 이는 나중에 나타난 평화 혁명과 관계가 깊은 의미심장한 이름이 아닐 수 없다(Führer, 최용준 역, 2015: 161). 또한 이 니콜라이교회는 루터 및 바흐와도 인연이 깊다. 왜냐하면 이 교회는 루터의 종교개혁 이후 라이프치히의 대표적인 개신교회가 되었고 바흐는 인근에 있는 토마스 교회(Thomaskirche)와 함께 이곳에서 수많은 성가곡들을 작곡하고 연주하였다.[6] 하지만 본 장의 가장 주된 관심은 이 니콜라이교회가 독일 통일의 도화선이 되었고 나아가 평화 통일을 잉태한 모태가 되었다는 것이다. 즉 퓌러가 주도한 평화기도회가 결국 1989년 10월 18일, 호네커 동독 정권의 40년 철권통치의 막을 내리게 하고 11월 9일에는 베를린 장벽을 무너뜨린 평화 혁명의 기초가 되었기 때문이다. 따라서 이 평화기도회에 관련하여 그의 사상 및 사역에 대해 좀 더 깊이 살펴보겠다.

3. 평화기도회(Friedensgebete)

퓌러는 그의 자서전 한국어판 서문에서 이 기도회가 나중에 독일의 통일이라는 놀라운 열매를 맺은 것을 회고하면서 이것을 하나의 '겨자씨'에 비유했다(Führer, 최용준 역, 2015: 6). 처음에는 그 누구도 이 평화기도회가 그토록 엄청난 위력이 있는지 몰랐기 때문이다. 그런 의미에서 이 독일 통일의 역사는 복음의 능력을 가장 명확히 증명한 사건이라고 말할 수 있는데 이 부분도 다섯 가지로 보다 구체적으로 서술하겠다.

먼저 주목할 사실은 그가 인도한 기도회가 단지 기도만 하는 모임이 아니라 기도와 함께 보다 구체적인 행동을 실천했다는 점이다. 그가 니콜라이

---

6   그중에서도 1724년 성 금요일에 바흐는 그가 작곡한 요한의 수난곡을 이 교회에서 최초로 연주하였다.

세상을 변화시키는 학문

교회에 부임한 해인 1980년부터 동독 개신교 청년들의 저항운동이 일어나면서 그는 1980년대 초반 매년 가을에 열흘간의 기도회를 개최하였다. 이 기도회는 매우 독특한 방식으로 진행되었는데 먼저 오르간 연주로 개회한 후 성경을 봉독하고 설교하였고 음악과 함께 성찰하는 시간을 가지고, 현실적인 상황에 대해 정보를 제공하며, 당일 주제에 적절한 찬송을 부른 후, 중보기도 및 주기도를 함께 드리고 축도를 하면 마지막에 오르간 연주로 마쳤다. 이와 함께 다양한 행동들도 취했는데 평화를 지향하고, 군비증강을 반대하며, 군사적 행위 및 사고에 반대하는 시위와 동독 학교교육에서 사고의 군국화에 반대하는 시위 등을 벌였다. 퓌러에게 있어 '기도와 행동'(Beten und Handeln), '교회와 세상'(drinnen und draußen), '제단과 거리'(Altar und Straße)는 하나였던 것이다(Führer, 2013: 25). 그가 이러한 어려운 사역들을 감당하자 이 평화기도 기간은 동독 정권에 분명한 반대의사를 표현할 수 있는 플랫폼이 되었다(Führer, 최용준 역, 2015: 168).

두 번째로 중요한 점은 그가 동독 정권의 온갖 방해와 위협에도 낙심하거나 좌절하지 않고 더욱 이 기도회를 발전시켜 나간 것이다.[7] 평화기도 기간이 발전되면서 1982년 9월 20일부터는 매주 월요일 저녁 5시에 청년들을 중심으로 평화기도회를 개최하기 시작했다(Führer, 최용준 역, 2015: 192). 물론 동독은 종교의 자유를 보장하는 사회가 아니었고 따라서 교회는 항상 슈타지(Stasi)[8]라는 비밀경찰의 엄격한 감시 대상이었다. 그러나 다행히도 동독의 교회는 비교적 정권의 통제를 덜 받던 곳이었고 또한 동독 교회

---

7 여기서 우리는 누가복음 18장 1-8절에 나타난 예수 그리스도의 비유 및 교훈을 기억할 수 있다.

8 1950년부터 1990년까지 존재했던 동독의 정보기관으로 국가보안부(Ministerium für Staats sicherheit, 약자 MfS) 또는 슈타지(Stasi)로 불림.

를 지켜내려는 서독 교회의 지원[9]과 유럽 사회의 평화를 위해 기도회를 연다는 명분 그리고 동독 내 자유로운 종교 활동이 보장되어 있다는 동독 정권의 대외 선전 목적 때문에 그런 활동이 가능했다(blog.naver.com). 하지만 퓌러는 동독 정권의 특별한 요주의 대상이었으며 그를 완전히 제거하기 위한 열 단계 계획을 주도면밀하게 세워 놓았음을 그는 한 언론 인터뷰에서 밝히고 있다(www.youtube.com/watch?v=jASlH-3409g). 그럼에도 그는 특별히 로마서 12장 11-12절을 인용하면서 기도의 중요성을 강조했다(Führer, 2013: 23).[10]

세 번째로 강조할 부분은 그의 탁월한 목회 철학이다. 1986년부터 퓌러는 "내게로 오는 사람은 내가 물리치지 않을 것이다"라는 성경의 요한복음 6장 37절을 근거로 '니콜라이교회는 모든 이들에게 열려 있다(Niko-laikirche-offen für alle)'는 슬로건을 내걸었다. 그러면서 그곳의 청년들이 심지어 팝 콘서트를 개최할 수 있도록 허용해 주는 등 동독 사회의 소외된 계층과 비그리스도인들 나아가 시위 그룹들에게도 문호를 개방하기 시작하면서 그들을 품기 시작했고 그들의 마음이 교회로 향할 수 있도록 노력했다(Führer, 최용준 역, 2015: 190).[11] 이때부터 니콜라이교회에서는 진정한 의미의 자유와 복음의 능력이 체험되기 시작했고 바깥세상에서는 벙어리와 같은 사람들이 자신들의 소리를 낼 수 있는 행사의 형식을 빌려 열린 교회와 평화기도회로 장차 있을 평화 혁명의 뿌리가 내리기 시작한 것이다. 퓌러

---

9   보다 자세한 내용은 후술하겠다.

10 "열심을 내어서 부지런히 일하며, 성령으로 뜨거워진 마음을 가지고 주님을 섬기십시오. 소망을 품고 즐거워하며, 환난을 당할 때에 참으며, 기도를 꾸준히 하십시오." 본 장의 한글 성경은 모두 표준새번역을 사용하였다.

11 외국인 교회에도 문호를 개방하기 시작하면서 라이프치히 한인교회도 이곳에서 처음 시작하였다.

세상을 변화시키는 학문

는 앞서 한국어판 서문에서 이미 밝힌 바와 같이 이것을 마태복음 13장 31-32절에 나타난 '겨자씨 비유'로 설명한다(Führer, 최용준 역, 2015: 191). 그 결과 니콜라이교회는 라이프치히 시민들의 영적, 정신적인 중심이 되었고 동독 정권에 대한 저항운동의 본거지가 되어 결국 평화 통일이라는 기적의 열매를 맺은 것이다.

네 번째로 기도와 함께 1987년에 그는 올로프-팔매(Olof Palme)[12] 평화 순례대행진을 처음으로 주관하여 당국의 온갖 방해 공작에도 시행하였으며(Führer, 최용준 역, 2015: 253-259) 이듬해인 1988년 2월 19일에는 "동독에서의 삶과 체류(Leben und Bleiben in der DDR)"(Führer, 2013: 26-33)에 관한 강연회도 개최하였는데 당시 동독 정권이 해외여행을 금지하자 이에 불만을 품은 많은 재야인사들이 참여하였고 해외 이주를 하려는 젊은이들과 동독에 체류하려는 두 그룹 간에 진지한 논쟁이 이루어지면서 오히려 더 많은 사람의 주목을 받게 되어 이것이 궁극적으로는 동독 호네커(Erich Honecker) 정권에 대한 저항의 구체적인 시발점이 되었던 것이다(Führer, 최용준 역, 2015: 261-284).

마지막으로 이 평화기도회에서 퓌러는 매우 일관성 있게 평화의 복음을 선포했다. 월요 평화기도회가 계속되면서 그는 예수님의 산상 수훈을 본문으로 평화에 관한 메시지를 중점적으로 전했다. 그의 평화 사상을 단적으로 볼 수 있는 글은 그의 자서전 마지막에 있는 에필로그이다(Führer, 최용준 역, 2015: 523-527).[13] 그는 "지구에 평화를, 성탄절에만 제한되지 않는 묵상"이라는 제목으로 세상의 논리가 지배하는 평화의 상징인 로마 제국의

---

12 올로프 팔매는 스웨덴 총리로서 한때 핵무기 경쟁을 반대하면서 동서간의 150킬로미터를 핵무기가 없는 지대를 만들자고 제안하였으나 1986년 2월 28일 암살되었다.

13 이 글은 그의 다른 책인 frech - fromm - frei. Worte, die Geschichte schrieben. Evangelische Verlagsanstalt; Auflage: 2. Aufl. 2013의 79-82에서도 볼 수 있다.

평화(pax romana) 및 미국의 평화와 대조되는 예수께서 주시는 평화(요한복음 14장 27절)를 강조한다. 그는 본회퍼(Dietrich Bonhoeffer)를 인용하면서 그리스도께서 무기를 제거하시고 전쟁을 중단하셔서 하늘의 평화를 가져오시며(Bonhoeffer, 1934) 본회퍼도 그 길을 직접 걸어갔음을 지적한다. 그리스도께서는 성육신하셔서 하나님의 평화를 이 모순과 잔인한 충돌로 가득한 세상의 중심에 가져 오셨고 이 폭력이 난무하는 세상에서도 우리가 예수의 산상수훈을 진지하게 받아들이는 순간 이 평화는 현실이 됨을 강조한다. 이 진리는 심지어 비기독교인이던 마하트마 간디에게도 영향을 주어 전쟁이나 수많은 인명의 희생 없이 인도를 영국의 식민 통치에서 해방시켰음을 상기시킨다. 또한 미국에서는 마틴 루터 킹 목사가 이와 동일한 비폭력 정신으로 미국의 폭력적인 인종 차별에 대항하다가 피살당했지만 40년이 지난 후 오바마가 대통령에 당선됨으로 그의 자녀들과 미국 국민들은 예수님의 산상수훈이 현실화된 것을 경험했음을 또한 지적한다. 나아가 남아공의 넬슨 만델라와 데스몬드 투투 주교 또한 비폭력 정신으로 인종차별정책을 마침내 종식시켰음을 강조한다. 그러므로 라이프치히에서 일어난 월요시위 또한 같은 맥락에서 '친구 아니면 적'이라는 이분법적인 틀을 넘어선 그리스도의 평화와 비폭력 정신이 강박관념에 사로잡힌 불안과 두려움 그리고 혀와 주먹으로 하는 폭력을 넘어 다시금 승리했음을 보여 준다는 것이다. 그러므로 우리도 이 평화와 비폭력 정신을 진정으로 실행한다면 이와 동일한 놀라운 기적을 체험할 수 있다고 퓌러는 주장한다.

이와 관련하여 당시 그는 핵무기 배치를 반대하면서 내세운 이사야 2장 4절과 미가 4장 3절, 즉 "주께서 민족들 사이의 분쟁을 판결하시고, 원근 각처에 있는 열강 사이의 갈등을 해결하실 것이니, 나라마다 칼을 쳐서 보습을 만들고 창을 쳐서 낫을 만들 것이며, 나라와 나라가 칼을 들고 서로를 치지 않을 것이며, 다시는 군사 훈련도 하지 않을 것이다"는 말씀을 근거로

세상을 변화시키는 학문

'칼을 보습으로(Schwerter zu Pflugscharen)'라는 슬로건을 내걸었다(Führer, 최용준 역, 2015: 235-244).[14] 즉 그의 설교는 예수 그리스도의 복음의 핵심인 하나님 나라의 '샬롬(평화)'에 초점이 맞추어져 있었고 이것은 결국 수많은 군중들의 마음을 사로잡았으며 심지어 완전무장하고 시위를 진압할 모든 준비가 되어 있던 경찰들과 군인들조차도 무기력하게 만든 원동력이 되었던 것이다.[15]

그 결과 이 월요일 오후의 평화기도회로 니콜라이교회는 1982년부터 초신자들도 몰려들면서 숫자가 급증하게 되었고 주일 예배에 참석하는 인원도 증가하기 시작했다. 1980년 주일 교회 예배 출석인원은 평균 52명이었으나 2006년에는 거의 250명으로 늘어났다. 이렇게 된 데에는 다른 이유들도 있었는데 매번 예배를 드릴 때마다 성찬식을 거행하였고 일 년에 4번은 가족예배로 드렸으며 그때마다 세례식을 거행했기 때문이다. 청년들은 청년회를 통해 교회와의 연결을 찾았다. 그들 모두가 신앙 때문에 교회에 온 것은 아니었다. 하지만 니콜라이교회에서는 바깥세상에서 말할 수 없는 자신들의 문제를 다시 찾을 수 있었고 거기에 대해 말할 수 있었기 때문이었다. 나아가 1988년부터는 평화기도회를 통해 교회와 처음으로 접촉한 사람들이 주일 예배에도 오는 것을 볼 수 있었다(Führer, 최용준 역, 2015: 197).

이 평화기도회가 동독 전역에 알려지면서 드레스덴 등 다른 지역에도 영향을 주기 시작하자 1989년의 처음 몇 달 동안 동독 정권은 이 기도회를 점점 더 억압하면서 중단시키려 했다. 교회로 통하는 모든 도로를 차단하였고 교회 주변으로 몰려드는 수상한 사람들을 무작위로 체포하기도 하였다. 그

14　이 슬로건은 퓌러에게 너무나 중요하여 은퇴 후에도 그의 서재 벽 중앙에 말씀과 그림으로 걸려 있었음을 필자는 직접 목격하였다.

15　평화에 관한 보다 많은 그의 메시지는 앞서 언급한 퓌러의 다른 책인 *frech - fromm - frei. Worte, die Geschichte schrieben*에 수록되어 있다.

러나 결국 이것은 모두 실패로 끝났고 오히려 더 큰 반발을 불러 일으켰으며 월요 기도회에는 점점 더 많은 사람들이 참여하기 시작하여 마침내 철옹성 같은 동독 정권과 베를린 장벽을 여리고성 무너뜨리듯 하루아침에 무너지게 만든 월요시위의 시발점이 되었던 것이다.

4. 월요시위(Montagsdemonstration)

퓌러는 평화기도회가 결정적인 시간에 월요시위로 이어지는데 가장 중요한 가교역할을 했다.[16] 월요시위가 본격적으로 시작된 것은 1989년 9월 4일부터라고 말할 수 있는데 이 날 이후부터 '평화기도회'는 양상이 달라졌다. 구소련으로부터 시작된 변화의 물결이 동유럽에서 거세게 일어나던 것과 때를 같이하여 동독의 라이프치히는 새로운 정치운동의 시발점이 된 것이다. 이 날은 기도회가 끝났어도 사람들이 교회를 떠나지 않았고, 오히려 교회 앞 광장으로 모여들었다. 시민들도 이에 합세하기 시작했다. 슈타지의 강력한 경고에도 사람들은 거리로 행진하기 시작했다. 약 1천 명의 시민들이 "슈타지는 물러가라!(Stasi raus)" "여행의 자유를 달라!(Reisesfreiheit)"라는 구호를 외쳤다. 그러자 슈타지의 무력진압이 시작되었고 70명의 재야인사들이 체포되었다. 퓌러는 이러한 상황의 악화에 대해 매우 분노하면서도 침착함을 잃지 않았고 계속해서 평화의 메시지를 선포했다.

하지만 시위는 그치지 않았고 다음 주 월요일인 9월 11일에는 더 많은 사람들이 모여 들었다. 드디어 동독 사회를 변화시키고자 하는 '월요시

---

16 퓌러와 함께 중요한 역할을 한 사람으로는 크리스토프 본네베르거(Christoph Wonne-berger) 목사를 언급할 가치가 있다. 그는 드레스텐에서 목회하다가 라이프치히의 루카스교회로 부임하여 평화기도회 및 월요시위를 주도하였다. 보다 자세한 내용은 Mayer, Thomas(2014). *Der nicht aufgibt. Christoph Wonneberger - eine Biographie Evangelische Verlagsanstalt.* 『포기 않는 자』(우리민족교류협회, 2015) 참조.

세상을 변화시키는 학문

위(Montagsdemonstration)'가 본격적으로 시작된 것이다(Führer, 최용준 역, 2015: 338). 슈타지는 더욱 이에 맞서 체포와 강제진압으로 9월 11일과 18일의 월요시위에 대응했다. 하지만 9월 25일 평화기도회가 끝난 후 시작된 월요시위에는 8천 명이 합류하면서 저항 운동은 더 거세져 갔다. 일주일 후인 10월 2일의 월요시위에는 2만 명이 참가하면서, 슈타지와 시위대 사이에 유혈사태가 발생하기도 했다. 물론 이 부분을 본다면 월요시위와 처음부터 완벽한 평화적 시위라고 보기는 어렵다. 하지만 이후 가장 결정적인 날인 1989년 10월 9일부터 시작된 본격적인 월요시위는 시위의 양상이 평화적으로 달라지기 시작했다. 퓌러는 평화 혁명의 도화선이 된 월요시위의 준비 상황을 회상하며 모든 이들에게 열려 있던 이 교회가 많은 압력에도 결국 구동독의 모든 사람들을 연합시켰다고 증언한다.[17]

동독 정권은 1989년 10월 7일 건국 40주년 행사를 성대하게 거행했다. 그러면서 반동적인 데모에 대해서는 얼마 전 천안문 사태를 진압한 중국식

---

17 "모든 이들에게 열려 있는 니콜라이교회"는 1989년 가을에 실재가 되었고 우리 모두를 놀라게 했다. 결국, 이 교회는 구동독의 모든 사람들을 연합시켰다: 동독을 떠나려 했던 사람들, 단지 호기심을 가졌던 사람들, 정권을 비판하던 사람들과 동독 비밀경찰(Stasi) 요원들, 교회 임직자들, 독일 통일사회당(SED: Sozialistische Einheitspartei Deutschlands)원들, 그리스도인들과 비그리스도인들 모두 십자가에 죽으시고 부활하신 예수 그리스도의 넓은 품 안에서 하나가 되었다. 1949년에서 1989년까지의 정치적 현실을 고려할 때 이 사건은 모든 상상을 거부하는 초유의 실재가 되었다. 라이프치히에 종교개혁이 일어난 지 정확히 450년이 지난 1989년 기적이 다시 일어난 것이다.
1989년 5월 8일, 교회로 들어오는 모든 도로들은 경찰에 의해 차단되었다. 그 후 검문검색이 강화되었고 평화 기도회 기간에는 아예 출입이 금지되었다. 국가 기관들은 더욱 이 평화기도회를 취소하도록 압력을 가했고 변두리 지역으로 옮기려 했다. 월요일마다 많은 사람들이 평화기도회에 참여하려다 체포되었고 "일시적으로 구금"되기도 했다. 그럼에도 더 많은 방문객들이 교회로 몰려들었고 최대수용인원인 2,000명의 좌석도 부족하게 되었다. 그 후 1989년 10월 9일의 결정적인 기적이 일어난 것이다(www.nikolaikirche-leipzig.de). 그래서 퓌러는 이 날을 '결단의 날(Der Tag der Entscheidung)'이라고 말한다(Führer, 최용준 역, 2015: 11).

해법을 적용하여 무력진압도 불사하겠다고 동독 국민들을 공공연히 위협했다. 그리고 그것은 구체적으로 실행되어 동독의 슈타지는 계속해서 퓌러에게 압력과 위협을 가하기 시작했으나 그가 타협하지 않고 사태가 악화되자 베를린 장벽이 붕괴되기 한 달 전인 1989년 10월 9일, 마침내 8천 명의 동독 군인들과 경찰병력이 니콜라이교회 앞에 집결하였다. 그날 아침 익명의 전화가 걸려 오면서 평화기도회를 계속하면 교회를 불 질러 버리겠다고 협박하는 사람도 있었다(Führer, 최용준 역, 2015: 356). 그럼에도 그날 저녁 평화기도회는 다시 열렸다. 놀라운 사실은 그날 오후 2시부터 동독 비밀경찰 요원들과 당원들 600여 명이 교회로 들어와 기도회에 참여하게 된 것이다. 이들은 기도회를 감시, 통제하러 왔으나 퓌러는 당황하지 않고 그들에게도 니콜라이교회는 문이 열려 있음을 상기시키며 환영했고 결국 그들은 처음으로 퓌러를 통해 복음을 듣게 되었으며[18] 결국 이 평화의 복음은 그들의 마음과 행동까지도 사로잡게 되었던 것이다.

그 이후 평화기도회는 놀라울 정도로 침착하면서도 집중하는 분위기 속에서 진행되었다. 기도회가 끝나기 직전에 퓌러는 나중에 "6인의 호소"로 역사에 기록된 호소문을 낭독했고 동시에 마주르(Kurt Masur) 교수가 라이프치히 라디오 방송에서 같은 호소문을 낭독했다.[19] 그 후 게반트하우스

18　그는 "돈이 있는 자는 행복하다."고 말하지 않고 "마음이 가난한 사람은 복이 있다."고 말했다(마 5:3). 그는 "적을 타도하라"고 말하지 않고 "… 네 원수를 사랑하라…"라고 말했다(마 5:43-48). 그는 "모든 것이 옛날과 같이 변하지 않는다."고 말하지 않고 "이와 같이 꼴찌들이 첫째가 되고, 첫째들이 꼴찌가 될 것이다."고 말했다(마 20:16). 그는 "정말 조심해라."라고 말하지 않고 "누구든지 제 목숨을 구하려고 하는 사람은 잃을 것이요, 누구든지 나를 위하여 제 목숨을 잃는 사람은 목숨을 구할 것이다."라고 말했다(눅 9:24) 그는 "너희는 크림"이라고 말하지 않고 "너희는 세상의 소금이다."라고 말했다(마 5:13-16)(Führer, 최용준 역, 2015: 361-362).

19　원문은 다음과 같다: "라이프치히 시민이었던 마주르 교수, 찜머만 신학박사, 희극인 베른트-루쯔 랑에(Bernd-Lutz Lange), 독일 사회주의 통일당 지역대표 서기장이었던 쿠르

세상을 변화시키는 학문

(Gewandhaus) 수석지휘자와 희극인 베른트 루쯔 랑에(Bernd-Lutz Lange)가 비폭력을 선포함으로, 교회, 미술, 음악과 복음이 하나로 연합되었고 평화 기도회는 주교의 축도로 끝나게 되었다. 그는 방문객들 및 이 날 참석한 약 600여 명의 당원들에게도, 선동에 휩쓸리지 말며, 폭력에 끼어들지 말고 또 폭력적으로 대응하지 말아 줄 것을 강력하게 촉구했다.

교회 문이 열렸고 2천여 명의 사람들이 교회당을 나섰을 때 놀랍고 감동적인 광경이 이들을 기다리고 있었는데 교회 마당과 주변 거리에는 만여 명의 사람들이 손에 초를 들고 기다리고 있었던 것이다. 퓌러는 "우리는 당신들과 함께 하기 원합니다"라고 소리쳤고 문 앞에 있던 사람들에게 교회 안의 사람들이 나갈 수 있도록 자리를 비켜달라고 부탁했을 때 사람들은 기꺼이 자리를 만들어 주었다. 그들은 한 손에 비폭력을 의미하는 초를 들고 다른 한 손은 촛불이 꺼지지 않도록 바람을 막아야 했기 때문에 돌이나 몽둥이를 들 수 없었던 것이다(Führer, 최용준 역, 2015: 363-364).

시위 행렬은 서서히 시내를 관통하여 행진하기 시작했고 마침내 기적이 일어났다. 폭력을 거부한 예수 그리스도의 영이 대중들의 마음을 사로잡아 평화로운 "힘"이 그 능력을 발휘하기 시작했다. 이렇게 수많은 인파 속에는 당연히 폭동을 계획한 사람이 있었을 것이다. 하지만 이런 사람들이 도발

트 마이어(Kurt Meyer), 요흔 폼메르트(Jochen Pommert), 롤란드 뵛쩰(Roland Wötzel) 등이 다음의 호소문으로 라이프치히 시민들에게 호소합니다. 우리 모두가 공동으로 느끼고 있는 염려와 책임의식이 오늘 우리를 모이게 했습니다. 우리는 우리 시에서 전개되고 있는 상황에 직면하고 있으며 그 해결책을 찾고 있습니다. 우리 모두는 우리나라 사회주의의 미래에 대해 자유로이 의견을 교환하는 것이 필요합니다. 그러므로 앞서 언급된 사람들은 전력을 다해 자신들의 권위를 다하여 이 대화가 라이프치히 지역에서만 이루어지는 것이 아니라 정부와도 이루어질 수 있도록 최선을 다하여 노력할 것을 모든 시민들에게 약속합니다. 평화로운 대화가 이루어질 수 있도록 여러분들께 신중하게 행동해 줄 것을 간곡히 부탁드립니다. 쿠르트 마주르가 낭독하였습니다." NEUES FORUM LEIPZIG Jetzt oder nie(라이프치히 신 포럼, 지금 아니면 영원히 안 됨). München, 1990.

하려고 하면 사방에서 사람들이 초를 들고 "비폭력"이라는 구호와 함께 그들을 막아섰던 것이다. 몇몇 시위대는 "비폭력"이라고 쓴 띠를 두르기도 했으며 심지어 시위하던 사람들은 근처에 서 있던 제복을 입은 사람들, 즉 군인들, 전투부대, 경찰관들까지도 대화로 이끌어 들였다. 이 부분은 나중에 에리히 루스트(Erich Loest)가 니콜라이교회 이야기를 소설로 쓴 작품(Loest, 1997)을 근거로 프랑크 바이어(Frank Beyer)가 제작한 '니콜라이교회(Niko-laikirche)'라는 영화에서도 아주 잘 묘사되었다. 전해지는 이야기에 의하면 당시 동독 비밀경찰의 총책임자였던 호르스트 진더만(Horst Sindermann)은 1989년 10월 9일을 회상하며 "우리는 모든 것을 계획했다. 그리고 모든 상황에 대해 준비되어 있었다. 단지 촛불과 기도에 대해서만 제외하고 말이다"라고 말했다고 한다(Führer, 최용준 역, 2015: 365).

시위 행렬이 그림마이쉔거리(Grimmaischen Strasse)에서 출발하여 오페라하우스와 중앙역을 지나 비밀경찰이 들어서 있는 구역을 향하자 슈타지 비밀경찰은 자기 사람들을 조심스럽게 퇴각시켰으며 건물 안에는 불이 모두 꺼졌다고 한다. 이 날 저녁에는 승리자도, 패배자도 없었다. 어느 누구도 어떤 사람에 대해 승리를 자랑하지 않았고 아무도 체면을 잃지 않았다. 창문 하나도 깨어지지 않았으며 목숨을 잃은 사람도 없었다. 이와 같이 비폭력은 교회 안에서만 머무르지 않았고 거리와 광장에서 실천되었던 것이다. 군중들 중 일부는 투쟁적이고 무신론적인 교육을 받았음에도 그들은 의식적으로 폭력에 저항하겠다고 결정했다. 이는 그들의 세계관이 근본적으로 변화되었음을 입증한다. 비폭력의 전통이 전혀 없고 오히려 두 번이나 세계대전을 일으켜 무지막지한 폭력을 유대인들에게 행사했던 게르만 민족에게서 독일 역사상 최초인 무혈평화 혁명이 기적적으로 일어난 것이다(Führer, 최용준 역, 2015: 366-367).

여기서 분명히 알 수 있는 것은 퓌러가 평화기도회를 인도한 것뿐만 아

세상을 변화시키는 학문

니라 월요시위도 주도했으며 그와 함께 한 사람들과 지혜롭게 동역할 줄 아는 리더였다는 것이다. 그 결과 일주일 후인 10월 16일 월요시위는 동독 전역으로 확산되었고 라이프치히에는 12만 명에 달하는 사람들이 시위에 참가했으며 11월 6일에는 무려 40만 명으로 늘어났다. 당시 라이프치히 인구가 55만 명이었음을 감안한다면 매우 놀랄만한 수치가 아닐 수 없다. 이처럼 민주적인 변화를 촉구하며 동독 전체로 퍼진 이 혁명은 끝까지 평화롭게 진행되어 "우리가 주인이다(Wir sind das Volk). 우리는 하나의 국민이다(Wir sind ein Volk)"를 외치며 통일된 독일 지도를 들고 행진하던 군중들은 마침내 피한방울 흘리지 않고 독일의 통일을 이루어낸 것이다.

이렇게 사태가 걷잡을 수 없이 확대되자 10월 18일 동독의 최고 권력자였던 호네커는 수많은 군중들의 시위를 더 이상 통제할 수 없다고 판단했는지 권좌에서 물러나고 말았다. 그 후, 그가 인민 교육부장관이었던 그의 부인 마르고트와 함께 도피, 망명하면서 은신처로 선택한 곳은 동독의 큰 형격이었던 소련의 영내도 아니었고 동독 군대의 병영도 아니었으며 독일 사회주의 통일당이나 자유 독일 노총(FDGB: Freie Deutsche Gewerkschafts-bund)의 휴양지도 아닌, 역설적으로, 로베탈(Lobetal) 지역의 우베 홀머(Uwe Holmer)라고 하는 개신교 목회자 가정이었다(Führer, 최용준 역, 2015: 234). 이곳에서 그는 1990년 1월 30일부터 4월 3일까지 부인과 함께 숨어 있다가 동 베를린 소재 소련 야전병원으로 도피한 후 구 소련으로 망명했던 것이다. 이렇게 호네커 서기장이 정권에서 물러나자 1989년 11월 9일 베를린 장벽은 너무나 쉽게 무너졌고 서독의 헬무트 콜(Helmut Kohl) 총리의 리더십 하에 이듬해인 1990년 10월 3일 독일은 법적으로 통일되었다.[20]

---

20 1989년 10월 9일 이날의 무혈 평화혁명을 기념하기 위해 니콜라이교회 광장 곁에 세워놓은 대리석으로 만든 종려나무 기둥 조각은 어떤 극한적인 경우에도 비폭력적인 저항과 평화는 가능하며 승리한다는 사실을 웅변적으로 상기시켜 주고 있다.

5. 교회에서 시작된 평화 혁명

이렇게 전개된 월요시위가 비폭력 및 평화 혁명으로 이어지면서 단기간에 동독 정권을 붕괴시킨 사건을 두고 퓌러는 두 성경 구절을 인용하여 설명했다.

힘으로도 되지 않고, 권력으로도 되지 않으며, 오직 나의 영으로만 될 것이다(슥 4:6).

주님은 그 팔로 권능을 행하시고 마음이 교만한 자를 흩으셨으니, 제왕들을 왕좌에서 끌어내리시고 비천한 사람을 높이셨습니다(눅 1:51-52).

이 두 말씀의 능력을 그는 철저히 경험했다고 강조한다. 교회에 수천 명이 있었고 시내 중심을 에워싼 수만 명이 거리에 있었지만 가게의 유리창 하나도 깨어지지 않았다. 이것이 바로 비폭력과 평화의 믿기 어려운 힘을 경험한 순간이었던 것이다. 따라서 퓌러는 그의 자서전 서문에서 이 사건을 회고하면서 이러한 기적은 결코 자신의 능력에 의한 것이 아니라 오직 하나님의 은혜였다고 겸손히 고백하는 동시에 이 사건을 결코 잊어서는 안 되며 미래를 향한 밑거름이 되어야 함을 강조하고 있다.[21]

---

21   원문은 다음과 같다. "니콜라이교회의 목회자로서 이 일에 직접 관여했던 나는, 이 평화 혁명이 교회에서 수년간 설교한 산상보훈에 있는 예수님의 비폭력 정신에서 나온 것임을 단언한다. 교회에서부터 비롯된 비폭력적 행동 강령이 대중의 마음을 사로잡았고, 이것이 바로 거리에서 행동으로 옮겨진 것이다. "비폭력!"이라는 강력한 외침이 그때까지 국민의 지지를 받지 못하고 또 국민을 억압하던 시스템을 쓸어버린 것이다.
독일인들은 그때까지 한 번도 혁명에서 성공해 본 적이 없었다. 이 평화 혁명은 피 한 방울 흘리지 않고 거둔 첫 성공이었다. 독일 정치사에서 유일하게 성공한 사례이다. 그야말로 성경적인 메시지가 낳은 기적인 것이다!
금세기 마지막에, 전례 없는 1, 2차 세계 대전을 통해 국민들이 무자비하게 파멸된 상황에

세상을 변화시키는 학문

위의 내용을 종합해 볼 때 독일의 통일은 물론 다른 외부적인 요소들도 많이 있지만 한 목회자의 철저한 헌신과 그를 통해 역사한 하나님의 말씀, 즉 평화의 복음에 대해 니콜라이교회를 중심으로 모인 시민들의 온전한 응답의 결과 역사적으로 전무후무한 평화적 무혈 혁명이라는 방법으로 이루어진 것임을 알 수 있다. 나아가 이 사건은 동구권에 개혁의 바람을 일으켜 민주화 운동의 시발점이 되었고 소련 역시 붕괴되고 자치 공화국들이 독립하면서 전 세계의 역사를 바꾸어 놓는 놀라운 결과를 낳게 되었던 것이다.

6. 동서독 교회의 특별한 결속

여기서 또한 추가적으로 언급해야 할 중요한 사실은 1989년에 일어난 이 극적이고 역사적인 통독의 배후에는 분단의 기간에도 서독 교회 성도들이 동독 교회를 잊지 않고 꾸준히 그리고 신실하게 헌신하여 희생적으로 섬겼다는 것이다. 라이프치히 니콜라이교회의 평화기도회가 동독 교회 및 국민 전체를 깨우는 역할을 감당한 반면, 서독 교회는 매년 동독 교회에 물질 및 헌금으로 섬기고 도와줌으로 그리스도 안에서 한 형제자매임을 실제적으로 보여 주었다. 결국 베를린 철의 장벽에도 동서독 교회 간에는 하나 된 결속감이 살아 있었으며 이 하나 됨이 이데올로기라고 하는 여리고성도 하루아침에 무너뜨린 것이다. 이런 면에서 퓌러가 섬겼던 니콜라이교회도 예

이어, 예수님에 의한 귀한 열매가 나타난 것이다!
나는 이것을 오직 은혜라고 설명할 수밖에 없다. 이것은 우리 교회와 함께 참여한 모든 교회들을 향하신 은혜였다. 우리 도시와 다른 도시들 그리고 마을을 향한 은혜였다. 우리 민족 전체를 향한 그분의 은혜였다…
이것은 결코 성공 신화가 아니라 고향, 가족, 교회 그리고 힘들었지만 아름다운 길로 나를 인도하는 데 불가분리적으로 함께 했던 모든 사람의 신앙 이야기다. 내가 기적들을 통해 더욱 성숙하게 된 것에 대해서는 성경에 감사하고 싶다. 이렇게 나는 가능한 것보다 더 많은 것들이 가능함을 알게 되었다. 그리고 실제로 평화 혁명의 기적을 경험했다(Führer, 최용준 역, 2015: 11-14)."

외는 아니었다.

그에 의하면 동독 당시에 있던 8개의 개신교 주회들은 원래 서독에 있던 독일 개신교회(EKD: Evangelischen Kirche in Deutschland) 소속이었다. 그 후 동독 교회는 동독 정부의 압력으로 1969년에 '동독 개신교회 연맹(BEK: Bund der Evangelischen Kirchen der DDR)'이라는 단체를 만들게 되었다. 그럼에도 동독 교회는 서독 교회와 하나의 공동 교회를 추구하였으며 그들도 독일 개신교회에 소속되었다는 것을 결코 포기하지 않았다. 즉 동독 교회는 동독 정권에 의해 구석으로 내밀리지도 않았으며 매수되지도 않았던 것이다. 하지만 이와 동시에 동독 교회가 독일 개신교회 소속임을 고수함으로 여러 문제가 발생하기도 하였는데 이것이 동독 정부에게는 계속해서 눈의 가시 같은 역할을 했기 때문이다. 다른 한편 동독 정부에게는 새롭게 구성된 동독 개신교회 연맹이라는 단체와 공동으로 위원회를 구성하여 협상할 수 있는 이점이 있기도 했다. 그런 와중에도 동독 교회는 여전히 서독 교회들과 자매결연 형태로 깊은 유대 및 결속관계를 가지고 있었다. 하지만 동서독 교회들 간의 규정 같은 것은 없었으며 개별 주교회들 간 파트너십은 이에 전혀 영향을 받지 않았고 퓌러 또한 1969년 연맹 결성에 대해 동독 교회들이 오히려 활동 범위를 넓힐 수 있는 가능성의 문이 열린 것으로 평가했다(Führer, 최용준 역, 2015: 231-232). 퓌러가 이러한 결속관계에서 어떤 구체적인 역할을 하지는 않았지만 그 또한 이러한 유대관계가 결국 동독 정권에 대해 동독 교회가 '사회주의를 위한 교회도 아니며 사회주의를 반대하는 교회도 아니라 사회주의 내에서의 교회'로 순응하는 동시에 지속적으로 저항하여 동독의 종말에 결정적으로 기여할 수 있는 큰 힘이 되었다는 사실을 인정하고 있다(Führer, 최용준 역, 2015: 234).

이 부분에 대한 보다 자세한 내용은 주도홍의 연구가 가장 주목할 만한데(주도홍, 1999, 2006) '동독 개신교회 연맹'이 출범한 후 동서독 교회들은

세상을 변화시키는 학문

교회법 4조 4항에서 "동독과 서독의 모든 개신교회들이 각자의 기관을 통하여 동반자적 자유를 가지고 함께" 만나기 위하여 "특별한 유대관계(die besondere Gemeinschaft)"가 있음을 명시하였다(주도홍, 1999: 77; 2006:21). 이 관계를 보다 자세히 살펴보면 우선 동서독 교회는 이 "특별한 유대관계"를 지속적으로 유지시키기 위하여 양편의 멤버들로 구성되는 "자문단(Beratergruppe)"과 "협의단(Konsultationsgruppe)"을 구성하였는데, 전자는 교회적인 문제를 위해서, 후자는 사회참여적인 세계 평화와 화해의 문제 등을 의논하기 위해 구성되었다. 이러한 모임은 두 교회의 공식적인 모임을 위한 사전에 모이는 사적 모임의 성격도 강하였는데, 어떤 때는 서로의 일상적인 안부와 소식을 전하기도 하였고, 분단된 민족의 아쉬운 형제애적 사랑을 나누는 현장이 되기도 하였다. 물론 서로의 사업계획을 의논하고 필요할 때는 은밀한 도움을 요청하는 통로이기도 하였던 것이다. 이러한 모임 자체가 그렇게 쉬운 것은 아니었지만 그럼에도 이 모임은 독일 통일이 이루어지는 순간까지 계속되었다는 사실을 기억할 필요가 있다. 이 모임은 결국 서로를 이해하며 사랑하는 관계로 이끌게 되었는데, 다름 아닌 서독 교회의 동독 교회를 돕는 프로그램으로 연결된 것이다(주도홍, 1999: 78-79; 2006: 21-22).

그렇다면 구체적으로 서독 교회는 어떻게 동독 교회를 지원했는지 주도홍은 다음과 같이 설명한다(주도홍, 1999: 80-86). 첫째로 서독 교회는 언제나 명목 있는 재정 지원을 했다. 분단 당시 동독 교회는 신앙적으로뿐만 아니라, 물질적으로도 극심한 어려움에 처해 있었는데 그 이유는 무엇보다도 동독정권의 교회가 스스로 자멸되도록 하는 여러 가지 종류의 핍박정책 때문이었다. 그중에서도 물질을 끊는 정책을 구사하게 되었는데, 독일 교회의 유일한 재정 수입원이었던 교회세 제도를 법으로 금지하는 동시에, 신도들은 일반 동독시민들이 누리는 보험 및 연금제도 등의 혜택을 누리지 못하게 하는 철저한 불이익을 당했다. 심지어 신앙 활동을 범죄활동으로 규정하면서 감옥에 가두는 등의 박해 전략을 실시하였던 것이다. 이러한 동독 교회를 서독 교회는 순수한 사랑에 의해 물질적으로 도왔는데, 언제나 명목 있는 도움으로 도움을 받는 상대방의 자존심을 지켜주었고, 그러면서도 더욱 놀라운 것은 단 한 번도 도와준 돈의 사용처를 확인하지 않았다는 점이다. 돈의 사용 용도를 묻게 되면 이러한 재정지원을 계속할 수 없음을 알았기에 그들은 어려운 형편에 처한 형제를 그저 그리스도의 성령의 사랑으로 도왔다는 사실을 확인하였다.

둘째로 이러한 서독 교회의 재정지원은 결코 그 규모가 작지 않았으며, 또한 단회적이거나 과시적이 아닌, 지속적이고 인격적이었다. 매년 동독 교회를 위한 물질적 지원이 한화로 약 300억 원에서 400억 원에 달하였으며 이러한 도움을 주면서도 매우 지혜롭게 직접 금전을 지불하는 동시에 그들이 필요로 하는 물자들을 공급하기도 했다. 이 금액에서 절반 정도는 동독 교회의 재정으로 충당되었고, 20% 정도는 교회의 사회봉사 활동에 사용되었으며, 남은 13% 정도는 청소년 사역, 교육기관 또는 휴양 시설을 유지하는데 사용되었다(Heidingsfeld, 1993: 98-100).

또한 이를 위해서는 서독 정부의 적극적 도움 및 동독 정권의 묵인 내지는 협조도 있어야 했다. 실제로 서독 정부 또한 교회의 재정 지원 프로그램을 배후에서 은밀하게 지원했다. 이러한 프로그램에는 동독 교회를 돕는 형태와 정치범 등의 석방을 위한 형태가 있었는데, 전자를 위해서는 반액을, 후자를 위해서는 전액을 담당하였다. 그러면서도 서독 정부는 결코 생색을 내거나 드러내지 않았다는 점은 매우 주목할 만하다. 이는 단지 서독 교회의 프로그램일 뿐이었지만 이를 위해 서독 정부는 법적으로 재정적으로 도움을 주었던 것이다. 이러한 서독 교회의 재정적 지원은 결국 동독의 교회뿐만 아니라, 동독을 돕는 결과를 가져왔다. 즉 외화 획득뿐 아니라, 신앙의 박해 가운데 처한 동독 교회를 활성화시켰던 것이다(주도홍, 1999: 83-85).

세상을 변화시키는 학문

물론 이러한 재정지원 정책을 반대하는 사람들도 없지 않았다. 그 이유는 동독의 공산정권을 더욱 견고히 유지시키는 결과가 된다는 이유에서였다.[22] 그러나 실제로 이러한 서독 교회의 재정적 지원은 결국 동독 교회의 계속적인 복음전파를 가능케 함으로써 동독인들의 삶에 중요한 원리를 제공하여 유물론적 사회주의를 대적할 수 있는 토양을 형성시켜 결국 동독 정권의 붕괴를 재촉하는 결과를 가져오게 했다는 점을 우리는 잊어서는 안 될 것이다. 또한 1990년 독일이 법적으로 통일되었을 때 이러한 동서독의 "특별한 유대 관계"가 결국 정치적으로 분단된 동서독을 견고히 묶어 주는 연결고리의 역할을 감당하였음을 독일 교회는 로꿈(Loccum) 선언을 통해 재차 확인하였다(Kremser, 1993 : 85-86).

이러한 재정적 지원의 다른 축을 형성하고 있던 그룹은 다름 아닌 "디아코니(Diakonie) 재단"의 활동이었는데 이들이 갖고 있었던 철학은 다름 아닌 "섬김의 신학"이었다고 주도홍은 강조한다(주도홍, 1999 : 86-91). 이들의 활동을 보면 앞서 언급한 동서독 교회의 "특별한 유대관계"는 이미 1958년부터 '독일 교회연합'의 주도하에 시작되었다는 사실도 알 수 있다. 즉, 독일인의 삶 가운데서 '보이는 사랑'의 실천은 이미 생활화되어 '독일 교회연합'의 주도하에 동독에 대해 물자 지원을 계속하고 있었으며 이러한 지원 프로그램은 통일된 이후인 1991년에 비로소 종료되었다. 디아코니의 활동은 병원, 양로원, 고아원 등을 위시하여 도움의 손길이 필요한 그 어떠한 기관이라도 그리스도의 따뜻한 사랑으로 찾아가 그들의 이웃이 되었다. 물론 여기에는 막대한 물질적 지원이 뒤따라야만 했다.[23] 이러한 디아코니의 활동은 결국 동서독의 인간관계를 언제나 견고히 묶어 주는 "사랑의 띠"였던

---

22   남한에도 이러한 이유로 북한 교회를 돕는 것을 반대하는 분들이 적지 않다.

23   1972년에는 무려 1억 2천만 마르크였다(주도홍, 1999 : 87).

것이다. 이러한 동서독 교회의 특별한 관계에 대해 "디아코니 재단"의 회장이었던 노이캄(Karl H. Neukamm)은 다음과 같이 증언한다.

> 동서독 교회의 두 디아코니 재단들이 했던 것처럼, 세상의 그 어떤 다른 기관들도 서로 그렇게 가깝게 하나 되어 일을 추진했던 예는 없습니다. 이러한 이유에서 독일의 통일이 영적인 면에서뿐만 아니라, 기관적으로도 속히 이루어지길 바랍니다(Diakonie–Jahrbuch 90:115).

1978년 3월 동독정부와 동독 교회가 대화를 시작한지 12년이 지난 후에 동독은 더 이상 존재하지 않았다. 이로써 동독 교회연맹(BEK)은 더 이상 존재의미가 없어졌고 독일개신교회(EKD)연합이 다시 부활되었던 것이다. 이와 같이 동서독 교회는 분단 기간에도 영적 일치감을 잃지 않았고 계속해서 기도와 물질로 교제한 것이 결정적인 순간에 동독 정권을 무너뜨리는데 결정적 역할을 하였음을 알 수 있다.

III. 결론

지금까지 우리는 독일의 평화 통일에 결정적으로 기여한 퓌러의 생애와 사상 및 사역을 중심으로 라이프치히 니콜라이교회에서 일어난 월요평화기도회가 어떻게 독일의 분단을 극복하고 통일을 가져왔는지를 보았다. 먼저 그의 생애에 있어 주목할 점들 다섯 가지를 살펴 본 후 니콜라이교회가 어떤 점에서 평화의 상징인지 세 가지로 설명했다. 그 후에 이 교회에서 퓌러가 주도한 평화기도회에 관해 다섯 가지 중요한 부분들을 그의 평화 사상과 함께 고찰하였고 이것이 어떻게 월요시위로 연결, 전개되었는지를 서술하였다. 그 후 교회에서 시작된 이 기도 운동이 어떻게 마침내 평화적인 통

세상을 변화시키는 학문

일로 열매 맺게 되었는지를 살펴보았고 나아가 통일 이전에 이미 존재했던 동서독 교회의 유대관계를 언급하면서 독일의 통일에 동서독의 개신교회가 어떻게 결정적인 역할을 했음을 진술하였다. 결국 니콜라이교회는 퓌러와 성도들이 시작한 평화기도회를 통해 하나님의 방법으로 하나님의 때에 통일의 문을 열었고 배후에는 서독 교회가 있었다고 할 수 있다.

그렇다면 이 평화 기도회를 보며 분단시대를 살고 있는 한국 사회 및 교회는 어떻게 해야 할 것인가? 무엇보다 먼저 한국 교회는 마땅히 기도해야 할 것이다. 북한 동포를 위해, 평화 통일을 위해 낙심하지 말고 주님의 때를 기다리고 인내하면서 기도해야 할 것이다. 이와 동시에 퓌러는 기도와 함께 구체적인 행동을 통해 복음이 말하는 평화와 비폭력 그리고 원수 사랑을 보여 주었다. 따라서 우리 한국 교회도 모든 이들에게 열린 공간이 되어 기도와 더불어 더욱 현실적이고 구체적인 이슈에 대해 성경적 관점을 제시하며 다양한 사랑과 봉사의 실천을 통해 남북 간에 평화적인 분위기가 정착되고 북한이 보다 열린 사회가 될 수 있도록 다각도로 노력하여야 할 것이다.

남한 정부 또한 서독 정부로부터 배울 교훈이 있다. 지금까지 남한 정부는 남한 교회가 하는 모든 대북 사역에 대해 감시, 통제 나아가 간섭하는 경우가 많았다. 하지만 앞으로는 교회가 하는 일들을 막기 보다는 뒤에서 조용히 후원하며 생색을 내려고 하지 않았고 권위적인 자세를 취하지 않으면서 교회와 지혜롭게 협력하며 상호 존중하여 마침내 통일의 대업을 이루어 낸 서독 정부의 역할을 보다 깊이 기억하면서 한반도의 통일 정책에 적용해야 할 것이다.

나아가 남한 교회도 북한 교회의 재건 및 통일에 대해 지금까지는 다소 물질적인 접근이 지배적이었음을 부인할 수 없다. 가령, 통일이 되면 북한에 예배당을 지어야 한다는 명목으로 헌금을 모으는 일에 제한되는 경우가 적지 않았다. 하지만 이보다도 동독 교회의 현실적 필요에 민감하면서 보다 실질적이고도 일관성 있게 그리고 진정한 사랑과 겸손한 봉사의 자세로 섬겼던 서독 교회의 모습을 남한 교회는 본받아야 할 것이다. 이와 동시에 이미 남한에 있는 새터민들이 잘 정착할 수 있도록 정부와 협력할 뿐만 아니라 그들의 신앙생활에 필요한 모든 영적, 물질적 지원을 아끼지 말아 그들이 통일의 마중물이 되고 통일 이후 북한을 재복음화할 수 있는 제자로 양육시켜야 할 것이다.

또한 현재 적지 않은 남한 국민들은 통일 비용에 대해 언급하면서 현재 상태(status quo)를 유지하는 것을 더 선호하는 경우도 적지 않다. 하지만 사실상 통일 비용보다 현재 분단 상태를 유지하기 위해 천문학적인 예산이 더 투입되고 있음을 고려한다면 이러한 논리는 설득력이 약하다. 나아가 천만 이산가족의 아픔을 치유하기 위해 이들의 상시 방문 및 연락을 통해 민족의 동질성을 회복하는 것은 이 시대에 우리에게 주어진 역사적 과업임을 잊지 말아야 할 것이다.

나아가 비록 독일과 한국의 상황은 매우 다르지만 원칙적으로 독일에서 일어난 기적이 한반도에서 일어나지 말라는 법은 없다. 따라서 한국 교회도 한국 사회에 대해 그리고 한반도의 통일을 위한 책임 의식과 사명을 새롭게 고취해야 할 것이다. 이러한 역사적 책임의식을 바탕으로 한국 교회는 그동안의 분열에 대해 철저히 회개하면서 연합과 일치 운동을 다시 일으켜야 한다. 왜냐하면 한반도의 통일을 위해 기도하는 한국 교회의 모습은 아직 너무 분열된 부끄러운 모습이기 때문이다. 국내 및 해외한인 디아스포라 신앙인들이 이 부분을 깊이 반성하면서 개교회적으로 그리고 교단적으로 화해와 하나 됨을 회복하면서 남북한의 통일을 위해 기도할 때 더 많은 시민들이 공감하며 동참할 것이며 남북한의 허리를 가로 지르는 휴전선도 베를린 장벽처럼 무너져 평화적으로 남북이 온전히 하나 되는 역사가 일어날 수 있

세상을 변화시키는 학문

을 것이다.[24]

그 누구도 동서독이 이렇게 통일될 것으로 예측한 사람은 없었다. 그러나 끝까지 포기하지 않고 기도하며 성경적인 방법, 즉 평화와 비폭력으로 헌신했을 때 독일에 이 놀라운 축복을 허락하신 것이다. 그 이름의 의미처럼 진정한 그리스도인이며 영적 리더(Führer)로서 끝까지 낙망하지 않고 온전히 기도와 평화에 헌신함으로 철의 장막으로 무너뜨린 퓌러를 보면서 한반도에도 이러한 영적 리더를 허락해 주시길 간구해야 한다. 나아가 국내외 많은 그리스도인들이 개인적 혹은 여러 단체를 통해 직간접으로 북한 동포들과 지하 교회 성도들을 섬기는 것은 분명 고무적인 일이다. 결국 복음에 충실한 비폭력과 평화는 칼을 쳐서 보습으로 만드는 능력이 있음을 기억하고 지혜롭게 적용할 때 한반도에도 같은 기적이 일어날 것이다.

---

24   이 부분에 대해 보다 자세한 논의는 최용준, 『하나 됨의 비전』(2006, 서울: IVP) 참조.

김기련(2001). "독일 통일에 있어서 교회의 역할: 한반도의 상황과 비교해서", 「역사신학 논총」 이레서원, 2001, 한국복음주의 역사신학회, 56-72.

김영한(1994). "독일 통일과 교회의 역할", 『민족 통일과 한국 기독교』 서울: IVP.

박명철(1997). "독일 통일에 비추어 본 우리의 통일 현실 — 독일 통일에 있어서 교회의 역할", 「기독교 사상」 6월호, 40-53.

신용호(1998). 『독일 통일에 따른 법적 문제: 분단에서 통일까지』 전주: 전주대학교 출판부.

양창석(2011). 『브란덴부르크 비망록: 독일 통일 주역들의 증언』 서울: 늘품플러스.

염돈재(2010). 『(올바른 통일준비를 위한) 독일 통일의 과정과 교훈』 서울: 평화문제연구소.

전수진(1995). 『도이칠란트의 통일』 서울: 집문당.

정일웅(2000). 『독일 교회를 통해 배우는 한국 교회의 통일 노력』 서울: 도서출판 왕성.

주도홍(1999). 『독일 통일에 기여한 독일 교회 이야기』 서울: 기독교문서선교회.

_____(2006). 『통일, 그 이후』 서울: IVP.

최용준(2006). 『하나 됨의 비전』 서울: IVP.

최현범(2014). "평화통일을 위한 교회의 역할" www.theosnlogos.com/news/articleView.html?idxno=263

Bonhoeffer, D.(1934). *Kirche und Völkerwelt. Auf der Ökumenischen Konferenz am 28. 8.* 1934 in Fanö/Dänemark

Diakonie-Jahrbuch 90, "Das Interview. Neue Gestalt", 115-117.

Führer, C.(2012). *Und Wir sind dabei gewesen: Die Revolution, die aus der Kirche kam.* Berlin: List Taschenbuch. 최용준 역(2015). 『그리고 우리는 거기에 있었다: 교회에서 일어난 뜨거웠던 무혈혁명』 서울: 예영커뮤니케이션.

_____(2013) *frech - fromm - frei. Worte, die Geschichte schrieben.* Evangelische Verlagsanstalt; Auflage: 2. Aufl.

Heidingsfeld, U-P.(1993) Die "besondere Gemeinschaft" der Kirchen-Stabilisierung der DDR? in: Trutz Rendtorff(Hg.), *Protestantische Revolution?*, Goettingen, 98-100.

Kohl, H.(1998). *Ich wollte Deutschlands Einheit* 김주일 역, 『나는 조국의 통일을 원했다』

세상을 변화시키는 학문

　　서울: 해냄출판사.

Kremser, H.(1993). *Der Rechtsstatus der evangelische Kirchen in der DDR und die neue Einheit der EKD*, Tuebingen, 85-86.

Loest, Erich.(1997). *Nikolaikirche dtv; Auflage: 1.*

Mayer, Thomas(2014). *Der nicht aufgibt. Christoph Wonneberger - eine Biographie Evangelische Verlagsanstalt.*『포기 않는 자』(우리민족교류협회, 2015).

Scheuch, E. K. & Scheuch, U.(1992). *Wie Deutsch Sind Die Deutschen?* 김종영 역,『독일 통일의 배경』서울: 종로서적.

blog.naver.com/PostView.nhn?blogId=kimyyn&logNo=20131323557&view-Date=&currentPage=1&listtype=0

www.nikolaikirche-leipzig.de/englisch-topmenu-100/63-the-events-in-fall-1989/64-the-events-in-fall-1989

4부

•

한국 사회의
변혁

World Transforming Scholarship

동성혼에 대한 기독교 세계관적 고찰[1]

I. 서론

최근 몇 년간 한국 사회에서는 동성애가 하나의 주된 이슈가 되고 있다. 하지만 여전히 이 주제에 대한 사회적 합의가 결여된 상황에서 작년 6월 미국 연방대법원이 동성 간의 결혼을 합법화하는 판결을 내리자 최근 국내에서도 동성혼을 인정하라는 요구가 법원에 제기되고 있다. 나아가 미국 사회는 이제 더 이상 기독교적 가치관이 주류가 아님을 주장하는 신문 사설도 등장하고 있으며(Brooks, 2015) 이러한 흐름 또한 한국 사회에 적지 않은 영향을 미칠 것으로 생각된다. 또한 이제는 단지 동성애를 정당화하기보다는 동성혼의 합법성으로 논쟁의 초점이 옮겨가고 있는 것을 보게 된다. 그러나 이는 여러 가지 면에서 매우 우려하지 않을 수 없는 상황이다. 왜냐하면 만일 동성 간의 결혼이 민주적 토론을 통한 시민적 합의 과정도 거치지 않은 채 소수의 법관들에 의해 법적 효력을 갖게 된다면, 이는 한국 사회의 미래에 심각한 갈등 및 위협요인이 될 수 있기 때문이다. 나아가 이는 기독교 세계관에서 볼 때 남녀 간의 결혼 제도를 제정하시고 가정을 통해 세상을 올

---

1 본 장은 2016년 5월 28일 기독학문학회에서 발표되었고 「신앙과 학문」 2016년 제22권 4호에 게재되었다.

세상을 변화시키는 학문

바르게 다스리고 관리함으로 하나님의 나라가 실현되도록 경륜하시는 하나님에 대한 인간의 정면도전이라 하지 않을 수 없다.

　따라서 한국의 기독지성인들과 교회는 이러한 동성애 및 동성혼 논란의 본질적 심각성을 다시금 깊이 인식하면서 그동안 산발적으로 이루어졌던 반동성애 및 반동성혼 운동이 보여 준 여러 문제점들을 교훈 삼아 동성혼에 대한 보다 깊은 학술적 연구 및 실천적 전략을 세워 효과적인 대응방법을 간구해야 할 것이다. 지금까지 동성애에 관한 여러 연구도 적지 않았고(길원평, 민성길, 2014 등) 가정 및 교회의 역할에 대해서 다룬 논문 및 저술도 있었으며(Briscoe, 2005; 김영한, 2015) 이에 관한 학술적인 모임들도 있었다. 하지만 동성혼에 관해 심도 있는 기독교 세계관적 연구는 거의 없다. 따라서 본 연구에서는 이 부분에 초점을 맞추려고 한다.

　본 장은 창조, 타락, 구속, 완성이라는 성경적 관점에서 동성혼에 관한 내용들을 다루고 있다. 우선 창조 질서에 나타난 결혼의 기원에 관해 살펴본 후에 이것이 어떻게 타락되었으며 동성애 및 동성혼이 언제부터 어떻게 대두되기 시작했는지를 분석한 후 예수 그리스도의 구속 사역이 건강한 결혼 및 가정을 어떻게 회복될 수 있는지를 고찰하고 마지막으로 하나님의 나라가 완성된 상태에서는 어떤 모습을 우리가 기대할 수 있는지를 살펴보겠다. 그 후에 이 동성혼 이슈에 대한 한국 교회의 과제는 무엇인지 논의함으로 결론을 맺고자 한다.

II. 동성혼에 대한 기독교 세계관적 고찰

1. 창조적 관점에서 본 결혼 및 가정

1) 결혼 및 가정의 존재 이유

결혼과 가정은 원래 사람이 만들어 낸 것이 아니라 하나님의 아이디어이다. 결혼이 존재하게 된 가장 근본적인 이유는 남자가 혼자 있는 것이 좋지 않으며 그를 돕는 반려자(伴侶者, companionship), 곧 그에게 알맞은 짝이 필요하기 때문이라고 창세기 2장 18절은 말한다. 하나님의 형상으로 지음 받은 남자라 하더라도 돕는 배필(help mate)이 없으면 하나님 보시기에 좋지 않았고 남자 자신도 외로움을 느꼈을 것이다. 그래서 하나님은 그의 아내를 만들기로 작정하신다. 여기서 우리가 지적해야 할 중요한 점은 하나님이 남성의 반려자로 다른 남성을 만들기로 하신 것이 아니라 여성을 만들기로 작정하신 것이다. 즉 동성혼이 아닌 이성혼(異性婚)이 결혼과 가정의 기원이라는 점이다.

2) 결혼 및 가정의 기원: 이성혼

하나님이 여자를 만드신 과정을 성경은 다음과 같이 자세히 말하고 있다. 즉 남자를 깊이 잠들게 하신 후 남자의 갈빗대 하나를 뽑고, 그 자리는 살로 메우시고 그 뽑은 갈빗대로 여자를 만드셨다는 것이다(창 2:21-22). 하나님이 남자의 갈빗대로 여자를 만드신 것에 대해 다양한 해석이 가능하지만 가장 고전적인 매튜 헨리(Matthew Henry)의 해석이 매우 설득력이 있어보인다. 즉 여자는 남자를 지배하기 위해 머리에서 만들어지지도 않았고 남자에게 지배당하거나 차별받지 않기 위해 발에서 만들어지지 않았다. 오히려 남자와 동등한 위치에 있고 남자의 사랑을 받으며 살아가도록 심장에

세상을 변화시키는 학문

가까운 갈비뼈로 만들어진 것이다(www.ccel.org/h/henry/mhc2/MHC01002. HTM).[2] 여기서 우리는 결혼의 기원에 대한 충분한 해답을 발견할 수 있다. 즉 결혼은 한 남자와 한 여자가 서로 평등한 지위에서 사랑하고 섬기며 평생 함께 살아가게 하려는 하나님의 설계요 디자인인 것이다.

특히 여성은 창조의 최종 작품으로 하나님이 만드신 가장 아름다운 피조물이다. 깊은 잠에서 깨어난 남자는 여자를 보면서 탄성을 발하며 이렇게 고백한다.

> 이제야 나타났구나, 이 사람! 뼈도 나의 뼈, 살도 나의 살, 남자에게서 나왔으니 여자라고 부를 것이다(창 2:23).[3]

나아가 한 남자와 한 여자가 서로 사랑하며 한 몸이 될 때 여기에는 아무런 부끄러움이 없다. 수치를 가려야 할 옷도 필요 없고, 더욱 아름답게 장식할 필요도 없었다. 죄가 없는, 가장 순수하고 아름다우며 친밀한 사랑의 관계이기 때문이다. 그러므로 성경은 "남자와 그 아내가 둘 다 벌거벗고 있었으나, 부끄러워하지 않았다"고 말한다(창 2:25).

3) 결혼 및 가정의 중심: 이성 부부간의 언약관계

나아가 남편과 아내는 전인격적 연합 관계이며, 이것이 결혼의 핵심을 이루는 부부관계이다. 그러므로 성경은 결혼의 성립 조건을 남자가 부모를 떠나, 아내와 결합하여 한 몸을 이루는 것이라고 말한다(창 2:24). 즉, 남자

---

2 원문은 다음과 같다. "not made out of his head to rule over him, nor out of his feet to be trampled upon by him, but out of his side to be equal with him, under his arm to be protected, and near his heart to be beloved."

3 본 장에 인용된 모든 성경 구절들은 표준새번역을 사용하였다.

와 여자가 독립적인 인격체로 한 몸을 이루는 이성혼, 이것이 결혼의 본질이며 가정의 시작이다.

이것은 부자(父子)관계를 가정의 근간으로 생각하는 동양의 유교적 가정관과는 근본적인 대조를 이룬다. 유교는 삼강오륜에서 볼 수 있듯이 부위자강(父爲子綱)이 부위부강(夫爲婦綱)보다 앞서며 부자유친(父子有親)이 부부유별(夫婦有別)보다 앞선다. 이는 무엇보다도 생물학적이며 혈연 중심적이고 남성 중심적인 가정 및 결혼관이다(손봉호, 1993: 29). 그러나 성경은 가정의 가장 기본적인 요소는 부부간의 언약 관계적 결혼이라고 말한다. 부부는 사실 결혼 전까지 아무런 혈연관계가 없다. 오직 부부로 서약하고 그 약속을 지키기로 헌신할 때 결혼 및 가정은 성립되는 것이다. 혈연 지향적이거나 남성 우위적인 결혼 및 가정관이 아니라 언약 중심적이요 남녀 평등적인 결혼 및 가정관을 보여 준다. 심지어 프레드 로워리(Fred Lowery)는 한 걸음 더 나아가 결혼은 단지 남편과 아내와의 계약이 아니라 하나님 앞에서 맺은 평생의 언약임을 강조한다(Lowery, 임종원 역, 2003). 이와 동시에 우리가 기억해야 할 부분은 유교적 결혼관도 이성혼을 전제로 하고 있지 동성혼을 말한 적은 없다는 점이다. 이런 면에서는 유교적 결혼관도 기독교적 결혼관과 일치한다.

나아가 성경은 부모 자녀관계가 가정의 근본이 아니라 이성적 부부관계가 우선하며 수직적인 관계보다 수평적 관계를 우선시한다. 수직 관계를 지향하는 사회는 여성이 차별받기 쉽다. 실제로 유교사회는 여성이 많은 불이익을 당하던 사회였다. 남아 선호 사상, 남자 중심적 세계관에 의해 여성들에게는 교육의 기회가 제대로 주어지지 않았고, 각종 차별을 감수해야만 했다. 하지만 이성적 부부가 서로 동등한 하나님의 형상으로 하나 되어 협력하는 것이 결혼이요 가정의 시작이라고 보는 성경적 가정관에는 어떤 차별도 있을 수 없다. 실제로 조선 말기에 복음이 들어오면서 여성들의 지위가

세상을 변화시키는 학문

향상되었고 교육의 기회도 주어진 것은 누구도 부인할 수 없는 사실이다(정희영, 2012).

언약을 강조하는 결혼을 이루는 조건은 오직 하나, 한 남자와 여자가 하나님과 사람 앞에서 서로 사랑할 것을 서약하고 그 약속을 평생 지킬 것을 다짐하는 것이다. 이러한 질서는 인간이 만든 질서가 아니라 하나님이 제정하신 신적 질서이다. 그러므로 하나님은 말라기 선지자를 통해 이혼은 젊어서 만나 하나님 앞에서 성실하게 살겠다고 맹세하고 결혼한 동반자인 아내를 배신하는 것이며 경건한 자손을 원하시는 하나님, 영육 간에 주인이신 하나님을 무시하는 것이므로 이혼뿐만 아니라 아내를 학대하는 것도 미워하신다고 분명히 말씀하신다(말 2:14-16).

그래서 예수 그리스도께서도 이혼에 대해 교훈하시면서 모세가 이혼을 허락한 이유는 인간의 완악한 마음 때문일 뿐 하나님의 의도는 아니며 부부는 이제 한 몸이므로 하나님이 짝지어 주신 것을 사람이 갈라놓아서는 안 됨을 분명히 말씀하셨다(막 10:2-9). 나아가 부부 관계 이외의 모든 간음은 죄라고 선포하셨다(막 10:11-12).

사도 바울 또한 에베소서 5장 31절에서 결혼에 관해 권면하면서 "사람이 부모를 떠나 자기 아내와 합하여 그 둘이 한 몸이 되는 것"이라며 동일한 원리를 강조하고 있다. 따라서 결혼은 어디까지나 한 남자와 한 여자의 배타적 정절의 성적 결합(sexual union with exclusive fidelity)을 통한 언약적 헌신의 평생 연합(a covenantal commitment in lifelong union)인 일부일처제(Hetero-sexual monogamy)를 통해 성립되므로 모든 형태의 일부다처제나 축첩제도 그리고 동성혼(same-sex marriage)은 창조 질서에 어긋나는 것이다(박혜원, 2005: 180).

4) 결혼 및 가정의 사명: 문화 명령

이러한 가정을 창조하신 하나님은 하나님의 형상으로 창조된 남자와 여자에게 복 주시면서 세상의 만물을 정복하고 다스리라고 명령하시며 모든 채소를 식물로 주셨다(창 1:26-29). 서로 사랑하면서 생육하고 번성하여 창조된 세계를 개발하고 보존함으로(창 2:15) 하나님의 영광을 드러내야 하는 문화적 사명(文化的 使命, Cultural Mandate), 이것이 바로 가정을 이 세상에 존재하게 하신 하나님의 뜻이었다. 다시 말해 남자와 여자는 하나님이 주신 복 안에서 자녀를 낳고 창조 세계를 연구하여 발전시키면서도 그 질서를 보존하여 하나님의 규범을 따라 피조계에 잠재되어 있는 모든 가능성을 드러내야(unfolding or opening up) 할 책임을 가진 것이다. 즉 가정은 하나의 완성품이 아니라 계속해서 완성을 향해 나아가야 하는 역동적인 모습을 지니고 있었으며 그 방향은 하나님의 말씀(Wort)에 대한 온전한 응답(Antwort)으로 결정되는 것이다(최용준, 2014: 135-156).

5) 결혼 및 가정의 축복: 자녀

그러므로 가정은 먼저 한 남자와 한 여자의 언약적 사랑에 근거한 결혼에 의해 성립되지만 동시에 부모와 자녀의 관계에 의해 온전해지고 풍성해지며 내적으로 그 의미는 더 깊어진다. 왜냐하면 부모는 축복과 은혜의 상징인 자녀를 낳아 양육하면서 하나님이 말씀하신 문화 명령을 수행해 나갈 수 있기 때문이다. 부부간의 사랑은 부모와 자녀간의 사랑에 의해 더욱 성숙해진다. 따라서 가정의 두 중요한 요소는 부부 관계와 부모 자녀 관계라고 할 수 있다. 부부 관계는 언약적 관계가 중심적이지만 부모와 자녀와의 관계는 혈연적 관계가 기본적이다. 따라서 결혼과 가정, 부부와 자녀는 이렇게 상호 보완적이라고 할 수 있다.

하지만 최근 많은 부부들이 아기를 낳지 않는다. 부부만의 삶을 즐기고

세상을 변화시키는 학문

자녀를 가짐으로 져야 하는 여러 가지 경제적, 정신적 부담이 싫은 개인주의적 이기주의 때문이다. 이것이 결국 인공유산이라고 하는 살인죄를 낳게 되는 중요한 요인이 되었고 서구 유럽 대부분의 국가들은 인구가 감소하고 있으며 한국 또한 예외가 아니다. 이것은 분명 원래적 가정의 모습은 아니다. 성경은 "자식은 주께서 주신 선물이요, 태 안에 들어 있는 열매는, 주님이 주신 상급"이라고 분명히 말한다(시 127:3). 자녀는 분명히 부담(burden)이 아니라 축복(blessing)임을 알아야 한다.

그러나 동성혼에서는 자녀를 낳을 수 없다. 일단 생물학적으로 전혀 불가능하다. 물론 입양이 가능할 수도 있으나 입양된 자녀가 과연 건강한 성적 정체성을 가지고 자랄 수 있는지는 의문이다. 동성혼이 합법화되고 증가할 경우 다음 세대는 더욱 감소할 것이며 이러한 사회의 미래는 어두울 수밖에 없다. 이 점은 동성혼이 갖고 있는 가장 본질적인 문제점이라고 할 수 있다.

6) 결혼 및 가정의 구조원리

이러한 의미에서 네덜란드의 기독교 철학자였던 헤르만 도예베르트(Herman Dooyeweerd)는 결혼 및 가정의 전형적 구조 원리를 분석하면서 가정은 무엇보다도 '자연적인 공동체(natural community)'라고 규정한다(Dooyeweerd, 1984: 265). 물론 이 가정의 내적 구조는 남편과 아내의 결혼 언약에 기초해 있으며 그 부부와 자녀를 포함한다. 그리고 가정의 기초적인 양상을 '생물적' 양상이며 인도적 양상은 '도덕적' 양상으로 본다. 생물적 양상이 기초 기능인 이유는 남자와 여자가 하나 되어 그 결과 혈육인 자녀를 낳게 되며 그 부부와 자녀들에 의해 가정이 성립되기 때문이다. 하지만 그 가정을 바르게 인도하는 양상은 사랑의 언약이 중심된 도덕적이며 윤리적 양상인 것이다.

이 윤리적 양상의 핵심 계명은 십계명 중 제 5계명인 "네 부모를 공경하라"이다. 이 부모 공경이야말로 가족들 간의 친밀한 사랑을 가장 잘 보여 주는 본질적 요소이며 가정을 가정되게 하는 규범이다. 하지만 이 계명은 단지 자녀의 의무만을 강조하는 것은 아니다. 부모들 또한 자녀를 노엽게 하지 말고 주님의 훈련과 훈계로 양육해야 할 책임도 동시에 강조한다(엡 6:4). 특히 가장은 가정의 영적 제사장으로서 신앙적 지도를 감당해야 할 책임이 있다. 사랑하는 자녀들이기에 불쌍히 여기면서도(시 103:13; 눅 15), 필요한 경우에는 근실한 징계가 필요할 때도 있다(잠 3:12). 따라서 가정은 그리스도 안에서 자녀들이 신앙으로 양육되는 공동체라고 할 수 있다. 그러므로 도예베르트는 성경적 가정관을 이렇게 요약한다. "가정은 부모와 그 직계 자녀들 사이에 혈연관계에 기초한 사랑의 전형적인 공동체이다. 이것은 하늘의 아버지와 그의 자녀들 간에 나타난 사랑의 관계와 그리스도와 그의 교회 간에 있는 끊을 수 없는 사랑의 관계도 반영하는 것이다(Dooyeweerd, 1984: 269)."[4]

하지만 이렇게 하나님 보시기에 매우 아름다운(창 1:31) 결혼 및 가정의 모습은 그리 오래 가지 않았다. 죄로 말미암아 깨어져 파탄에 이르게 된다. 그 구체적인 모습을 다음 장에서 살펴보겠다.

---

4 원문은 다음과 같다. "It presents the family as a typical normative bond of love, based upon the natural ties of blood between parents and their immediate offspring. This is a reflection of the bond of love between the Heavenly Father and His human children, unbreakably bound to the tie between Christ and his Church."

세상을 변화시키는 학문

2. 결혼 및 가정의 타락

1) 타락의 과정

가정이 타락하게 된 과정을 창세기 3장 1-5절은 다음과 같이 설명하고 있다. 먼저 사탄이 뱀으로 위장하여 여자에게 유혹하면서 묻는다.

> 하나님이 정말로 너희에게, 동산 안에 있는 모든 나무의 열매를 먹지 말라고 말씀하셨느냐?

뱀이 여자에게 접근한 방식은 매우 교묘하다. 그가 직접 듣지 못한 하나님의 계명에 대해 의심을 불러일으키는 것이다. 하나님은 동산 가운데 있는 선악과를 제외하고는 모든 나무 열매를 먹을 수 있도록 허락하셨다. 그러나 뱀은 그 하나님의 선하심을 정면으로 부정하며 질문한 것이다.

이 질문에 대해 여자는 정확하게 답변하지 못한다.

> 우리는 동산 안에 있는 나무의 열매를 먹을 수 있다. 그러나 하나님은, 동산 한가운데 있는 나무의 열매는, 먹지도 말고 만지지도 말라고 하셨다. 어기면 우리가 죽는다고 하셨다.

여자는 '만지지도 말라'는 자신의 생각을 덧붙였고 '반드시 죽는다(you will surely die)'는 경고를 약화시켜 '죽는다(you will die)'고 대답한다. 바로 그러한 틈을 노린 뱀은 더욱 그 약점을 물고 늘어지면서 "너희는 절대로 죽지 않는다."고 정면으로 그 주장을 반박한다. 나아가 그 열매를 먹으면 오히려 "눈이 밝아지고, 하나님처럼 되어서, 선과 악을 알게 된다."고 강력한 호기심을 유발시킨다.

그러자 여자는 그 유혹에 넘어간다. 남편과 의논하지도 않은 채 그 열매를 보니, 먹음직하고, 보암직하며, 사람을 슬기롭게 할 만큼 탐스러워 결국 그 열매를 따 먹고 남편에게도 주자 남편도 그것을 먹고 함께 타락하고 만다(창 3:6). 지금도 가정의 타락은 대부분 이러한 요소들에 의해 일어난다. 이혼율이 급증하고 동성혼이 증가하는 이유는 무엇보다 하나님과 사람 앞에서 맺은 언약을 경시하기 때문이다. 하나님의 말씀을 무시하고 자신의 생각을 앞세우게 되면 육신의 정욕, 안목의 정욕, 이생의 자랑에 우선순위를 둘 수밖에 없다. 그 결과 '이혼', '간음' 또는 '동성혼' 등의 선악과를 따 먹게 되는 것이다.

2) 타락의 일차적 결과

타락의 결과 어떻게 되었는가? 결국 아담과 하와는 자기들이 벗은 몸인 것을 깨닫고, 무화과나무 잎으로 스스로 치마를 엮어 몸을 가렸으며 날이 저물고 바람이 서늘할 때, 주 하나님이 동산을 거니시는 소리를 듣고는 동산 나무 사이에 숨게 된다(창 3:7-8). 즉 한 몸인 부부는 먼저 하나님과의 언약 관계가 깨어지면서 교제가 단절되었으며 뱀의 말 그대로 그들의 눈이 밝아지긴 했으나 그들이 깨닫게 된 것은 단지 부끄러움과 수치심이었지 결코 하나님처럼 되는 것이 아님을 알게 되었다.

이렇게 타락한 상태에서 그들이 할 수 있는 최선은 기껏해야 곧 말라 없어질 무화과나무 잎으로 부끄러움을 가려 보려는 시도였다. 이것은 인간적인 방법으로 자신의 문제를 해결해 보려는 노력이지만 결국 헛수고에 불과함을 그들은 얼마 가지 않아 깨닫게 된다. 인간의 의는 이사야 선지자가 말한 대로 단지 '누더기'와 같은 것이다(사 64:6). 이제 남자와 여자를 위해 만드신 '기쁨'의 뜻을 가진 이 '에덴' 동산은 이제 더 이상 기쁨의 동산이 아니라 불안과 초조로 가득 찬 곳이었다. 그들은 하나님의 낯을 피하여 나무 사

세상을 변화시키는 학문

이에 숨었지만 그 또한 허사였다. 하나님의 낯을 피하여 갈 수 있는 곳은 아무 곳도 없기 때문이다(시 139:7-10).

3) 하나님의 심판

그럼에도 하나님은 이 타락한 부부를 그냥 내버려 두지 않으셨다. 이 가정을 긍휼히 여기시고 구원하시기 위해 찾아오신다. 그리고 그 떨어진 지점에서 다시 시작하신다. 그러기 위해 그들로 하여금 그 현재 위치를 명확히 깨닫게 하신다. 먼저 가장인 남자에게 물으신다.

> 네가 어디에 있느냐?(창 3:9)

이 질문은 단지 자신의 비참한 모습을 아는 것으로 끝나게 하려는 질문이 아니라 회복을 위한 출발점이었다. 그러나 아담의 대답은 매우 피상적이었다.

> 하나님이 동산을 거니시는 소리를 듣고 벗은 몸인 것이 두려워서 숨었습니다
> (창 3:10).

이렇게 대답하는 것은 타락한 인간이 문제의 핵심을 파악하지 못하는 영적 어두움에 사로 잡혀 있음을 잘 보여 준다. 그러자 하나님이 다시 물으셨다.

> 네가 벗은 몸이라고 누가 일러주었느냐? 내가 너더러 먹지 말라고 한 그 나무의
> 열매를 네가 먹었느냐?(창 3:11)

그러자 남자는 핑계댔다.

> 하나님이 저와 함께 살라고 짝지어 주신 여자, 그 여자가 그 나무의 열매를 저에
> 게 주기에, 제가 그것을 먹었습니다(창 3:12).

결국 남자는 그 책임을 일차적으로는 그의 아내에게 그리고 궁극적으로
는 그 아내를 주신 하나님께 돌리는 더 큰 죄를 범한다. 문제의 핵심을 바로
깨닫지 못했기에 그 죄를 합리화하려 하는 더 심각한 잘못을 저지르게 되는
것이다. 하나님은 다시 여자에게 물으셨다.

> 너는 어쩌다가 이런 일을 저질렀느냐?(창 3:13)

그러자 하와도 핑계 대며 뱀에게 책임을 전가했다.

> 뱀이 저를 꾀어 먹었습니다(창 3:13).

모든 가정의 불화와 갈등은 바로 여기에 문제의 핵심이 있다. 즉 책임 회
피와 전가인 것이다. 그리고 더욱 궁극적인 원인은 하나님과의 관계와 교제
가 단절된 것에 있는 것이다. 이제 가정은 더 이상 이 타락한 상태에서 스스
로 구원할 수 없는 절대 절망의 상태에 처했다. 이렇게 범죄, 타락한 가정을
하나님이 심판하신다. 먼저 여자를 유혹하여 죄를 짓도록 만든 뱀을 향하여
심판을 선포하신다.

> 네가 이런 일을 저질렀으니, 모든 집짐승과 들짐승 가운데서 네가 저주를 받아,
> 사는 동안 평생토록 배로 기어 다니고, 흙을 먹어야 할 것이다(창 3:14a).

세상을 변화시키는 학문

그리고 타락한 여자와 남자에게는 다음과 같은 심판을 내리신다. 여자에게는 이렇게 말씀하셨다.

> 내가 너에게 임신하는 고통을 크게 더할 것이니, 너는 고통을 겪으며 자식을 낳을 것이다. 네가 남편을 지배하려고 해도 남편이 너를 다스릴 것이다.

남자에게는 이렇게 말씀하셨다.

> 네가 아내의 말을 듣고서, 내가 너에게 먹지 말라고 한 그 나무의 열매를 먹었으니, 이제, 땅이 너 때문에 저주를 받을 것이다. 너는, 죽는 날까지 수고를 하여야만, 땅에서 나는 것을 먹을 수 있을 것이다. 땅은 너에게 가시덤불과 엉겅퀴를 낼 것이다. 너는 들에서 자라는 푸성귀를 먹을 것이다. 너는 흙에서 나왔으니, 흙으로 돌아갈 것이다. 그때까지, 너는 얼굴에 땀을 흘려야 낟알을 먹을 수 있을 것이다. 너는 흙이니, 흙으로 돌아갈 것이다(창 3:16-19).

남녀가 서로 사랑하며 한 몸을 이룬 가정이 하나님의 말씀을 어기고 타락함으로 하나님과의 관계가 깨어지고 서로 책임을 전가하자 타락 이전에 있던 부부 사이의 사랑과 연합의 친밀한 교제 대신에 남편이 아내를 지배하는 관계로 변질되었다. 즉 남성 우위적이며 여성 종속적인 관계가 성립되어 가부장적 가족 제도가 이루어지고 아내들은 남편을 '나의 주'라고 부르면서 온갖 차별과 학대를 경험하게 되었던 것이다(박혜원, 2005: 181). 나아가 인간 자신들 뿐만 아니라 그들의 삶의 터전인 땅도 저주를 받게 되었고 그들은 마침내 흙으로 돌아가야만 하는 사망의 노예가 된 것이다.

하나님이 보시기에 아름다웠던 가정, 그 가정을 통해 모든 피조물을 다스리며, 하나님의 영광을 드러내기를 원하셨던 이 가정이 죄로 말미암아 타락한 것이 결국 이 세상 모든 문제의 출발점이 된 것이다. 나아가 이들은 에덴동산에서 추방된다. 그리고 이들이 생명나무를 따 먹고 영원한 생명을 누릴 수 없도록 하나님은 그 사자들로 하여금 그 동쪽 입구를 지키게 하신다 (창 3:22-24).

4) 타락한 가정의 모습

에덴동산에서 추방된 가정은 결국 여러 가지 모습들로 뒤틀리기 시작했다. 남편과 아내, 형제자매와의 관계가 깨어졌고, 자녀들이 부모를 거역하면서, 가정의 아름다움은 일부다처, 간음, 동성애, 매춘, 이혼 등에 의해 왜곡되고 변형되기 시작한 것이다. 여기서 우리는 죄의 모습이 마치 바이러스나 기생충과 같음을 보게 된다. 컴퓨터에 바이러스가 들어오면 하드웨어는 별로 문제가 없는 것 같아도 소프트웨어가 제대로 작동하지 않게 되어 결국 컴퓨터 전체가 제 기능을 발휘하지 못한다. 또한 우리의 신체에 기생충이 들어오면 우리 몸의 구조는 그대로 있는 것 같으나 결국 영양분을 잃어버리면서 점점 쇠약해진다. 이와 마찬가지로 가정이라는 창조 구조 자체는 창조주께서 질서 있고 지혜롭게 만드신 아름답고 귀한 조직이지만 죄로 인하여 그 방향이 잘못되어짐으로 결국 문화의 개현이나 발전 또한 뒤틀린 방향으로 전개된 것이다.

그것을 좀 더 구체적으로 보여 주는 것이 바로 아담과 하와의 후손인 가인과 아벨의 갈등이며 가인에 의한 아벨의 무고한 죽음이다(창 4:1-15). 남편과 아내의 관계에 금이 가자 자녀들 간에도 죄가 지배하는 것을 분명히 볼 수 있다. 형제간에 사랑과 우애보다는 미움과 시기가 지배하게 된다. 나아가 가인의 후예들은 점점 에덴의 동쪽 방향으로 나아가면서 타락한 문명을 건설해 나간다. 자신을 보호하기 위해 성(도시)을 건축하고 무기를 제작하며 라멕은 일부일처제라는 하나님의 규범과 어긋나게 자기 욕심을 따라

세상을 변화시키는 학문

두 아내를 취하면서 그것을 자랑까지 하는 것을 볼 수 있다(창 4:23-24).

그 이후 인류의 역사는 계속해서 죄로 가득 찬 역사였다. 가정도 한 남자와 한 여자의 인격적인 만남과 사랑의 언약에 의해 성립되는 것이 아니라 육신과 안목의 정욕에 의해 좌우되었다. 나아가 남녀관계도 변질되어 동성애가 점증하고 일부다처제로 변하면서 가정이 깨어지기 시작했다. 이렇게 죄로 가득 찬 세상을 보신 하나님은 세상이 썩었고, 무법천지가 되었으며 모든 사람의 삶도 부패했다고 탄식하셨다(창 6:11-12). 인간이 타락하자 모든 피조물들이 그 죄의 영향으로 허무한데 굴복하였다(롬 8:20). 세상이 이렇게 타락한 것을 보다 못해 하나님은 의롭고 경건한 노아의 가정을 제외하고는 모두 홍수로 그들을 심판하셨고 오직 하나님을 경외하던 노아와 그의 가정 그리고 그가 방주로 데려간 짐승들만 구원을 받았다.

아브라함과 사라 또한 노아의 가정 못지않게 믿음으로 순종한 모범적인 가정이었다. 하나님의 부르심에 지체하지 않고 본토와 친척집을 떠나 약속하신 땅으로 떠났다. 그러나 그들에게도 죄의 유혹은 언제나 도사리고 있었다. 인간적인 방법으로 위기를 모면하기 위해 아내를 누이라고 거짓말했으며 그들에게 아들이 없자 하갈이라는 이집트 여종을 통해 아이를 낳으려는 인간적인 방법을 시도했다. 결국 하갈을 통해 이스마엘을 낳기는 했으나 결국 그 아들은 계속해서 아브라함 가정에 갈등의 씨앗이 되었다.

반면에 가정이 타락한 모습을 가장 극단적으로 보여 주는 사건은 역시 소돔과 고모라의 멸망 그리고 그와 관련된 롯과 그 딸들 간의 관계이다. 하나님의 부르심에 믿음으로 순종하였던 아브라함의 가정과는 반대로 롯은 자기 눈에 좋게 보이는 땅을 선택하여 가다가 결국 동성애 등으로 극도로 타락한 소돔과 고모라 땅에 정착하게 되었다. 거기서 살던 롯은 결국 하나님의 심판을 피하다 아내를 잃고 자기도 모르는 사이에 두 딸과 동침하는 죄를 범하게 되었던 것이다(창 19장).

이스라엘 백성이 가나안 땅에 들어가기 전에 하나님은 모세를 통해 가나안 백성들의 가증한 풍습을 본받지 말라고 경고하시면서 그중에 특히 근친상간, 간음, 자녀를 우상에게 제물로 바치는 일 그리고 수간 등과 더불어 동성애 및 동성혼을 분명히 아래와 같이 금하신다.

> 너는 여자와 교합하듯 남자와 교합하면 안 된다. 그것은 망측한 짓이다(레 18:22).

가나안에 살던 민족들은 이런 짓들을 하다가 스스로 자신을 더럽혔고 따라서 그들이 사는 땅까지 더럽게 되었으므로 하나님은 그 악한 땅을 벌하였고, 그 땅은 그 거주자들을 토해 내게 되었다고 말씀하셨다(레 18:24-25). 나아가 동성애/동성혼을 하는 사람은 매우 엄한 처벌을 받아야 한다고 경고하셨다.

> 남자가 같은 남자와 동침하여, 여자에게 하듯 그 남자에게 하면, 그 두 사람은 망측한 짓을 한 것이므로 반드시 사형에 처해야 한다. 그들은 자기 죄값으로 죽는 것이다(레 20:13).

이러한 계명이 있다는 것은 당시 가나안 사회에 이러한 일이 행해지고 있었음을 암시하는 것이다. 나아가 르호보암 왕 시절에도 백성들은 여러 군데 산당, 우상 및 목상을 만들었으며 그 신전에 남창들이 있어 혐오스러운 관습을 그대로 본받아 행함으로 주님의 진노를 격발하기도 하였다(왕상 14:22-24).

신약 시대도 이것은 예외가 아니다. 사도 바울은 당시 이방인들의 부패한 삶을 다음과 같이 경고하고 있다.

세상을 변화시키는 학문

여자들은 남자와의 바른 관계를 바르지 못한 관계로 바꾸고, 또한 남자들도 이와 같이, 여자와의 바른 관계를 버리고 서로 욕정에 불탔으며, 남자가 남자와 더불어 부끄러운 짓을 하게 되었습니다. 그래서 그들은 그 잘못에 마땅한 대가를 스스로 받았습니다(롬 1:26-27).

나아가 이들은 이러한 잘못을 정당화한다고 지적한다.

그들은, 이와 같은 일을 하는 자들은 죽어야 마땅하다는 하나님의 공정한 법도를 알면서도, 자기들만 이런 일을 하는 것이 아니라, 이런 일을 저지르는 사람을 두둔하기까지 합니다(롬 1:32).

5) 종말의 징조

많은 선지자들은 가정의 파괴가 종말의 징조라고 예언하고 있다. 미가 선지자는 장차 "이 시대에는, 아들이 아버지를 경멸하고, 딸이 어머니에게 대들고, 며느리가 시어머니와 다툰다. 사람의 원수가 곧 자기 집안사람일 것이"라고 하였고(막 7:6), 예수님께서도 2000년 전에 이미 "형제가 형제를 죽음에 넘겨 주고, 아버지가 자식을 또한 그렇게 하고, 자식이 부모를 거슬러 일어나서 부모를 죽일 것이"며(막 13:12) 또한 "불법이 성하여, 많은 사람의 사랑이 식을 것이"라고 경고하셨다(마 24:12). 현대 사회에 만연하는 여러 종류의 가정 파괴 현상은 결국 인간의 타락으로 말미암은 것이다. 예수님께서 미리 경고하셨듯이 종말의 때는 노아의 때와 같이 사람들이 육체의 욕심을 따라 살면서 하나님의 법을 무시하여 결국 심판을 피할 수 없게 되는 것이다(눅 17:27). 나아가 마지막 때에는 이러한 타락의 모습이 더욱 극단으로 치닫게 될 것이라고 바울 사도는 경고한다(딤후 3:1b-5).

실제로 한국 사회의 경우 가정은 더 이상 가족들이 정서적 안정을 누리는 곳이 아니라 조성돈 교수가 지적한 대로 '성공을 위한 훈련소'로 전락하고 있다(조성돈, 2005: 59). 즉 경쟁사회라고 하는 격전지에서 승리할 수 있는 전사를 양성하는 곳이 되고만 것이다. 그리하여 심지어는 조기 유학으로 말미암는 기러기 아빠가 양산되어 이산가족으로 말미암은 각종 부작용들이 속출하고 있는 것을 우리는 잘 알고 있다. 또한 부모 중 한 쪽이 없는 결손 가정에서 자라난 청소년들이 비행 청소년으로 쉽게 전락하여 사회 문제화되는 것 또한 주지의 사실이다. 이와 동시에 동성애자들의 퀴어 축제 및 차별금지법 제정 주장 나아가 동성혼의 합법화 등 평등을 이용하여 가정의 타락을 부추기고 있다. 그렇다면 이렇게 타락한 가정은 더 이상 회복 가능성이 없는가? 있다면 어떻게 회복될 수 있는가? 다음 장에서 살펴보겠다.

3. 건강한 이성적 결혼의 회복 및 가정의 구속

1) 영적 전쟁 선포

감사하게도 하나님은 타락한 가정을 그냥 내버려두지 않으셨다. 깨진 가정을 회복하시기 위해 가장 근본적인 처방을 내리셨다. 먼저 선악과를 따 먹었던 여자의 후손으로 오시는 메시아를 통해 타락한 가정을 구속하시는 놀라운 계획을 선포하신 것이다. 하나님은 무엇보다 가정을 타락하게 만든 사탄에 대해 여자와 원수(enmity)가 되게 하고, 그 자손을 여자의 자손과 원수가 되게 하여 영적 대립관계(spiritual antithesis)가 형성되는 영적 전쟁을 선포하셨다(창 3:15). 여기서 물론 여자의 자손은 마리아를 통해 성육신하신 예수 그리스도를 뜻한다. 아담과 하와는 불순종하여 타락한 가정이 되었지만 요셉과 마리아는 순종하여 메시아를 탄생하게 되는 경건한 가정이 되었다. 그리고 예수 그리스도께서는 십자가에 죽으심과 부활하심으로 사탄의 권세, 즉 뱀의 머리를 상하게 하였다. 그리고 뱀은 그 발꿈치를 상하게 했

세상을 변화시키는 학문

다. 즉 예수님은 십자가의 고난을 감수해야만 했던 것이다.

2) 최초의 구속 언약

이러한 구속의 약속이 선포되자 아담은 아내의 이름을 비로소 하와라고 부른다. 그 이유는 하나님의 약속, 즉 구속의 언약을 믿었기 때문이다. '하와'라는 이름의 의미는 '생명 있는 모든 것의 어머니'이다(창 3:20). 즉 여자의 후손을 통해 회복될 소망을 바라보면서 믿음으로 이름을 지은 것이다.

그 믿음을 보시고 하나님은 가죽옷을 만들어 아담과 그의 아내에게 입혀 주신다(창 3:21). 가죽옷을 만들기 위해서는 양이 희생되어야 한다. 그 희생을 통해 남자와 여자의 허물과 수치는 덮인다. 그러므로 이 가죽옷은 하나님의 구속 언약을 단적으로 보여 주는 상징이다. 어린 양 되신 예수 그리스도께서 십자가에 죽으시고 부활하심으로 죄의 권세가 깨어지고 그분의 의가 우리의 모든 불의를 덮는 것이다. 우리가 그분을 믿음으로 의롭게 되며 모든 죄는 용서받고 하나님과의 깨어진 관계가 회복되는 것이다.

3) 회복된 가정의 모습

이 회복의 모습을 우리는 이미 여러 가정에서 엿볼 수 있다. 즉 구속의 은총은 한 개인에게뿐만 아니라 모든 가족에게 임한다. 홍수 때에도 노아의 가정이 구원을 받았으며 소돔과 고모라가 심판을 받을 때에도 롯의 가족이 함께 구원을 받았다. 가나안 땅에 기근이 극심할 때에도 야곱의 모든 가족은 요셉에 의해 구원받는 것을 볼 수 있으며 이스라엘 백성들이 애굽에서 나올 때에도 가족들이 함께 나온 것을 알 수 있다. 유월절 양을 잡을 때에도 가족들과 함께 먹을 양이라고 말씀하신다(출 12:21). 출애굽 이후 이스라엘 백성들을 계수할 때에도 가족을 기준으로 계수한 것을 볼 수 있고 여리고 성이 멸망할 때에도 라합의 가족은 라합의 믿음과 순종으로 함께 구원을 받는 것을 볼 수 있다. 가나안 땅을 정복한 후에 기업을 나눌 때에도 지파와 가족별로 제비를 뽑아 나누었다.

나아가 이스라엘의 역대 왕들 중에 동성애를 엄격히 금하여 건강한 가정을 회복시키려 노력한 왕들이 있었다. 유다의 아사 왕은 성전 남창들을 나라 밖으로 몰아내었으며(왕상 15:12), 그의 아들 여호사밧 왕도 아직까지 남아 있던 성전 남창들을 그 땅에서 내쫓았다(왕상 22:46).

예수께서 공생애를 시작하시면서 첫 기적을 행하신 곳은 갈릴리 가나에서의 혼인잔치였다. 건강한 가정이 타락으로부터 구속되고 회복되어 진정한 사랑과 기쁨이 회복되는 사역을 시작하신 것이다. 그 가나에서 두 번째로 행하신 기적은 그곳에 있던 왕의 신하 아들의 병을 고쳐 주신 것이다. 예수께서 하신 말씀을 믿고 가다가 종들로부터 아들이 살았다는 소식을 듣고 그와 그의 온 집안이 함께 예수님을 믿었다(요 4:53). 또한 사마리아 수가성에서 만난 여인은 그야말로 가정생활이 파산지경에 이른 상황이었다. 남편을 다섯 번이나 바꾸었으나 참된 만족이 없는 삶을 살았지만 생수 되신 주님을 만나고 완전히 변화되고 회복되는 모습을 요한복음 4장에서 볼 수 있다. 이처럼 동성애와 동성혼에 빠진 사람도 그리스도를 올바로 만난다면 분명히 변화될 수 있음을 성경은 보여 주고 있으며 이요나 목사와 같은 실례도 있다.

고넬료의 가정 또한 비록 이방인의 가정이었으나 베드로의 설교를 듣고 믿어 온 가족이 구원을 받는 축복을 경험한다. 이것은 베드로 사도에게 예수 그리스도의 구속 사건이 단지 유대인들만을 위한 것이 아니라 모든 민족과 가정도 위함임을 깨닫게 해 준 결정적인 사건이었다(행 10:1-48). 이런 뜻에서 사도 바울도 빌립보 감옥의 간수에게 다음과 같이 선포한다. "주 예수를 믿으시오. 그리하면 그대와 그대의 집안이 구원을 얻을 것입니다(행 16:31)." 실제로 이 로마 간수는 바울로부터 복음을 듣고 온 가족이 믿어 세

세상을 변화시키는 학문

례를 받았다. 이와 반면에 가족 중의 한 사람이 범죄함으로 가족 전체가 심판을 받는 경우도 볼 수 있다. 여호수아가 여리고성을 점령한 후 아간이 범죄하자 그와 함께 가족들도 심판을 받았으며(출 7:25) 엘리 제사장이 아들을 바로 키우지 못해 결국 함께 불행한 최후를 맞이하였고(삼상 4:11-18), 사울 왕도 교만하다가 결국 온 가족이 함께 전멸하는 것을 볼 수 있다(대상 10:6).

그러므로 구속 받은 가정은 천국의 모형이라고 할 수 있다. 부모들은 자녀를 키우면서 하나님 아버지의 사랑을 조금씩 더 알고 깨닫게 된다. 자녀를 말씀과 기도로 양육하면서 경건의 본을 보일 때 그 부모를 통해 자녀들이 축복을 받는다. 디모데는 외조모 로이스와 어머니 유니게의 깨끗한 신앙을 물려받아 초대교회의 귀한 일꾼이 되었다(딤후 1:5).

4) 구속 받은 가정의 윤리

이제 그리스도 안에 있으면 누구든지 '새로운 피조물'이다(고후 5:17). 따라서 구속 받은 가정 또한 이 세상의 가정과는 다른 거룩하고 구별된 삶을 살아야 한다. 타락의 결과로 생겨난 모든 불의와 불평등, 갈등과 압제, 착취와 굴종 등 모든 차별이 사라지고 새 창조의 질서인 의와 평강, 평등과 섬김, 사랑과 피차 순종으로 바뀌어야 한다. 그러므로 사도 바울은 부부 관계에 대해 권면하면서 아내들은 남편에게 주님께 순종하듯 모든 일에 순종해야 하며 남편은 그리스도께서 교회를 사랑하셔서 위하여 자신을 내주심 같이 아내를 사랑하라고 말한다(엡 5:26-28).

남편과 아내의 관계에는 분명히 질서가 있고 이 질서는 사람이 만든 것이 아니라 하나님이 제정하신 신적 질서이다. 아내는 남편에 순종하고 남편이 아내를 사랑할 때 그 가정은 날마다 구원을 경험하는 가정이 되고 그러한 가정이 모인 교회는 이 땅에서 회복의 사역을 감당할 수 있는 것이다. 여기서 사랑은 '아가페'로 주께서 교회를 사랑하신 그 희생적 섬김의 사랑을 의미한다. 남편은 아내의 머리로서 가정을 인도해야 할 책임이 있지만 결코 아내를 지배해서는 안 되며 오히려 '연약한 그릇'임을 이해하고 '생명의 은혜를 함께 상속받을 사람'으로 알고 존중해야 한다(벧전 3:7). 부부간의 언약관계는 전적으로 동등한 관계이기 때문이다. 아내는 남편의 리더십을 인정하면서도 가정의 모든 살림을 책임지며 가사를 잘 관리해야 할 책임이 있다. 여권이 신장되었다고 해서 아내가 남편의 권위마저 무시하게 되면 그 부부 또는 가정은 깨어질 위험이 많다. 피차 복종하되 서로의 본분을 다할 때 건강한 부부 생활 및 가정생활이 가능한 것이다.

하지만 현대의 포스트모더니즘은 이 세상의 모든 권위 체계 및 질서를 권력 행사를 통한 억압의 기제로 이해하면서 거부한다. 이것은 성경을 통해 계시된 가정에 대한 신적 기원 및 권위 전체를 부인하고 동성혼을 주장함으로 건강한 가정의 해체를 가속화시키는 요인이 되고 있는 것이다.

그러나 성경은 남편과 아내가 서로 사랑하며 신실하게 약속을 지키는 관계를 그리스도와 교회간의 사랑과 교제의 예표라고 말한다. 그러므로 천국을 설명하실 때마다 예수께서는 자주 하나님의 나라는 혼인잔치와 같다고 하셨다(마 22:2-14). 남편과 아내의 사랑은 결국 두 사람 모두가 영원한 그리스도의 사랑 안에 거할 때 그 하나 됨과 사랑이 온전해진다. 자녀들 또한 부모에게 순종해야 한다. 자녀들은 주 안에서 부모를 공경할 때 잘 되고, 땅에서 오래 살 것이라고 약속하신다.

하지만 이 말씀에 순종하지 못하고 서로 자기주장만을 내세우기 때문에 현대 사회의 이혼율은 계속해서 급증하고 있다. 이혼 한 번 하지 않고 살아가는 건강한 가정을 찾아보기 어려운 시대가 되어 가고 있다. 나아가 이혼한 가정에서 자라는 자녀들이 정신적으로 건강하지 못하여 결국 비행 청소년이 되고 사회의 짐이 되는 경우가 너무 많다. 나아가 동성애를 당연한 것처럼 주장하면서 이를 틀렸다고 말하는 것을 오히려 차별하는 것으로 보는

세상을 변화시키는 학문

것은 어불성설이 아닐 수 없다. 사도 바울도 음행, 간음 및 여성 노릇을 하는 사람들이나, 동성애를 하는 사람들은, 하나님 나라를 상속받지 못할 것이라고 엄중하게 경고하면서(고전 6:9b-10), 율법이 제정된 것은 무엇이 옳고 그릇된 것인지를 바로 분별하기 위함이며 동성애 및 동성혼 또한 건전한 교훈에 배치된다고 분명히 말하고 있다(딤전 1:10).

5) 경건한 가정의 모델

예수 그리스도의 초림과 그분의 십자가에 죽으시고 부활하신 구속 사역으로 가정의 구속이 이루어지긴 했으나 이러한 구속은 계속해서 주님 다시 오실 때까지 지켜져야 한다. 그러기 위해서는 모든 가족들이 주님을 경외하는 경건한 가정이어야 한다. 이러한 가정은 축복을 받아 남편은 수고한 만큼 대가를 누리게 되며 아내는 결실한 포도나무와 같고 기업으로 받은 자녀들은 어린 감람나무와 같아 시온의 복을 누리게 된다(시 128편). 가나안 땅을 정복한 여호수아는 사명을 다 감당한 후에 모든 이스라엘의 열 두 지파를 모아 놓고 여호와 하나님을 섬길 것인지 아니면 가나안의 우상들을 섬길 것인지 택하라고 도전하면서 "나와 나의 집안은 주님을 섬길 것입니다"라고 고백했다(수 24:15b).

로마 백부장 고넬료의 가정 또한 앞서 본 바와 같이 매우 경건한 가정이었다. 그는 모든 가족들이 함께 하나님을 경외하며 백성을 많이 구제하고 하나님께 항상 기도하는 가정이었기에 마침내 베드로 사도를 통해 복음을 받고 성령 세례를 받는 최초의 로마인 가정이 되었던 것이다(행 10). 초대교회도 장로와 집사와 같은 직분자들을 세울 때 가정을 잘 다스리는 것을 중요한 자격 요건으로 삼았다(딤전 3:4-5, 12). 그러므로 현대 가정의 문제가 근본적으로 해결되기 위해서는 부부가 먼저 회개하고 각각 예수를 주와 그리스도로 영접한 후 가족 전체가 주님을 바로 섬기는 가정이 되어야 한다. 그

럴 때 가정은 지상의 낙원이 될 것이다.

한 사람이 예수를 주와 그리스도로 믿고 자신의 죄를 회개하여 거듭나면 그는 의롭다고 인정받을 뿐만 아니라 하나님을 "아빠, 아버지"라고 부를 수 있게 된다. 즉 그는 하나님의 자녀로 인치심을 받는 것이다. 그러므로 성경은 이것을 가능하게 하시는 성령을 "양자의 영"이라고 부른다(롬 8:14-15).

나아가 하나님의 모든 자녀들은 인종과 문화, 언어와 피부색 등 모든 차이점들을 넘어 주님 안에서 하나가 되며 하나님의 가족이 된다. 예수님께서도 "누구든지 하나님의 뜻을 행하는 사람이 곧 내 형제요 자매요 어머니다"라고 말씀하셨고(막 3:35) 사도 바울도 같은 의미로 다음과 같이 선포한다.

> 이방 사람과 유대 사람 양쪽 모두, 그리스도를 통하여 한 성령 안에서 아버지께 나아가게 되었습니다. 그러므로 이제부터 여러분은 외국 사람이나 나그네가 아니요, 성도들과 함께 시민이며 하나님의 가족입니다(엡 2:18-19).

여기서 한 가지 언급할 점은 사도 베드로가 베드로후서에서 "형제 사랑"을 언급한 적이 있는데 이것은 원어로 '필라델피아(philadelphia)'이다. 하지만 이 단어는 결코 동성애나 동성혼을 의미하는 것이 아니라 교회 성도들 간에 서로 우애하며 친절을 베풀 것을 뜻하는 것이다. 그렇다면 이렇게 구속된 가정의 완성된 모습은 어떠한지 마지막으로 살펴보겠다.

4. 결혼 및 가정의 완성

1) 어린 양 혼인잔치

천국에는 이 세상의 남편과 아내의 관계는 성립하지 않는다. 하나님 나라에서는 더 이상 결혼이 없고 모두 천사와 같기 때문이다(눅 20:34-36). 그 대신 예수 그리스도와 교회는 신랑과 신부처럼 새 하늘과 새 땅을 배경으로 어린 양 혼인잔치에 참여하게 된다. 즉 영원한 천국 가정이 완성되는 것이다(계 21:2).

예루살렘은 구약에서도 "시온의 딸"이라는 표현처럼 항상 여성형으로 표현되었다. 이것은 구약 시대부터 하나님과 이스라엘 백성들 간의 관계를 나타내는 것으로 하나님은 남편이요, 이스라엘은 아내와 같다는 것이다. 신약 시대에도 예수 그리스도는 신랑이요, 교회는 그의 신부로 설명하면서 사도 바울은 이런 의미에서 자신이 고린도 교회 성도들을 신랑 되신 예수께 중매하는 자라고 소개한다(고후 11:2).

이러한 신부는 신랑이 올 때까지 깨어 기도하면서 성령의 기름을 늘 예비하여 마침내 어린 양 혼인잔치에 들어가 신랑이신 예수 그리스도와 온전히 하나가 되어 가장 친밀한 사랑의 교제를 나누게 되는 것이다. 신부는 빛나고 깨끗한 모시옷을 예복으로 입었는데 이 옷은 성도들의 의로운 행위이다. 이 날은 기쁨과 사랑이 완성되는 날이요, 하나님의 영광과 축복이 충만한 날이 될 것이다(계 19:7-9a).

2) 최후의 심판

하지만 가정을 파괴한 자들은 이 어린 양 잔치에 들어올 수도 없을 뿐만 아니라 최후의 심판을 피할 수 없게 된다. 따라서 히브리서 기자는 혼인을 귀하게 여겨야 하고, 잠자리를 더럽히지 말아야 하며 음행하는 자와 간음하는 자는 하나님의 심판을 받을 것이라고 경고한다(히 13:4).

사도 요한 또한 이 점을 분명하게 지적하면서 "개들과 마술쟁이들과 음행하는 자들과 살인자들과 우상 숭배자들과 거짓을 사랑하고 행하는 자는 다 바깥에 남아 있게 될 것이다."라고 말한다(계 22:15). 여기서 '개들'은 극단적 표현은 성적 타락이 극도에 달한 무리를 일컫는 것으로 볼 수 있다. 즉 우리가 이 땅에서 어떤 도덕적 삶을 살고 어떤 가정생활을 했느냐에 따라 하나님의 최후 심판을 받을 것이며 우리는 이 모든 삶에 대해 책임져야 함을 잊지 말아야 한다(전 12:14; 갈 6:7-8).

3) 영원한 축복

어린 양 혼인잔치와 함께 하나님의 언약은 완성된다. 하나님이 친히 자기 백성들과 영원토록 함께 하시며 친히 모든 자녀의 아버지가 되시고 그 자녀들은 하늘나라 백성으로 더 이상 눈물과 죽음, 슬픔과 고통이 없는 새 하늘과 새 땅에서 영원한 축복을 누릴 것이다(계 21:3-4). 이러한 소망을 가지고 모든 그리스도인들은 믿음에 견고히 서서 경건하고도 건강한 믿음의 가정을 이루어 이 땅에서 천국을 맛보는 동시에 이 세상에 진정한 결혼과 가정의 축복이 무엇인지 보여 주며 살아가야 할 것이다.

III. 결론

본 장에서는 창조, 타락, 구속, 완성이라는 성경적 관점에서 건강한 결혼 및 가정의 모습을 통해 동성애 및 동성혼이 왜 문제가 되는지 고찰해 보았다. 우선 창조 질서에 나타난 결혼의 신적 기원에 관해 살펴 본 후에 이것이 어떻게 타락되었으며 동성애 및 동성혼은 언제부터 시작되었는지를 분석한 후 예수 그리스도의 구속 사역이 건강한 결혼 및 가정을 어떻게 회복할 수 있는지를 다루고 마지막으로 하나님의 나라가 완성된 상태에서는 어떤 모습을 우리가 기대할 수 있는지를 살펴보았다.

그렇다면 이 부분에 대한 한국 교회의 과제는 무엇인가? 무엇보다 먼저 건강한 결혼 및 가정의 모습을 이 세상 사람들에게 보여 주어야 한다. 혼란한 이 시대에 가장 설득력 있는 기독교 세계관은 구체적인 삶으로 그 진정성을 증거하는 것이다. 그리스도인들이 혼인을 귀중히 여기며 혼전 순결을 지키면서 회복된 아름다운 천국가정을 이루고 경건한 자녀를 위해 기도하면서 은혜로 주신 자녀를 말씀으로 잘 양육하여 이 세상의 빛과 소금이 되는 인재로 키우면서 세상에 선하고 모범적인 영향력을 끼치게 된다면 세상 사람들은 분명히 감동과 도전을 받게 될 것이다. 맥도웰(S. McDowell)과 스토운스트릿(J. Stonestreet)은 이에 관해 매우 구체적인 방안들을 제시하고 있다(McDowell & Stonestreet, 2014: 113-122).

둘째, 동성애 및 동성혼에 대해 분명한 입장을 밝혀야 할 것이다. 어윈 루처(Erwin W. Lutzer)가 말한 것처럼 양자 모두 하나님의 말씀에 어긋나는 행위임을 명확히 선포하고 동성혼을 합법화하려는 시도는 장차 건강한 가정을 파괴하는 무서운 결과를 낳게 될 것임을 엄중하게 경고해야 할 것이다(Lutzer, 2010: 29-52). 동성혼을 반대하는 것은 시민의 권리를 침해하는 것이 아니며 차별도 아님을 강조하면서 전문가들이 분야별로 이러한 주제에 대해 더욱 심도 있는 연구를 하여 보다 체계적인 대책을 세워야 할 것이다.

셋째, 이와 동시에 동성애적 경향이 있는 사람들을 주님의 사랑으로 따뜻하게 품으면서 그들이 건강한 결혼 및 가정생활을 회복할 수 있도록 최선을 다해 도와주어야 할 것이다. 최근에 나온 영화 "Sing over me(www.singovermemovie.com)" 및 "나는 더 이상 게이가 아닙니다(GODpeople, 2016: 32-35)"라는 다큐멘터리는 동성애자도 얼마든지 회복될 수 있다는 사실을 실제적 경험을 통해 분명하게 보여 준다. 그리하여 한국 교회는 한국 사회에 보다 건강한 가정이 회복될 수 있도록 최선의 노력을 아끼지 말아야 할 것이다.

참고문헌

길원평, 민성길(2014). "동성애에 대한 기독교 세계관적 고찰" 「신앙과 학문」 제19권 1호, 7-36.

김영한(2015). "동성애는 창조본연의 성질서를 거슬리는 죄악" www.chris-tiandaily.co.kr/news/%EA%B9%80%EC%98%81%ED%95%9C-%EC%B9%BC%EB%9F%BC-%EB%8F%99%EC%84%B1%EC%95%A0-%EC%B0%BD%EC%A1%B0%EB%B3%B8%EC%97%B0-%EC%84%B1%EC%A7%88%EC%84%9C-%EA%B1%B0%EC%8A%AC%EB%A6%AC%EB%8A%94-%EC%A3%84%EC%95%85-63268.html

박혜원(2005). "새 창조에서의 부부관계", 「목회와 신학」 2005년 5월호.

손봉호(1993). 『건강한 가정』 기윤실.

정희영(2012). "한국 교육의 발전과 기독교: 개화기를 중심으로", 125-151.

조성돈(2005). "가정 해체 시대에 대한 목회사회학적 분석", 「목회와 신학」 2005년 5월호.

최용준(2008). "가정에 관한 기독교 세계관적 고찰" 「개혁신학 논문집」 제20권, 웨스트민스터 신학대학원대학교, 201-228.

_____(2014). "문화에 대한 기독교적 반성" 『유럽 기독지성운동과 한국의 디아스포라』 서울: 예영 커뮤니케이션, 135-156.

표준새번역성경

Briscoe, S. D.(2005). "가정, 그 성경적 이해", 「목회와 신학」 2005년 5월호

Brooks, D.(2015). "The Next Culture War", *New York Times*, 2015년 6월 30일 사설.

Dooyeweerd, H.(1984). *A New Critique of Theoretical Thought*, Vol. III. Trans. by David H. Freeman & H. De Jongste, Ontario: Paideia Press.

GODpeople(2016) 6월호(111).

Henry, M. *Commentary on the whole Bible*, www.ccel.org/h/henry/mhc2/MHC01002.HTM(2016년 7월 2일 검색)

Lowery, F.(2003). Covenant Marriage: Staying Together for Life, 임종원 역, 『결혼은 하나님과 맺은 언약입니다』 서울, 미션월드 라이브러리.

세상을 변화시키는 학문

Lutzer, E. W.(2010). *The Truth about Same-Sex Marriage*, Chicago: Moody Publishers.

McDowell, S. & Stonestreet J.(2014). *Same-Sex Marriage: A Thoughtful Approach to God's Design for Marriage*, Grand Rapids: Baker.

kidokin.kr/bbs/board.php?bo_table=g01&wr_id=1355

www.singovermemovie.com

www.theosnlogos.com/news/articleView.html?idxno=753

기독교 세계관과 한국 사회의 변혁[1]

I. 서론

하나님의 특별한 은혜로 지난 100년간 한국 교회는 역사상 유례를 찾아보기 어려울 정도로 부흥과 성장을 경험했다. 나아가 개혁주의를 표방하는 장로교회가 한국 교회 부흥의 주류를 형성했다는 점은 매우 독특한 현상이다. 장로교회를 중심으로 하는 한국 교회는 현재 전 세계에서 미국 다음으로 많은 선교사를 해외에 파송하고 있으며 세계 최대의 장로교회들이 서울에 밀집되어 있다. 따라서 교회사적 관점에서 한국 교회는 기독교의 성공적이고 모범적인 선교 사례로 기록될 것이다.

이와 동시에 한국 교회는 근대사에서 한국 사회의 발전에 결정적인 공헌을 했다. 비록 소수였지만 일제 시대에는 독립운동에 가장 앞장 섰으며, 교육 사업을 통해 많은 인재들을 배출했고, 의료 시설을 세워 국민 건강을 증진하였을 뿐만 아니라 고아원 설립 및 운영 등 다양한 사회복지 서비스를 통해 소외된 이웃을 섬기려고 노력했다. 나아가 금연, 금주, 도박금지, 사회적 차별금지, 남녀 평등, 검소와 절약, 정직과 근면, 직업 소명설 등을 통해 정신 개조운동을 실시하여 20세기 한국 사회 근대화의 밑받침이 되었다.

---

1 본 장은 「신앙과 학문」 2015년 제 20권 1호, 233-256에 영문으로 실렸던 것이다.

세상을 변화시키는 학문

이러한 문화적 변혁은 그 밑바탕에 기독교적 세계관이 작용하고 있으며 그 결과 이러한 열매를 맺었다고 할 수 있을 것이다.

하지만 선교 100년이 지난 한국 교회는 현재 새로운 전기를 맞고 있다. 무엇보다 극심한 세속화 물결에 노출되어 더 이상 교세는 증가하지 않고 오히려 감소하고 있는 것이 사실이다. 나아가 교회 지도자들의 잇단 스캔들로 인해 교회의 신뢰도와 위상은 급속히 추락하고 있으며 국민들로부터 신뢰를 상실하고 있는 위기의 상황이다. 숫자는 많아졌지만 20세기 초반과 같은 사회의 빛과 소금 역할을 제대로 하지 못하고 있다고 보는 관점이 우세하다. 기독교적 세계관의 중요성이 강조되고는 있지만 그것이 학문의 영역이나 정치, 경제 등 구체적인 삶의 현장에서 좀더 일관성 있게 적용되지 못하고 있다는 비판도 받고 있다. 이것은 새로운 100년을 어떻게 준비하고 대처해야 할 것인가에 대해 깊이 있는 반성과 통찰을 우리에게 요구하고 있다.

이와 동시에 지난 한 세기 동안 한국 교회를 부흥하게 하셨던 하나님은 지금도 중국을 비롯한 전 세계에서 역동적으로 일하고 계심을 우리는 목격하고 있다. 나아가 글로벌 시대 전 세계에 흩어진 한인 디아스포라 그리스도인들 또한 매우 중요한 역할을 감당하고 있다.

이러한 상황을 염두에 두면서 본 장은 한국 교회의 지난 100년간을 회고하면서 기독교 세계관이 한국 사회에 어떠한 변화를 가져왔는지 보다 구체적으로 살펴본 후, 앞으로 새로운 100년의 미래를 전망하며 어떤 패러다임을 추구함으로 한국 사회를 변혁하고 나아가 글로벌한 공헌을 할 수 있을지 고찰해 보고자 한다. 마지막으로 이 모든 논의 후에 결론을 맺도록 하겠다.

II. 기독교 세계관과 한국 사회의 변혁

1. 기독교 세계관의 내용

일반적으로 기독교 세계관이라고 하면 네덜란드의 아브라함 카이퍼 (Abraham Kuyper)가 남긴 영향이 가장 크다고 말할 수 있다. 그는 우리 삶의 모든 영역에 그리스도의 주권이 드러나야 함을 강조하면서 이것을 세계 및 인생관(Wereld- en lebensbeschouwing)이라고 불렀다. 그는 이러한 세계관을 체계적으로 가르치기 위해 1880년 암스테르담에 자유대학교(Vrije Universiteit)를 설립하면서 유명한 개교 연설 마지막에 이렇게 강조했다.

> 이 세상의 어떤 영역도 그리스도께서 '내 것'이라고 외치지 않는 곳은 하나도 없다(geen duimbreed is er op heel 't erf van ons menselijk leven, waarvan Christus, die aller Souverein is, niet roept: "Mijn!").(Kuyper: 1880, 35)

신칼빈주의(Neocalvinism)라고도 불리는 이 기독교 세계관의 핵심 내용을 다음과 같이 요약할 수 있겠다(최용준, 2013).

① 예수 그리스도는 하늘과 땅의 모든 권세를 가지신 분으로 우리의 삶의 모든 영역에 주권을 가지고 구속하신다. 그러므로 우리의 삶의 모든 영역도 구속되고 그리스도를 머리로 온전히 통합되어야 하며 따라서 우리의 삶을 성/속으로 나누는 스콜라적 이원론은 용납되지 않는다.

② 창조는 삼위일체 하나님이 이 세상을 아름답고 질서 있게 만드셨으며 인간을 마지막에 자신의 형상으로 지으신 후 이 모든 피조계를 다스리며 보존해야 하는 소위 '문화 명령(Cultural Mandate)'을 축복으로 주셨다.

③ 하지만 인간은 사탄의 유혹을 받아 금지된 나무 열매를 먹음으로 타락하게

세상을 변화시키는 학문

되었고 그 결과 모든 피조계가 죄의 영향을 받게 되어 지금 이 세상은 깨어지고 뒤틀려 신음하게 되었다.

④ 그러나 하나님은 예수 그리스도를 이 땅에 보내어 구속을 성취하셨으며 그 이후 성령께서 오셔서 이 구원을 우리에게 개별적으로 그리고 교회적으로 적용하시며 마침내 완성하신다.

⑤ 우리 삶의 각 영역(교회, 국가, 가정, 기업 등)은 하나님께로부터 부여 받은 나름대로의 책임과 주권이 있다. 따라서 어느 영역도 다른 영역에 주권을 행사해서는 안 된다. 이것을 영역 주권(Soevereiniteit in eigen kring, Sphere-Sovereignty)이라고 한다.

⑥ 피조세계의 구조와 방향은 분명히 구분되어야 한다. 구조란 창조의 법칙 및 질서로 하나님의 일반 은총에 의해 타락 이후에도 여전히 보존되고 있으나 방향은 창조 규범에 대한 인간의 응답으로서 하나님을 향하여 순종하든지 아니면 그 반대이다.

⑦ 타락에도 피조계의 완전한 파괴를 방지하는 하나님의 일반 은총(Common grace)은 악의 확장을 억제하며 모든 인류에게 공평하게 베푸시는 비구속적인 선물이다.

⑧ 역사 및 개인의 내면에는 하나님을 향한 순종과 불순종간, 하나님의 나라와 어둠의 나라 간의 영적 대립(Antithesis)이 존재한다.

⑨ 따라서 모든 이론적이고 학문적인 사고도 중립적이 아니다. 모든 생각과 삶은 궁극적으로 세계관에 의해 결정되며 나아가 이 세계관은 종교적 근본 동인에 의해 좌우된다. 그러므로 그리스도인 삶의 모든 영역은 이러한 성경적 세계관에 의해 형성되고 인도되어야 한다.

2. 근대 한국 사회의 개현

한국의 역사를 깊이 살펴보면 다양한 세계관의 실험사라고 해도 과언이 아닐 것이다(Choi: 2006, 256-337). 왜냐하면 고조선 시대부터 삼국시대를 거쳐 통일신라와 고려 그리고 조선에 걸쳐 샤머니즘, 불교 그리고 유교적 세계관이 각각 주도적 역할을 한 것을 볼 수 있다. 즉 고조선 시대부터 통일신라시대까지는 샤머니즘적 세계관이 지배적이었으나 그 한계가 드러나면서 대안으로 불교적 세계관이 등장하였고 그 결과 고려시대는 불교가 국교로 그 중심 역할을 했다. 하지만 고려 말 불교가 타락하면서 그 문제점들을 드러내자 이성계는 조선 왕조 창건과 함께 유교를 국시로 채택하였다. 그러나 19세기 후반에 들어와 유교적 세계관의 한계점들이 노출되면서 더 이상 사회의 구심점이 될 수 없었고 결국 국권을 일본에 빼앗기는 위기를 맞이하게 된 것이다.

이런 상황 가운데 전래된 기독교는 새로운 대안으로 급속히 떠오르게 되었다. 앞서 주요한 세계관들을 실험했으나 실패로 끝났으며 이제는 어떻게 해야 하는가에 대한 영적, 정신적 공허감과 진공 상태에 대해 새로운 패러다임으로 등장한 복음과 그것이 담고 있는 세계관은 그야말로 한민족에게 비춰진 한 줄기 생명의 빛이었던 것이다. 따라서 '개화'를 주장하던 대부분의 선각자들은 기독교를 받아들이게 되었고 성경적 세계관은 그들의 삶 전체 그리고 나아가 한국 사회가 나아가야 할 방향을 제시하는 나침반이 되었던 것이다. 그 대표적인 요소들을 몇 가지만 든다면 아래와 같다(Choi: 2006, 320-328).

① 만물의 기원으로서 그리스도안에서 자신을 계시하신 성경적 하나님 사상은 미신적이고 다신론적인 샤머니즘과, 신관이 모호하던 불교사상 그리고 하늘을 신성시하던 유교적 신관을 극복하여 인격적인 창조주로 제시되었다.

② 성경적 인간관 또한 전통적 세계관을 변혁시켰다. 하나님의 형상으로 문화적 대리인으로서 하나님과 이웃을 섬기며 하나님 앞에서(즉 유교적 권위주의를

타파하여 수직적 계층구조를 수평적 만민 평등 사상으로 전환한 것은 영국의 노예해방 못지 않은 사회 변혁이라고 말할 수 있을 것이다. 주인과 종이 함께 예배 드리며 오히려 종이 먼저 교회의 장로가 되었고 나중에 목회자가 되어 후에 장로가 된 옛 주인과 함께 교회를 이끌어간 경우는 그 대표적인 예라 하겠다.

③ 남녀 차별의 극복 또한 매우 중요한 변화였다. 당시 여성들은 유교적 남존여비 사상의 희생물로 남편의 소유물처럼 간주되어 첩들이 인정되었고 재혼도 금지되었으나 남녀 평등적 세계관이 소개되면서 여성에 대한 교육기관(이화 학당 등)이 세워져 교육 혜택이 주어지면서 보편적 복음의 능력이 나타났으며 나아가 여성들에게 참정권이 부여되어 여성들의 권익 및 리더십 함양을 통해 민주주의 발전도 가속화되었고 사회적으로 많은 공헌을 할 수 있게 되었다.

④ 현대적 교육을 통한 인재 양성은 장기적으로 한국 사회가 발전할 수 있는 교두보 역할을 했다고 할 수 있다. 청나라가 근대화된 일본과의 전쟁에서 패하는 모습을 보고 민족의 선각자들인 그리스도인들은 전통적인 유교적 교육 시스템을 과감히 버리고 새로운 과학 기술을 적극 배우는 개화사상을 주창하였다. 이러한 신교육을 통해 사회–문화적 개혁을 추진하여 교회만이 유치원에서 대학까지의 전반적인 교육 기관을 갖추게 되었고 여기서 배출된 그리스도인 엘리트들은 한국 교회뿐만 아니라 사회 전체로부터 존경 받는 지도자들이 되었다.

⑤ 병원 설립을 통한 사회의 보건 증진 또한 간과할 수 없는 공헌이다. 많은 선교사들이 의료 선교를 겸하여 육적, 영적 치유를 함께 진행하였기에 과학과 신앙 간에 어떤 불필요한 갈등도 없었으며 여성 의사들도 배출되면서 한국 사회는 더욱 발전할 수 있었다. 나아가 금주, 금연, 마약 그리고 도박 금지 등을 통한 정신 개혁 또한 지적하지 않을 수 없다. 자포자기적이고 체념적 세계관

을 바꾸어 전인적 변화를 도모함으로 사회를 변혁하는 매우 중요한 공헌을
했던 것이다.

⑥ 절약, 검소한 삶을 통한 경제적 자립 도모는 나중에 한국 사회의 경제 발전에
도 정신적 밑거름이 되었다. 이와 관련하여 주목할 사실은 1960년대부터 시
작된 한국 경제의 기적 같은 성장은 한국 교회의 눈부신 성장과 거의 동시대
에 진행되었다는 것이다. 이는 청지기 정신과 금욕적인 기독교 세계관이 자본
주의 정신에 중요한 영향을 주었다고 주장한 막스 베버(Max Weber)의 이론
과도 무관하지 않을 것이다(Weber: 1934).

⑦ 현실을 보는 관점도 크게 변화되었다. 다신교적 샤머니즘을 극복하면서 합리
적 사고방식이 장려되었고 따라서 근대 과학기술도 발전하기 시작했다. 현실
을 부정적으로 보는 불교적 세계관도 비판하면서 좀더 현실적이면서 수동적
자세가 아닌 능동적이고 적극적으로 삶을 개척해 나가도록 격려했다. 자유,
평등, 정의, 평화 및 인권의 가치가 한국 사회에서 소개되어 나라의 독립 및
민주주의 그리고 언론의 발전에 결정적인 공헌을 했던 것이다. 기독교적 문화
관과 역사관은 시민 운동 및 윤리실천을 통해 사회 변혁에도 공헌하여 가난
하고 소외된 장애인들과 고아들 그리고 도시빈민 노동자들의 인권 및 경제적
자립을 위해서도 많은 노력을 했다.

⑧ 성경이 한글로 번역되어 보급되면서 문맹률이 급속히 감소하였고 이는 한자
에 의존한 유교적 문화를 극복하는 데 큰 공헌을 했다. 쉬운 한글 성경을 통해
일반 평민들이 올바른 세계관을 받아들였으며 이는 어려운 한문으로 적혀 보
편적 접근이 어려운 불경이나 유교의 경전들과는 대조적이었다.

⑨ 일제 강점기에 복음을 받아들인 민족의 지도자들은 서방 열강의 식민지가 된
다른 나라들과는 달리 일본의 제국주의에 저항하며 자주 독립과 인류의 평화
를 위해 헌신했다. 해방 후 경제가 발전하고 한국 교회의 위상이 높아지면서
선교뿐만 아니라 저개발 국가들에 대한 인도적 지원을 시작하였으며 특별히

세상을 변화시키는 학문

분단 상황에서 북한의 동포들과 지하 교회들 그리고 탈북자들을 지원하는 일에 한국 교회가 앞장서면서 글로벌 지구촌에 공헌하고 있다.

결론적으로 성경적 세계관은 한국 사회의 전통적 세계관이 가진 걸림돌들을 과감히 비판, 제거하고 새로운 패러다임과 대안적 비전을 제시하여 근대화와 문화적 개혁을 추진한 강력한 원동력이 되었다. 하지만 이것이 모든 면에서 성공한 것은 물론 아니다. 아직도 변혁되어야 할 부분들이 많이 남아 있다. 이것을 다음 장에서 보다 자세하게 다루어 보겠다.

3. 현대 한국 사회와 기독교 세계관

하지만 21세기에 들어선 현대 한국 사회는 다시금 새로운 도전으로 다가오고 있다. 왜냐하면 지금까지 부흥을 거듭하던 한국 교회가 갑자기 성장을 멈추었고 오히려 퇴보하기 시작했으며 동시에 사회로부터 존경과 인정을 받기 보다는 비판과 지탄을 받는 대상으로 변하였기 때문이다. 그 이유를 간단히 정리하면 아래와 같다고 본다.

① 물질주의의 범람이다. 교회가 대형화되면서 물질주의적이고 샤머니즘적인 현세 기복적 세계관이 교회에 침투하기 시작했다. 물질적 성공이 축복이라는 번영 신학(prosperity theology)이 지배적이 되었다. 나아가 무리한 예배당 건축으로 재정 부담이 증가되었고 따라서 헌금을 강요하는 경향이 늘어나 의식 있는 성도들이 교회를 떠나 신앙 생활하기 편한 가톨릭으로 옮기는 경우가 증가하고 있다. 이것은 구약적 성전 개념과 신약적인 교회 공동체 개념을 혼동한 결과라고 볼 수 있으며 중세 가톨릭교회가 거대한 성당을 건축하기 위해 면죄부를 팔다가 결국 종교개혁을 낳은 것과 유사한 오류라고 할 수 있다.

② 나아가 교회의 분열 또한 지적하지 않을 수 없다. 이것은 특별히 한국의 장로

교회가 지역 교회적으로 그리고 교단적으로 국내외에서 분열을 거듭하면서 결국 사회의 지탄을 받게 되고 많은 성도들이 상처를 입게 되는 결과를 낳았다.

③ 도덕성 결여 또한 심각한 문제가 되고 있다. 이것은 아직도 신앙과 삶이 일치하지 않는 미숙한 그리스도인들, 특히 지도자들의 스캔들, 표절 등에 대해 진정한 회개와 책임을 회피함으로 한국 교회의 위상은 끝없이 추락하고 있다. 나아가 유교적 권위주의가 교회 제도에 스며들어 이에 반발하는 젊은이들이 교회를 떠나는 사례도 증가하고 있다. 나아가 예배의 설교도 본문이 성경 전체가 아닌 일부 성구에 편중되는 현상이 있으며 상대적으로 성찬의 중요성이 경시되고 있는 것도 사실이다.

④ 기독교 대학의 세속화도 지적하지 않을 수 없다. 대부분의 기독교 대학들이 건학 초기의 기독교적 정체성을 유지하기 위해 노력하기보다는 대학 운영을 위한 상업적 논리에 밀려 정원을 무리하게 확장하고 이에 따른 교수 충원 과정에서 비그리스도인들이 들어오게 되어 결국 점점 세속화되고 있음을 부인할 수 없다.

⑤ 또한 최근에 큰 이슈가 되는 것은 이슬람의 도전이다. 전 세계적으로 확산되고 있는 이슬람은 이제 한국 사회에도 서서히 그 영향력을 발휘하고 있다. 하지만 한국 교회는 아직 이에 대해 적절하고도 체계적인 대책을 마련하지 못한 것으로 보인다.

⑥ 이와 함께 다원주의의 확산 및 다문화 사역이 큰 쟁점이 되고 있다. 포스트 모더니즘 시대에 다원주의는 마치 당연한 것처럼 한국 사회 내에 자리잡고 있으며 그 결과 동성애, 성전환 등에 대한 차별 금지법이 국회에 상정되는 현실이다. 이와 동시에 급속히 다문화화하는 한국 사회 내에서 한국 교회는 이러한 급변하는 상황 속에서 새로운 사역의 패러다임을 제시하지 못한 채 아직도 한민족 중심의 목회에 대부분 머물러 있다.

세상을 변화시키는 학문

⑦ 마지막으로 한국 사회의 약 20퍼센트가 그리스도인이라고 하지만 그에 맞는 기독교 문화를 형성하지 못하고 각 영역에서 기독 전문가들이 세상의 학문, 문화와 세계관에 대해 적절한 대안을 제시하지 못하고 있어 기독교 세계관도 하나의 운동으로 지속되고 있으나 진정한 사회 변혁(transformation)을 일으키지는 못하고 있다.

이러한 전반적인 현상들로 인해 한국 사회에서 기독교 세계관을 가졌다고 자부하는 한국 교회는 현재 새로운 도약과 발전으로 나아갈 것인가 아니면 퇴보할 것인가의 심각한 기로에 서 있다고 진단할 수 있다.

4. 미래를 위한 새로운 패러다임의 모색

그렇다면 새로운 100년을 준비하면서 어떤 새로운 패러다임을 대안으로 제시해야 할 것인가? 앞에서 지적한 문제들을 되짚어가면서 해결책을 제시해 보고자 한다.

1) 물질주의의 도전 앞에 기독교 세계관은 한국 교회와 사회에 분명한 경종을 울려야 한다. 아직도 한국 교회와 크리스천의 심층에 남아 있는 샤머니즘적인 기복신앙을 철저히 지적하고 재물과 하나님을 동시에 섬길 수 없음을 강조하면서 희년 정신과 초대교회의 공동체적 삶의 모델을 더욱 확산시켜 나가야 할 것이다. 네덜란드의 저명한 봅 하웃즈바르트(Bob Goudzwaard) 교수는 경제는 더 이상 성장만을 추구해서는 안되며 신실한 청지기의 삶을 살면서 '돌봄의 경제(economy of care)'를 추구해야 한다고 주장한다(Goudzwaard: 2007, 205). 이것은 일정한 수준 이상의 부를 추구하는 것을 지양하고 잉여 가치로 나눔을 실천하는 데 앞장서야 한다는 의미이다. 독일의 유명한 기독 언론인인 피터 한느(Peter Hahne)도 그의 베스트셀러

Schluss mit lustig!: Das Ende der Spaßgesellschaft(과욕은 이제 그만: 즐기
는 사회의 종말)에서 지나친 욕심을 자제하고 검소한 삶을 살 것을 강조한다
(Hahne: 2009). 일확천금을 꿈꾸기보다는 하나님을 경외하면서 성실히 노력
하여 그 대가를 감사히 누리며(시 128:2) 어려운 이웃을 사랑으로 돌보며 섬
겨야 할 것이다.

이와 관련하여 기존의 천편일률적 교회당 건물도 좀더 새로운 패러다임
을 도입하여 다용도로 사용할 수 있는 공간으로 지역 사회를 섬길 수 있어
야 할 것이다. 캐나다 밴쿠버의 어느 교회는 예배당을 지으면서 주일에는
예배를 드리기 위해 의자를 놓았지만 의자를 치우면 언제든지 농구 등의 운
동을 할 수 있는 체육관이며 또한 무대가 앞쪽에 있어 어떤 공연이나 다양
한 문화 행사도 할 수 있고 예배 후 필요하다면 애찬도 그 자리에서 할 수
있는 다목적 용도로 설계되었다(최용준: 2013, 21-22).

특별히 현대 사회는 복음적인 교회들이 좀더 적극적으로 사회 참여를
하도록 요구하고 있다. 로잔 운동에서도 지난 2010년 Cape Town Com-
mitment에서 그 사실을 인정하며 사회의 다양한 문제들에 대해 모든 교회
가 전 세계에 보다 더 온전한 복음을 증거하는데 헌신해야 한다고 강조하
고 있다. 그런 의미에서 로잔 운동의 창시자 중 한 분이었던 존 스토트(John
Stott) 목사님은 『현대 사회와 그리스도인의 책임(*New Issues Facing Christian
Today)*』이라는 책에서 교회가 현대의 중요한 이슈인 실업 문제를 다소나마
해소하는데 공헌하기 위해 개신교 노동 윤리(근면, 정직, 청지기정신, 검약)를
강조하는 동시에 교회의 사역으로 놀이방, 유아원, 노인들을 위한 다양한
프로그램, 열린 청년 모임, 커피숍, 직업 훈련 등의 사역을 통해 실업자들을
고용하는 방안을 제시한다. 그러면서 전통적 교회 건물이 이러한 필요를 채
우기에 적합하지 않자 많은 교회들이 창의적인 설비들을 개발하여 다목적
용 건물들로 개조하였으며 일부에서는 '교회'라는 전통적인 이름 대신 '기

세상을 변화시키는 학문

독교/ 크리스천 센터'라는 이름으로 대체하는 경우도 있다고 말한다(Stott: 2005, 228-233).

독일 슈투트가르트의 한 교회는 이름이 가스펠 포럼(Gospel Forum)이다. 윌로우크릭교회(Willow Creek Community Church)의 모델과 유사하게 현대인의 정서에 맞는 접근법으로 총체적 복음을 전하려고 노력하고 있는데 이곳에서는 본당에 어린이들 옷들을 모아 재활용하는 시장을 열기도 한다(최용준: 2013, 24-25).

새 술은 새 부대에 넣어야 한다(마 9:17; 막 2:22; 눅 5:37-38). 한국 교회가 세속적 물질주의와 번영의 신학을 넘어 복음 전도와 사회적 책임을 균형 있게 감당해야 한다. 그렇게 하기 위해 본질을 잃어버리지 않으면서도 끊임없는 패러다임의 변화를 통해 포스트모던 시대에 보다 지혜롭고 효과적으로 사명을 감당해야 할 것이다.

2) 천주교와 성공회 그리고 다른 개신교단(감리교, 침례교, 루터교 등)은 비교적 교단의 분열이 많지 않았지만 한국 장로 교단은 그동안 너무나 많이 분열되었다. 따라서 이에 대한 진정한 회개와 반성이 이루어져야 할 것이다. 나아가 기독교적 세계관과 신학을 가진 교단들은 국내외적으로 가능한 좀더 연합하고 긴밀히 협력함으로 분열을 회복하는 방향으로 노력할 때 한국 사회는 다시 교회의 권위를 인정하며 그 목소리에 경청하게 될 것이다(최용준: 2006).

3) 나아가 한국 교회의 윤리적 타락은 기독교적 세계관이 아직도 우리의 삶 속 깊이 녹아 들지 못했다는 증거이다. 이에 대한 철저한 반성과 제자도적 실천이 개별적으로, 교회적으로 나아가 교단적으로 이루어져야 할 것이다. 한국 사회의 부패와 타락을 막기 위해 기독교적 세계관을 가진 교회와

그리스도인들이 먼저 성결하고 정직하며 투명한 삶으로 본을 보여야 한다. 기득권을 과감히 내려놓고 교회와 교단의 모든 재정 운영에 투명성을 확보하며 스캔들이 일어났을 경우에는 진정한 회개와 함께 책임지는 자세를 보여줄 때만 한국 사회로부터 다시금 존경을 받게 될 것이다.

또한 탈권위적 패러다임의 하나로 아래와 같은 변화를 생각해 볼 수 있다. 한국 교회는 대부분 강대상 뒤 혹은 옆에 목회자와 장로의 자리가 있다. 거기에는 예배의 사회로 섬기는 목사, 설교하는 목사 그리고 대표 기도를 인도하는 분이 앉으며 나아가 목회자는 대부분 예배 시간 내내 강대상 뒤편이나 옆자리에 앉아 있다.

그러나 독일 개신교회의 경우 대부분 강단에는 아무 의자가 없다. 제단에는 십자가와 성경 그리고 예배 시간 중에는 주님의 임재를 상징하는 촛불이 켜지며 앞쪽으로 교회력에 맞게 수놓은 천이 드리워져 있을 뿐이다. 예배가 시작되면 목회자와 성도 모두 함께 강단을 향하여 앉아 있다가 사회, 기도, 설교 등 필요할 때에만 목회자가 앞으로 나아가고, 찬송을 부를 때에는 다시 회중의 자리 중 앞 좌석에 앉아 함께 찬송을 부른다. 심지어 설교단도 강단의 중심이 아닌 약간 좌우 쪽에 배치되어 있다.

네덜란드 개혁 교회의 경우에도 목회자는 사회와 설교를 위해 강대상 뒤의 작은 의자에 앉아 있는데 앉아 있을 경우에는 성도들이 볼 수 없을 정도로 뒤로 내려져 있고 작다.

한국 교회의 경우 강단 배치가 교단마다 다를 수 있지만 대부분 의자들이 있는 것이 공통점이다. 이 부분에 대해서도 근본적으로 반성해 보는 것이 필요하다고 본다. 예배의 주인은 삼위일체 하나님이며 우리는 모두 주님의 백성으로 함께 나아가는 것이다. 물론 목회자는 영적 지도자로서 성도들을 대표하며 하나님의 말씀을 대언하는 선지자적 역할을 담당하지만 예배 시간 내내 강대상 뒤에 앉아 있는 것은 자칫 인간이 주님의 자리를 대신하

세상을 변화시키는 학문

는 듯한 착각을 불러 일으킬 수 있을 것이다.

하나님의 말씀이 그 중심에 있고, 그 말씀을 강론하는 강대상도 약간 옆으로 배치하며, 그 반대편에는 사회로 섬기는 분이 예배를 인도하면 한국 교회가 자주 비판 받는 권위주의를 제거하고 좀더 성도들과의 턱을 낮추게 될 수 있을 것이며 이렇게 할 경우 강단이 차지하는 면적도 대폭 줄일 수 있을 것이다. 그렇게 함으로써 진정 하나님 중심, 성경 중심의 예배가 회복되며 우리 모두는 주님을 섬기는 수종자임을 기억하는 데 도움이 될 것이다 (최용준: 2013, 108-111).

예배의 개혁에 한가지를 덧붙인다면 한국 교회는 설교 본문이 대부분 성경의 일부에 치우쳐져 있기에 성도들도 영적 편식을 할 수밖에 없다. 전체 성경 본문을 3년 단위로 나누어 골고루 선포하는 균형 잡힌 설교의 회복이 필요할 것이며 이와 동시에 잃어버린 성찬의 축복도 회복해야 할 것이다. 종교개혁의 정신을 지나치게 강조하다 보니 성찬을 가톨릭의 미사로 혼동하여 은근히 경시하는 오류를 범하고 있는데 바른 성찬은 분명히 회복되어야 하며 지금보다 훨씬 더 자주 해야 할 것이다.

4) 기독교 대학의 세속화를 막기 위해서는 각 기독교 대학들이 기독교적 세계관으로 다시 돌아가 학문과 신앙 그리고 삶이 온전히 통합된 모델을 이루기 위해 교수들이 먼저 각고의 노력을 기울여 본을 보이면서 다음 세대를 책임질 기독 인재들을 키워야 할 것이다. 나아가 대학뿐만 아니라 유치원에서부터 초, 중, 고 모든 교육이 교회 및 가정과 삼위일체를 이루어 전인적이고 통합적인 교육을 통해 사교육을 받지 않고도 훌륭한 인물들을 키워낼 수 있다는 사실을 보여 주고 이들을 통해 사회 변혁을 점진적으로 이루어 나가야 할 것이다.

5) 한국 사회에 강력한 도전으로 다가오는 이슬람에 대해 먼저 한국 교회는 교단적 차원에서 종합적 대책을 마련하여야 할 것이다. 주일학교 공과에 이슬람에 관한 내용을 실어 학생들에게 예방주사를 맞게 해야 하며 목회자 및 평신도들에게도 자주 다양한 방법으로 이슬람적 세계관에 대해 홍보하여 대처 방안 및 무슬림들을 어떻게 대해야 하는지 가르쳐야 할 것이다. 무슬림들이 이슬람을 전파하는 일에 열심이라면, 그리스도인들 또한 복음을 향한 새로운 열정과 헌신만이 최선의 대응이 될 것이다. 먼저 무슬림 사역에 대한 필요성을 절실하게 인식하면서 그리스도인들이 한 명의 무슬림 친구를 사귀어 그들에게 진정한 주님의 사랑을 보여 주어야 한다(레 19:33-34). 그들에게 관심을 보이면서 사랑과 존경심을 가지고 우정을 쌓으며 무엇보다 그들을 위해 기도하며 인내해야 한다. 그리고 이슬람에 대한 지식을 넓히기 위해 노력하고 대화하며 구체적 전략을 개발해야 한다. 나아가 조심스럽게 우리의 신앙을 간증하며 필요할 때 성경 구절을 활용할 수 있다. 그리고 절대 논쟁을 피하고 그 대신 지혜로운 질문으로 무슬림이 생각할 수 있도록 만들어야 한다. '알라가 당신에게 천국을 허락한다는 확신이 있습니까? 용서에 대해 꾸란은 무엇을 가르칩니까?' 등이다. 또한 무슬림 문화를 존중하여 결례를 범하지 않도록 주의하면서 결국 열매는 주께서 거두시도록 위임해야 하겠다(최용준: 2013, 165-169).

6) 다원주의 또한 한국 사회의 가치관을 근본적으로 흔들고 있다. 포스트 모더니즘적 상대주의가 마치 지배적인 것처럼 시대 사조가 되면서 그것을 인정하지 않는 한국 교회는 외면을 당하고 있다. 하지만 이럴 때 일수록 기독교적 세계관은 분명한 기준을 제시해야 할 것이다. 동성애 등 민감한 이슈에 대해서도 전문가들을 통해 한국 교회의 입장을 한 목소리로 낼 수 있어야 하겠다.

세상을 변화시키는 학문

나아가 다문화 사역은 한국 교회가 적극 발전시켜야 할 모델임에 틀림없다고 필자는 주장한다. 한국 사회는 이미 다양한 민족이 공존하는 글로벌 사회로 변모되었다. 하지만 한국 교회는 여전히 한국인들 중심의 사역에만 집중하고 있는데 이것은 속히 극복해야 할 것이다. 성경은 분명히 인종주의(racism)나 한 민족 우월주의(ethnocentrism)를 정죄하고 있다. 하나님이 아브라함을 택하신 이유는 그의 순종을 통해 열방이 복을 받기 위함이었으며 이스라엘 백성은 절대로 함께 사는 이방인들과 나그네를 압제하지 말고 이웃처럼 사랑할 것을 명하셨고(출 22:21, 23:9) 룻기는 분명히 이방인도 하나님의 복에 참여함을 보여 준다. 신약 성경에 나타난 교회 또한 대부분 유대인들과 이방인들이 하나 된 다문화, 다인종 교회였다(갈 3:28).

밴쿠버의 한 교회는 오전 예배에 여러 민족이 함께 영어로 예배 드리며 약 10개 언어로 동시 통역한다. 점심 식사 후에는 각 민족 별로 모여 자기 언어로 성경공부와 교제의 시간을 가진다. 하지만 아직 한국 교회나 한인 디아스포라 교회에서 이러한 모델을 보기는 어렵다. 앞으로 국내외 교회들이 다문화 사역을 통해 진정한 '보편적 교회(universal church)'로 거듭나는 패러다임 쉬프트가 일어나 모든 민족을 섬기는 '축복의 통로'가 되어야 할 것이다(최용준: 2013, 160-164).

7) 각 분야의 전문 그리스도인들은 부르심을 받은 영역에서 어떻게 하나님의 뜻을 이루어 드리고 기독 문화를 창달하여 한국 사회에 영향을 미치면서 동시에 지구촌에 진정 글로벌한 공헌을 할 수 있을지 함께 기도하며 고민하고 노력해야 한다. 우리의 삶의 모든 영역이 이원론에 빠지지 않고 그리스도의 주권을 드러내며 구속되도록 헌신해야 할 것이다.

III. 결론

20세기 한국 사회는 그야말로 환골탈태, 상전벽해와 같은 급격한 변화를 경험했다. 복음이 들어오면서 중세적 전통사회가 근대 시민사회로 탈바꿈하였고 경제 수준 또한 이전과 비교할 수 없는 눈부신 발전을 이룩하였다. 나아가 이제 한국 사회는 도움을 받는 입장에서 다른 개발도상국을 지원하는 입장이 되었고 그만큼 다원화, 다문화사회가 되었다. 이러한 과정에서 한국 교회 및 기독교 세계관은 나름대로 적지 않은 공헌을 했음을 인정해야 한다.

그러나 새로운 100년을 맞이하는 한국 교회는 현재 여러 가지 어려움을 겪으며 위기에 처해 있다. 하지만 이러한 위기는 우리가 어떻게 극복하느냐에 따라 새로운 축복의 전기가 될 수 있다. 따라서 기독교 세계관의 본질을 회복하고 개혁된 교회는 더욱 새롭게 계속해서 개혁되면서 한국 사회의 진정한 빛과 소금의 역할을 감당하는 동시에 글로벌 관점에서 전 세계에 흩어진 한인 디아스포라 교회들 및 세계 교회들과 적극적으로 협력하여 하나님의 나라가 구체적으로 이 땅에 도래하도록 최선을 다해야 할 것이다.

세상을 변화시키는 학문

Choi, Y. J. (2006) *Dialogue and Antithesis: A Philosophical Study on the Significance of Herman Dooyeweerd's Transcendental Critique*, Cheltenham: Hermit Kingdom Press.

Goudzwaard, B., Vander Vennen, Mark., Van Heemst, David (2007). *Hope in Troubled Times: A New Vision for Confronting Global Crises*, Grand Rapids: Baker Academic.

Hahne, P. (2009) *Schluss mit lustig!: Das Ende der Spaßgesellschaft*, Lahr: Johannis Verlag.

Kuyper, A. (1880) *Souvereiniteit in Eigen Kring*, Amsterdam: Kruyt.

Stott, J. (2005). 정옥배 역, 『현대 사회와 그리스도인의 책임』(*New Issues Facing Christian Today*) 서울: IVP.

Weber, Max (1934). *Die protestantische Ethik und der Geist des Kapitalismus*, Tübingen: J.C.B. Mohr.

최용준 (2006), 『하나 됨의 비전(*Vision for Unity*)』 서울: IVP.

_____ (2013), 『당신, 축복의 통로가 되어라(*Be a Channel of Blessing*)』 서울: 아침향기.

최용준 (2011). 『하나님이 원하시면(*Deo Volente*)』, 서울: 새한기획

_____ (2012). "아브라함 카이퍼의 교회관" 「신앙과 학문」, 제17권 2호(통권 51호), 2012/6, 229-254.

_____ (2013). "개혁주의 세계관과 한국 사회", 국제 학술대회 발표 논문.

World Transforming Scholarship